KB175772

동양북스 외국어
베스트 도서
700만 독자의 선택!

새로운 도서,
다양한 자료
동양북스
홈페이지에서
만나보세요!

www.dongyangbooks.com
m.dongyangbooks.com

※ 학습자료 및 MP3 제공 여부는 도서마다 상이하므로 확인 후 이용 바랍니다.

홈페이지 도서 자료실에서 학습자료 및 MP3 무료 다운로드

PC

❶ 홈페이지 접속 후 도서 자료실 클릭
❷ 하단 검색 창에 검색어 입력
❸ MP3, 정답과 해설, 부가자료 등 첨부파일 다운로드
＊ 원하는 자료가 없는 경우 '요청하기' 클릭!

MOBILE

＊ 반드시 '인터넷, Safari, Chrome' App을 이용하여 홈페이지에 접속해주세요. (네이버,
다음 App 이용 시 첨부파일의 확장자명이 변경되어 저장되는 오류가 발생할 수 있습니다.)

❶ 홈페이지 접속 후 ☰ 터치

❷ 도서 자료실 터치

❸ 하단 검색창에 검색어 입력
❹ MP3, 정답과 해설, 부가자료 등 첨부파일 다운로드
＊ 압축 해제 방법은 '다운로드 Tip' 참고

일 단 합 격 하 고 오 겠 습 니 다

ZERTIFIKAT
DEUTSCH

독 일 어 능 력 시 험

실전모의고사

정은실 지음

🔖 동양북스

일 단 합 격 하 고 오 겠 습 니 다

ZERTIFIKAT
DEUTSCH
독 일 어 능 력 시 험
실전모의고사

초판 3쇄 | 2024년 4월 5일

지은이 | 정은실
발행인 | 김태웅
기획 편집 | 김현아
디자인 | 남은혜, 김지혜
마케팅 총괄 | 김철영
제 작 | 현대순

발행처 | (주)동양북스
등 록 | 제 2014-000055호
주 소 | 서울시 마포구 동교로 22길 14 (04030)
구입 문의 | 전화 (02)337-1737 팩스 (02)334-6624
내용 문의 | 전화 (02)337-1762 dybooks2@gmail.com

ISBN 979-11-5768-540-0 13750

ⓒ 2019, 정은실

이 도서의 국립중앙도서관 출판예정도서목록(CIP)은 서지정보유통지원시스템 홈페이지(http://seoji.nl.go.kr)와
국가자료공동목록시스템(http://www.nl.go.kr/kolisnet)에서 이용하실 수 있습니다.
(CIP제어번호:CIP2019030975)

이 책은 독일문화원에서 주관하는 Goethe-Zertifikat A2 독일어 능력 평가시험 준비를 돕기 위해 만들어진 교재입니다.

최근 들어 독일에 대한 관심이 많아지고, 독일로 유학이나 이민을 가시는 분들이 많아지면서 독일어를 학습하고 자격시험을 준비하시는 분들도 많아졌습니다. 독일 유학은 물론 이민을 가기 위해서도 독일어능력시험에 합격해야 합니다. 시험에 합격하려고 수험생들이 많은 시간과 노력을 투자하여 공부를 하지만, 시험 준비에 필요한 지침서가 턱없이 부족한 것이 현실입니다. 수험생은 물론이고 저 역시도 독일어능력시험을 효과적으로 준비할 수 있는 지침서가 있으면 좋겠다는 바람을 가지고 있었습니다. 그동안 10년 넘게 제가 독일어 교사로서, 독일어를 지도한 경험을 바탕으로 독일어 A2 시험을 효율적으로 준비할 수 있는 지침서를 만들었습니다.

이 책의 장점으로는:

첫째, 실전 감각을 키워주는 다양한 자료 수록

수험생들의 탄탄한 독일어 실력 및 목표 달성을 위하여 올바른 학습 방법과 다양한 자료들이 제공됩니다. 듣기 및 말하기 영역의 예시 답안도 연습하고 반복할 수 있도록 원어민의 발음으로 MP3 음원이 무료로 제공되고, 말하기 파트 모의시험 영상을 통해 시험장의 진행 방식과 분위기를 살펴볼 수 있게 구성하였습니다.

둘째, 분석을 통해 엄선한 최신 기출문제

올바른 어학 능력의 향상 및 시험의 대비를 위하여 다년간의 기출문제를 분석하였고, 최신의 시험 문제 유형을 반영하여 집필하였습니다. A2 시험은 계속 어려워지고 있습니다. 그 점을 반영하여 시험의 난이도를 조금 상향하여 더 높은 단계의 난이도 문제들도 수록하였습니다.

셋째, 실력의 재점검 및 실력 향상

모의시험을 치르며 읽기, 듣기, 쓰기, 말하기 영역에서 자신의 실제 실력을 점검할 기회를 가지게 될 것입니다. 이를 통해 부족한 영역의 실력을 집중적으로 향상시키면 시험에 합격하실 수 있을 것입니다.

마지막으로 이 책이 나올 수 있도록 도움을 주신 동양북스 김태웅 사장님께 감사드리고, 함께 수고해 주신 모든 편집부 분들께 감사드립니다.

이 책이 Goethe-Zertifikat A2 합격 및 독일어 학습 목표 달성에 올바른 지침서가 되길 바라며, 더 나아가 여러분들의 꿈을 향한 열정에 좋은 길잡이가 되기를 바랍니다.

수험생 모두에게 좋은 결과가 있으시길 기원합니다. *Viel Glück!*

정은실

차례 Inhaltsverzeichnis

실전 모의고사 제1회

실전 모의고사 제2회

실전 모의고사 제3회

부록

<책속의 책> 정답 및 해설

정답 및 해설 제1회

정답 및 해설 제2회

정답 및 해설 제3회

Goethe-Zertifikat 소개

Goethe-Zertifikat는 Goethe-Institut(독일문화원)에서 주관하는 독일어능력시험으로, 전세계적으로 공신력을 인정받는 독일어 능력 평가 시험입니다.

1. 종류

Goethe-Institut의 독일어 시험은 언어에 관한 유럽 공통참조기준(CEFR)의 각 수준별 단계에 맞추어 초급 수준 A1, A2, 중급 수준 B1, B2, 고급 수준 C1, C2로 구성되어 있습니다.

2. 원서 접수 및 결과 확인

- 원서 접수는 온라인 접수 → 접수 완료 메일 발송 → 수험료 입금 → 입금 확인 & 시험 안내 메일 발송 순으로 진행됩니다.
- 독일어능력시험 접수는 온라인으로만 가능합니다. 온라인 신청 시 모든 정보는 알파벳으로 작성해야 합니다. (주한독일문화원은 올바르게 작성되지 않은 응시 원서에 대해서는 책임지지 않습니다.)
- 시험 결과는 공지된 일자에 온라인으로 직접 조회할 수 있습니다.

3. 준비물

- 유효한 신분증: 주민등록증, 운전면허증, 기간 만료 전의 여권
- 수험표
- 허용된 필기도구(흑색 또는 청색 볼펜, 만년필 또는 펠트펜)

Goethe-Zertifikat A2 소개

Goethe-Zertifikat A2는 성인을 위한 독일어 시험과 청소년을 위한 시험(Goethe-Zertifikat A2 Fit in Deutsch)으로 나뉩니다. 요즘은 청소년들도 일반 Deutsch A2를 응시하는 추세입니다. A2는 기본적인 어학 능력을 전제로 하며, 유럽 공통참조기준이 정하는 총 6단계의 능력 척도 중 두 번째 단계(A2)에 해당됩니다.

성인용 A2 시험과 청소년용 A2 시험은 난이도의 차이는 없으나, 시험 문제에서 다루는 주제가 서로 다릅니다. 청소년용 시험의 권장 연령은 만 12–16세이며, 시험의 합격증 형태는 동일합니다.

1. 응시 대상

Goethe-Institut(독일문화원)의 시험은 독일 국적 유무에 관계없이 누구나 응시할 수 있습니다. 독일어를 자주적으로 활용할 수 있음을 증명하고자 하는 자, A2 단계의 수료를 원하는 자, 혹은 세계적으로 인증된 공식증명서를 원하는 자를 대상으로 합니다.

2. 시험 구성

시험 과목	문제 형식	시간
읽기	짧은 본문 (신문기사, 메일, 광고 등)을 읽고 그와 관련된 문제를 풉니다.	30분
듣기	일상 대화, 안내 및 라디오 인터뷰, 전화 메시지, 공공장소의 안내방송을 듣고 그와 관련된 다양한 문제를 풉니다.	30분
쓰기	직접적인 일상생활과 관련된 메시지를 작성합니다.	30분
말하기	질문과 답변을 통해 자신의 생활을 소개하고, 파트너와 함께 어떤 것을 약속하거나 계획합니다.	약 15분

3. 채점 및 성적

- 시험은 2명의 시험관/채점관이 독립적으로 채점하여 성적을 산출합니다. 필기시험에서는 허용된 필기도구(흑색 또는 청색 볼펜, 만년필 또는 펠트펜)만 사용해야 합니다. 작성된 표시 및 텍스트는 연필 등 그 외의 것으로 채점하지 않습니다.

- 응시자는 본 시험 합격을 통해 가까운 주변 환경과 관련된 문장 및 자주 사용하는 표현들(예: 본인 및 가족에 관한 정보, 쇼핑, 직업, 가까운 사람이나 장소에 대한 정보)을 이해할 수 있음을 증명합니다. 또한 간단하고 반복되는 상황에서 익숙하고 보편적인 주제에 대해 의사소통을 할 수 있고, 자신의 출신/학력/가까운 주변 환경 및 직접적 요구와 관련된 내용을 서술할 수 있음을 입증합니다.

- 합격증은 2년 간 유효합니다.

읽기 영역 정복하기

1. 읽기 영역 알아보기

읽기 영역은 4개의 유형으로 구성되어 있습니다. 읽기 영역 문제를 풀기 위해서는 짧은 본문을 읽고 이해하는 능력, 일상생활과 관련된 본문을 읽고 정보를 이해하는 능력, 짧고 간단한 편지 등을 이해할 수 있는 능력이 필요합니다.

2. 유형 구분

4가지 유형으로 구성되어 있으며, 각 유형 당 5개의 문제가 주어집니다. (제한 시간 30분)

- **유형1 (5점)**

  하나의 신문 (잡지) 기사와 함께 5개의 문제가 주어집니다. (0번은 예제입니다.)
  각 질문별로 알맞은 답에 X 표시를 합니다. (정답에 X 표시를 하는 것이니 헷갈리지 마세요!)

- **유형2 (5점)**

  건물 층별 안내문 또는 매뉴얼이 주어지고, 총 5개의 문제가 출제됩니다. 각 정보와 일치하는 답에 X 표시를 합니다.

- **유형3 (5점)**

  하나의 메일과 함께 5개의 문제가 주어집니다. 각 질문별로 알맞은 답에 X 표시를 합니다.

- **유형4 (5점)**

  6개의 짧은 광고 글과 함께 5개의 문제가 주어집니다. 각 문제의 상황과 일치하는 광고문을 연결해야 합니다.

3. 읽기 영역 한눈에 보기

유형	영역	본문유형	포인트	문제 유형	점수
1	정보 이해	신문, 잡지, 기사	주제와 중요한 관점 위주로 이해	객관식	5
2	안내문 이해	매뉴얼, 건물 층별 안내문, 홈페이지 안내문	세부적으로 이해, 매뉴얼의 내용 숙지	객관식	5
3	편지 이해	E-mail	주제와 중요한 관점 위주로 이해	객관식	5
4	방향성 이해	광고	주제를 파악하여 올바르게 연결	분류	5

4. 시간 및 채점

- 시험 시간은 총 30분이며, 시간 내에 답안지를 기입해야 합니다.

- 총 20문제가 출제되며 문제당 1점씩 배정됩니다.

- 최종적으로 1.25의 환산 지수가 곱해져 총 25점으로 변환되어 최종 성적이 계산됩니다.

듣기 영역 정복하기

1. 듣기 영역 알아보기

듣기 영역은 4개의 유형으로 구성되어 있습니다. 듣기 영역의 문제를 풀기 위해서는 짧은 본문을 듣고 자주 사용되는 단어들을 빠르게 이해하는 능력이 요구됩니다. 간단한 인적사항, 가족관계, 직업, 쇼핑, 인간관계 등에 대한 정보들을 이해할 수 있어야 하며, 짧은 안내 방송을 듣고 이해할 수 있어야 합니다.

2. 유형 구분

4가지 유형으로 구성되어 있으며, 각 유형마다 5개의 문제가 주어집니다.

- **유형1 (5점)**

  5개의 짧은 지문(라디오 방송, 전화 통화 또는 기차역 안내 방송)이 나오며 각 지문마다 하나의 문제가 주어집니다. 각 지문의 내용과 일치하는 답을 골라 정답에 X 표시를 해야 합니다. 각 지문은 두 번씩 들려줍니다.

- **유형2 (5점)**

  두 사람의 대화가 지문으로 제시됩니다. 대화 속 상황과 알맞은 그림을 연결하는 문제입니다. 지문은 한 번만 들려줍니다.

- **유형3 (5점)**

  5개의 짧은 대화가 지문으로 제시되며, 각 지문마다 하나의 문제가 주어집니다. 각 문제 중 알맞은 답에 X 표시를 해야 합니다. 지문은 한 번만 들려줍니다.

- **유형4 (5점)**

  하나의 인터뷰가 지문으로 제시됩니다. 5개의 문제가 주어지는데, 인터뷰 내용과 일치하면 네(Ja)에, 일치하지 않으면 아니요(Nein)에 X 표시를 합니다. 지문은 두 번 들려줍니다.

3. 듣기 영역 한눈에 보기

유형	영역	본문유형	문제유형	점수
1	정보를 파악하기	독백(라디오 방송, 안내 방송, 자동응답기 등)	객관식	5
2	대화를 듣고 이해하기1	대화(사적인 연락)	그림과 문장 분류하기	5
3	대화를 듣고 이해하기2	대화(회사, 병원, 전화 통화 등)	객관식	5
4	대중매체에서 나오는 내용 파악하기	대화 인터뷰(라디오 등)	분류	5

4. 시간 및 채점

– 시험 시간은 총 30분이며, 시간 내에 답안지를 기입해야 합니다.

– 듣기 전에 먼저 빠르게 질문들을 읽고 그 다음 본문을 듣고 답하세요.

– 총 20개의 문제가 출제되며, 문제당 1점씩 배정됩니다.

– 최종적으로 1.25의 환산 지수가 곱해져 총 25점으로 변환되어서 최종 성적이 계산됩니다.

쓰기 영역 정복하기

1. 쓰기 영역 알아보기

쓰기 영역은 2개의 유형으로 구성되어 있습니다. 유형1은 사과나 감사를 표현하는 등 일상생활에서 자주 쓰는 간략하고 쉬운 회화 형식의 글쓰기입니다. 유형2는 공적/사적인 내용의 메일이나 편지를 작성합니다. 쓰기 영역에서는 어휘력과 올바른 문법 사용 능력을 평가합니다.

2. 유형 구분

2가지 유형으로 구성되어 있으며 유형마다 하나의 문제가 주어집니다. (제한 시간 30분)

- 유형1 (10점)

  친구나 지인에게 제시된 내용을 포함하여 지식을 전달해야 합니다. 보통 짧은 문자메시지 형식의 글을 작성하게 됩니다. (존칭이 아닌 *duzen을 사용)

  * duzen : 친구 혹은 지인에게 편하게 말을 놓고, du의 호칭을 사용하는 것을 말합니다.

- 유형2 (10점)

  지인에게 소식(문자, 메일 아니면 편지)을 전달해야 합니다. 쉬운 형식의 편지글을 쓰는 것이 좋습니다. 예를 들어 누군가에게 사과하거나, 감사를 전하는 글이면 됩니다. (존칭 사용 *siezen)

  * siezen : Sie는 호칭을 사용하는 것을 말합니다. 초면이거나 형식적인, 공식적인 관계나 자리에서 사용됩니다.

3. 쓰기 영역 한눈에 보기

유형	내용	형태와 성격	단어 수	점수
1	가까운 지인에게 내용을 전달하는 글쓰기	짧은 글을 제시문을 포함하여 작성합니다. 감사와 사과에는 이유를 포함하여 글을 작성합니다.	약 20~30 단어	10
2	메일 또는 편지를 형식에 맞게 작성	상대방의 의견에 답변하거나, 정보를 제공하거나, 문의하는 글을 작성합니다.	약 30~40 단어	10

4. 시간 및 채점

- 시험 시간은 총 30분이며, 2개의 문제를 주어진 시간 내에 작성해야 합니다.

- 총 2개의 문제가 출제되며 문제당 10점씩 배정됩니다.

- 문제에 제시된 3개의 내용이 모두 포함되면 5점이 주어지고, 나머지 5점은 어휘 및 문법으로 평가됩니다.

- 최종적으로 1.25의 환산 지수가 곱해져 총 25점으로 변환되어 최종 성적이 계산됩니다.

말하기 영역 정복하기

1. 말하기 영역 알아보기

말하기 영역은 두 명의 시험 참가자와 두 명의 시험관이 함께 진행합니다. 준비 시간은 따로 없으며, 과제를 받은 후 바로 시험을 시작합니다.

2. 유형 구분

3가지 유형으로 구성되어 있습니다. 시험 시간은 총 15분 정도로, 참여자마다 대략 7분씩 소요합니다.

- **유형1 (4점)**

  당신은 자신의 파트너에게 질문을 합니다. 그리고 파트너의 질문에 대답합니다.

- **유형2 (8점)**

  당신은 자기 자신에 대해 그리고 당신의 삶에 관해 이야기합니다.

- **유형3 (8점) *발음 5점**

  당신은 파트너와 함께 무엇인가를 계획하고 협의합니다. 당신은 제안을 하고 받은 제안에 대해 반응하고 당신의 생각을 말해야 합니다. 그리고 가능하면 함께 하나의 해답을 찾아야 합니다.

3. 말하기 영역 한눈에 보기

유형	영역	말하기 유형	형태와 성격	시간
1	개인적인 질문	대화	4개의 단어 카드를 가지고 질문하고, 답변	1~2분
2	가족, 주거 상황에 대해 이야기하기	독백으로 묘사 대화	하나의 주제를 가지고 4가지의 핵심 단어들에 대하여 어느 정도 언급하고 시험관의 질문에 답변	3~4분
3	공동의 활동에 대한 협상	대화	파트너와 서로 다른 문제지를 받고 일정 협의하기	3~4분

4. 시간 및 채점

- 유형1은 약 1~2분, 유형2는 약 3~4분, 유형3은 약 3~4분으로, 약 15분 동안 진행됩니다.

- 유형1은 4점, 유형2와 유형3은 각 8점 만점입니다.

- 발음으로는 5점을 받을 수 있습니다. 만점을 받을 시 총 25점을 받을 수 있습니다.

실전 모의고사 3회분

실제 시험을 연습할 수 있는 동형 모의고사가 3회분 수록되어 있습니다.
영역별로 시간을 재면서 풀어야 실전 연습에 도움이 됩니다.

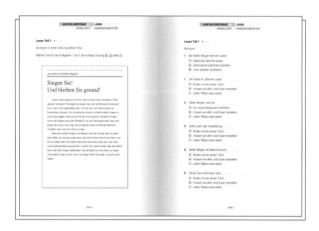

듣기 활동지

앞에서 풀었던 듣기 문제의 음원을 들으면서 빈칸을 채워 보는 듣기 활동지가
있습니다. 정확하게 듣고 쓸 수 있는 능력을 기르는 데 도움이 됩니다.

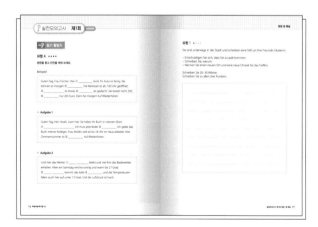

문항의 정답과 한국어 해석, 독일어 단어가 정리되어 있습니다. 틀린 부분을 반드시 확인하고 이해해야 실력이 향상됩니다.

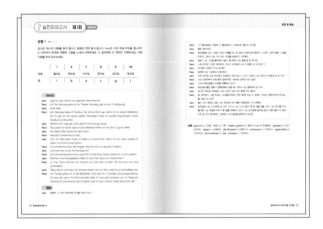

※ 이 책의 한국어 해석은 독일어의 어휘와 문법 구조를 최대한 살려 직역하였습니다.

별책부록

MP3

원어민의 음성으로 녹음된 듣기, 말하기 영역 MP3가 무료 제공됩니다. 동양북스 홈페이지 (www.dongyangbooks.com) 자료실에서 다운로드 받을 수 있습니다.

미니 핸드북

듣기 Skript와 말하기 예시 답안이 정리되어 있습니다. 가볍게 가지고 다니면서 음원을 들으며 어디에서나 공부할 수 있습니다.

이 책은 A2 모의고사 3회분으로 구성되어 있습니다.
모의고사 문제를 풀고 해설을 공부한 후 플래너에 기록해 보세요.
체크 칸에는 점수나 성취도를 표시해서 부족한 부분을 확인하세요.

1회차 학습	영역	1회			2회			3회		
		날짜	체크	복습	날짜	체크	복습	날짜	체크	복습
Lesen	Teil 1									
	Teil 2									
	Teil 3									
	Teil 4									
Hören	Teil 1									
	Teil 2									
	Teil 3									
	Teil 4									
	활동지									
Schreiben	Teil 1									
	Teil 2									
Sprechen	Teil 1									
	Teil 2									
	Teil 3									

복습은 선택이 아닌 필수!
틀린 문제를 다시 한 번 풀면서 공부해 보세요.
놓쳤던 표현과 단어를 꼼꼼하게 정리하면서 실력이 올라갑니다.

2회차 학습		1회			2회			3회		
	영역	날짜	체크	복습	날짜	체크	복습	날짜	체크	복습
Lesen	Teil 1									
	Teil 2									
	Teil 3									
	Teil 4									
Hören	Teil 1									
	Teil 2									
	Teil 3									
	Teil 4									
	활동지									
Schreiben	Teil 1									
	Teil 2									
Sprechen	Teil 1									
	Teil 2									
	Teil 3									

일 단 합 격 하 고 오 겠 습 니 다

제1회

실전
모의고사

A2

Kandidatenblätter

Lesen
30 Minuten

Dieser Prüfungsteil hat vier Teile:

Sie **lesen** eine E-Mail, Informationen und Artikel aus der Zeitung und dem Internet.

Für jede Aufgabe gibt es nur **eine** richtige Lösung.

Schreiben Sie Ihre Lösungen zum Schluss auf den **Antwortbogen**.

Wörterbücher und Mobiltelefone sind **nicht** erlaubt.

Lesen Teil 1 ● ● ● ●

Sie lesen in einer Zeitung diesen Text.

Wählen Sie für die Aufgaben 1 bis 5 die richtige Lösung a , b oder c .

Singen Sie!
Und bleiben Sie gesund!

Singen macht gesund und froh. Haben Sie das schon mal gehört? Oder glauben Sie daran? Testergebnisse zeigen, dass man die Blutwerte verbessern kann, wenn man regelmäßig singt. Und man kann sich damit besser vor Krankheiten schützen.

Der schwedische Forscher Urs Bächli erklärt, Singen ist sowohl gut gegen Stress als auch für das Immunsystem. Deshalb ist Singen schon seit langem eine gute Therapie. Er hat auch herausgefunden, dass man länger lebt, wenn man singt. Das ist eigentlich keine schwierige Methode. Trotzdem traut man sich nicht zu singen.

Man kann einfach singen, zum Beispiel unter der Dusche. Denn es spielt keine Rolle, ob man gut singen kann, oder eine schöne Stimme hat. Wenn man für sich selbst oder mit anderen Menschen zusammen singt, kann man eine noch positivere Wirkung erreichen. In einem Chor, einem Verein oder einer Band kann man beim Singen Freude haben. Das wichtigste ist, ohne Stress zu singen und einfach locker zu sein. Durch das Singen sollte man Spaß und gute Laune haben.

aus einem Schweizer Magazin

Lesen Teil 1 ● ● ● ●

Beispiel

0   Man soll _____

    ☒ durch singen fit bleiben.

    b immer Freude haben.

    c eine Therapie finden.

1   Singen kann _____

    a die beste Methode für das Leben sein.

    b ein gutes Spiel sein.

    c eine gute Therapie sein.

2   Beim Singen soll man _____

    a Spaß und gute Laune haben.

    b eine gute Stimme haben.

    c den Text ganz genau auswendig lernen.

3   Es ist wichtig, _____

    a vor Krankheiten sich zu schützen.

    b dass man regelmäßig trainiert.

    c dass man fröhlich singt.

4   Alle sollten _____

    a mit schönen Texten ordentlich singen.

    b ohne Stress singen.

    c nicht so leise singen.

5   In diesem Text geht es darum, _____

    a dass man nicht laut singen soll.

    b dass man durch Singen gesünder und glücklicher leben kann.

    c dass es nicht hilft, wenn man zurückhaltend ist.

Lesen Teil 2 ● ● ● ●

Sie sehen die Internetseite einer Kunstuniversität.

Lesen Sie die Aufgaben 6 bis 10 und den Text. Welche Rubrik müssen Sie anklicken?

Wählen Sie die richtige Lösung ⓐ , ⓑ oder ⓒ .

Beispiel

0 Sie möchten wissen, wo die Universität liegt.

- ⌧ Über uns
- ⓑ Leben
- ⓒ Organisation

6 Sie wollen einen Schulaustausch machen.

- ⓐ Studium
- ⓑ International
- ⓒ Leben

7 Ihre Freundin will studieren, obwohl sie kein Abiturzeugnis hat.

- ⓐ Studium
- ⓑ Organisation
- ⓒ International

8 Sie möchten Spanisch lernen.

- ⓐ International
- ⓑ Leben
- ⓒ Job

9 Sie möchten über bekannte Absolventen erfahren.

- ⓐ Organisation
- ⓑ Leben
- ⓒ Job

10 Ihr Bruder will die Eignungsprüfung machen.

- ⓐ Studium
- ⓑ Organisation
- ⓒ International

Lesen Teil 2 ● ● ○ ○

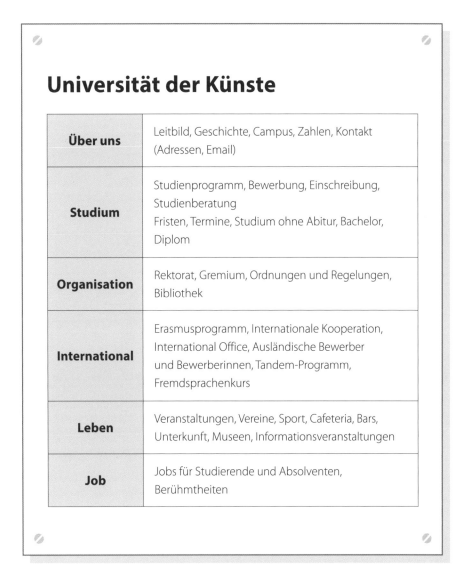

Universität der Künste

Über uns	Leitbild, Geschichte, Campus, Zahlen, Kontakt (Adressen, Email)
Studium	Studienprogramm, Bewerbung, Einschreibung, Studienberatung Fristen, Termine, Studium ohne Abitur, Bachelor, Diplom
Organisation	Rektorat, Gremium, Ordnungen und Regelungen, Bibliothek
International	Erasmusprogramm, Internationale Kooperation, International Office, Ausländische Bewerber und Bewerberinnen, Tandem-Programm, Fremdsprachenkurs
Leben	Veranstaltungen, Vereine, Sport, Cafeteria, Bars, Unterkunft, Museen, Informationsveranstaltungen
Job	Jobs für Studierende und Absolventen, Berühmtheiten

Lesen Teil 3 ● ● ● ●

Sie lesen eine E-Mail.

Wählen Sie für die Aufgaben 11 bis 15 die richtige Lösung a , b oder c .

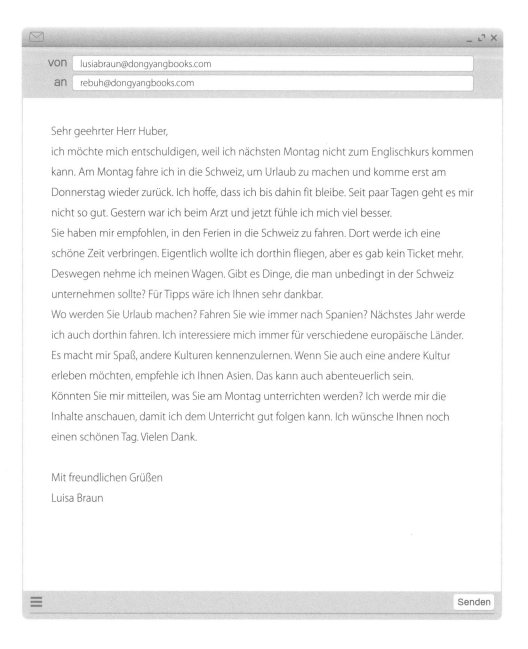

von lusiabraun@dongyangbooks.com

an rebuh@dongyangbooks.com

Sehr geehrter Herr Huber,

ich möchte mich entschuldigen, weil ich nächsten Montag nicht zum Englischkurs kommen kann. Am Montag fahre ich in die Schweiz, um Urlaub zu machen und komme erst am Donnerstag wieder zurück. Ich hoffe, dass ich bis dahin fit bleibe. Seit paar Tagen geht es mir nicht so gut. Gestern war ich beim Arzt und jetzt fühle ich mich viel besser.

Sie haben mir empfohlen, in den Ferien in die Schweiz zu fahren. Dort werde ich eine schöne Zeit verbringen. Eigentlich wollte ich dorthin fliegen, aber es gab kein Ticket mehr. Deswegen nehme ich meinen Wagen. Gibt es Dinge, die man unbedingt in der Schweiz unternehmen sollte? Für Tipps wäre ich Ihnen sehr dankbar.

Wo werden Sie Urlaub machen? Fahren Sie wie immer nach Spanien? Nächstes Jahr werde ich auch dorthin fahren. Ich interessiere mich immer für verschiedene europäische Länder. Es macht mir Spaß, andere Kulturen kennenzulernen. Wenn Sie auch eine andere Kultur erleben möchten, empfehle ich Ihnen Asien. Das kann auch abenteuerlich sein.

Könnten Sie mir mitteilen, was Sie am Montag unterrichten werden? Ich werde mir die Inhalte anschauen, damit ich dem Unterricht gut folgen kann. Ich wünsche Ihnen noch einen schönen Tag. Vielen Dank.

Mit freundlichen Grüßen

Luisa Braun

Senden

Lesen Teil 3 ● ● ● ○

11 Herr Huber macht _____
   - a oft in Asien Urlaub.
   - b in der Schweiz Urlaub.
   - c meistens in Spanien Urlaub.

12 Luisa hat am Montag eigentlich _____
   - a einen Termin beim Arzt.
   - b einen Englischkurs.
   - c viel zu tun.

13 Luisa _____
   - a fährt mit dem Auto.
   - b wollte eigentlich mit dem Auto fahren.
   - c fährt lieber mit dem Zug.

14 Luisa interessiert sich _____
   - a für asiatische Kultur.
   - b dafür, neue Dinge kennenzulernen.
   - c nur für Europa.

15 Luisa will wissen, _____
   - a was am Montag im Kurs gelehrt wird.
   - b ob Herr Huber mitreisen will.
   - c ob Herr Huber Asien mag oder nicht.

Lesen Teil 4 • • • •

Sechs Personen suchen im Internet nach Lokalen.

Lesen Sie die Aufgaben 16 bis 20 und die Anzeigen a bis f.
Welche Anzeige passt zu welcher Person?
Für eine Aufgabe gibt es keine Lösung. Markieren Sie so x.

Die Anzeige aus dem Beispiel können Sie nicht mehr wählen.

Beispiel

0   Maja möchte sich Filme anschauen, um ihr Deutsch zu
verbessern.

c

16   Maria wird bald in einem Büro arbeiten. Sie spricht schon
Deutsch, sucht aber noch ein Training in deutscher
Berufssprache.

17   Paul hat etwas Probleme bei der deutschen Aussprache und
sucht ein Institut.

18   Max kennt medizinische Fachwörter auf Japanisch, aber
deutsche Wörter kennt er nicht.

19   Mila möchte ein Buch für ihr Kind kaufen, damit es seine
Aussprache verbessern kann.

20   Lena will Ärztin werden, aber sie kann kaum Deutsch sprechen.

Lesen Teil 4 • • • •

a

www.hör-sprachen.de

Für Kinder
20 Themen wie Schule, Stadt,
Einkaufen und Tiere.

Über 100 Begriffe aus dem
Grundwortschatz.
Eine Audio CD ist auch dabei, damit
trainiert man die Aussprache und das
Hörverständnis.

b

www.24-book.de

Deutsch im Krankenhaus.
Für Ärzte und Pflegekräfte wurde das
Lehrwerk neu bearbeitet.

Es trainiert sprachliche wichtige
berufliche Situationen. In 18
Lektionen können Arbeitsabläufe
einer Situation und wichtige
Ausdrücke erlernt werden.
Auch Grammatik wird geübt.

✗

www.dvd-geniessen.de

Schauen Sie jetzt Filme zu Hause an!
Wir verkaufen DVDs. Bei uns gibt es
alle Filme, die im Kino gelaufen sind.

Hörbücher gibt es auch. Das hilft
auch beim Deutsch lernen.

d

www.deutschsprache.de

Verständlich und klar Deutsch
sprechen.
Sie haben gute Deutschkenntnisse,
aber immer noch Schwierigkeiten
mit bestimmten Vokalen und
Konsonanten?

Wir trainieren in kleinen Lerngruppen
gezielt verständliches Sprechen.

e

www.sprachen-einfach.de

Sprachen lernen?
- Englisch, Französisch oder Deutsch?
Kein Problem!
Ab sofort wieder freie Plätze
in unseren Anfängerkursen
„Kommunikation im Alltag und im
Beruf".

Leider sind die Kurse für Teilnehmer
mit Vorkenntnissen und für
Fortgeschrittene zurzeit ausgebucht.

f

www.sprache-e.de

28 Aussprachespiele
Buch + Audio-CD

Das Buch stellt abwechslungsreiche
Spiele vor, die auf sämtliche
phonetische Aspekte der deutschen
Sprache eingehen.
Haben Sie Spaß beim Spielen!
Dann wird sich Ihr Deutsch
verbessern!

Kandidatenblätter

Hören
30 Minuten

Dieser Prüfungsteil hat vier Teile:

Sie **hören** Sendungen aus dem Radio, Gespräche, Nachrichten auf dem Anrufbeantworter und Durchsagen.

Lesen Sie zuerst die Aufgaben.
Hören Sie dann den Text dazu.

Für jede Aufgabe gibt es nur **eine** richtige Lösung.

Schreiben Sie Ihre Lösungen zum Schluss auf den **Antwortbogen**.

Wörterbücher und Mobiltelefone sind **nicht** erlaubt.

Hören Teil 1 ● ○ ○ ○

Sie hören fünf kurze Texte. Sie hören jeden Text **zweimal**.
Wählen Sie für die Aufgaben 1 bis 5 die richtige Lösung a , b oder c .

1 Luca ist ein Zuhörer von „Mach mit". Was soll Luca tun?   (MP3 01_01)

    a Anrufen und CDs gewinnen.

    b Sagen, was er doppelt hat.

    c Morgen früher Radio hören und ein Geschenk bekommen.

2 Wie wird das Wetter am Mittwoch?   (MP3 01_02)

    a Es bleibt warm.

    b Es kann regnen.

    c Es wird kälter.

3 Wie kann man das Bürgerbüro erreichen?   (MP3 01_03)

    a Ihre Telefonnummer schicken.

    b Auf der Anrufbeantworter über seine Information sprechen.

    c Das Bürgerbüro zurückrufen.

4 Was fragt Frau Zaker?   (MP3 01_04)

    a Ob sie die Quittungen dabei haben muss.

    b Wie lange sie warten muss.

    c Wie viel Geld sie zurückbekommt.

5 Wie viel kostet die Fahrkarte, wenn man ein Student ist?   (MP3 01_05)

    a 114 Euro

    b 110 Euro

    c 104 Euro

Hören Teil 2 ● ● ● ●

(MP3 01_06)

Sie hören ein Gespräch. Sie hören den Text **einmal**.
Was macht Paul diese Woche?

Wählen Sie für die Aufgaben 6 bis 10 ein passendes Bild aus a bis i.
Wählen Sie jeden Buchstaben nur einmal. Sehen Sie sich jetzt die Bilder an.

	0	6	7	8	9	10
Tag	Montag	Dienstag	Mittwoch	Donnerstag	Freitag	Samstag
Lösung	f					

Hören Teil 3 ● ● ● ●

Sie hören fünf kurze Gespräche. Sie hören jeden Text **einmal**.
Wählen Sie für die Aufgaben 11 bis 15 die richtige Lösung a , b oder c .

11 Was will sie als Geschenk kaufen?　　　　　MP3 01_07

a 　　b 　　c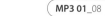

12 Was ist kaputt?　　　　　MP3 01_08

a 　　b 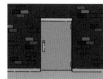　　c

13 Wie war das Wetter gestern?　　　　　MP3 01_09

a 　　b 　　c

14 Was fehlt für die Anmeldung?　　　　　MP3 01_10

a 　　b 　　c

15 Wo ist die Sprachschule?　　　　　MP3 01_11

a 　　b 　　c

Hören Teil 4 • • • •

MP3 01_12

Sie hören ein Interview. Sie hören den Text **zweimal**.
Wählen Sie für die Aufgaben 16 bis 20 ☐ Ja ☐ oder ☐ Nein ☐.
Lesen Sie jetzt die Aufgaben.

Beispiel

0 Olga ist in Deutschland geboren.

☐ Ja

☒ Nein

16 Sie war zufrieden mit ihrem Nachhilfelehrer.

☐ Ja

☐ Nein

17 Ihre Mutter wollte, dass Olga lieber in einer Gruppe lernt.

☐ Ja

☐ Nein

18 Ihr Lehrer hat ihr empfohlen, Musik zu studieren.

☐ Ja

☐ Nein

19 Olga hat einen Wettbewerb gewonnen.

☐ Ja

☐ Nein

20 Gerade hat sie mehr Zeit als früher.

☐ Ja

☐ Nein

Kandidatenblätter

Schreiben
30 Minuten

Dieser Prüfungsteil hat zwei Teile:

Sie **schreiben** eine SMS und eine
E-Mail.

Schreiben Sie Ihre Texte auf den
Antwortbogen. Schreiben Sie bitte
deutlich und **nicht** mit Bleistift.

Wörterbücher und Mobiltelefone
sind **nicht** erlaubt.

Schreiben Teil 1 • ● ● ●

Sie können nicht zum Deutschkurs gehen. Schreiben Sie eine SMS an Ihre Mitschülerin Jasmin.

– Teilen Sie ihr mit, dass Sie nicht kommen können.
– Schreiben Sie warum.
– Bitten Sie sie darum, Ihnen später die Hausaufgaben mitzuteilen.

Schreiben Sie 20-30 Wörter.
Schreiben Sie zu allen drei Punkten.

Schreiben Teil 2 • ● ● ●

Frau Bogner von der Bibliothek in Ihrem Sprachinstitut hat Ihnen eine Nachricht geschickt und Sie daran erinnert, dass Sie zwei Bücher zurückgeben müssen. Schreiben Sie Frau Bogner eine Email.

– Entschuldigen Sie sich, dass Sie die Bücher noch nicht abgegeben haben.
– Erklären Sie warum.
– Teilen Sie einen Termin mit, wann Sie die Bücher vorbeibringen.

Schreiben Sie 30-40 Wörter.
Schreiben Sie zu allen drei Punkten.

Kandidatenblätter

Sprechen
circa 15 Minuten fur zwei
Teilnehmende

Dieser Prüfungsteil hat drei Teile:

Sie **stellen** Ihrem Partner/Ihrer
Partnerin Fragen zur Person und
antworten ihm/ihr.

Sie **erzählen** etwas über sich und Ihr
Leben.

Sie **planen** etwas mit Ihrem
Partner/Ihrer Partnerin.

Wörterbücher und Mobiltelefone sind
nicht erlaubt.

Sprechen Teil 1 ● ● ● ●

A

| GOETHE-ZERTIFIKAT A2 Sprechen Teil 1 |
| Fragen zur Person |
| **Wohnort?** |

| GOETHE-ZERTIFIKAT A2 Sprechen Teil 1 |
| Fragen zur Person |
| **Urlaub?** |

| GOETHE-ZERTIFIKAT A2 Sprechen Teil 1 |
| Fragen zur Person |
| **Sport?** |

| GOETHE-ZERTIFIKAT A2 Sprechen Teil 1 |
| Fragen zur Person |
| **Hobbys?** |

B

| GOETHE-ZERTIFIKAT A2 Sprechen Teil 1 |
| Fragen zur Person |
| **Sprachen?** |

| GOETHE-ZERTIFIKAT A2 Sprechen Teil 1 |
| Fragen zur Person |
| **Heimatland?** |

| GOETHE-ZERTIFIKAT A2 Sprechen Teil 1 |
| Fragen zur Person |
| **Beruf?** |

| GOETHE-ZERTIFIKAT A2 Sprechen Teil 1 |
| Fragen zur Person |
| **Geburt?** |

Sprechen Teil 2 ● ● ● ●

Aufgabenkarte A

Sie bekommen eine Karte und erzählen etwas über Ihr Leben.

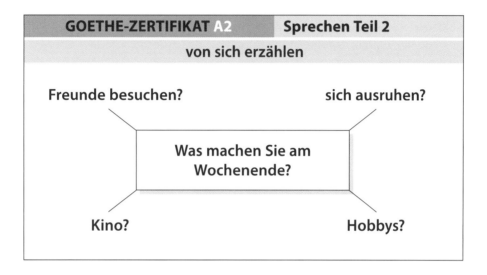

Aufgabenkarte B

Sie bekommen eine Karte und erzählen etwas über Ihr Leben.

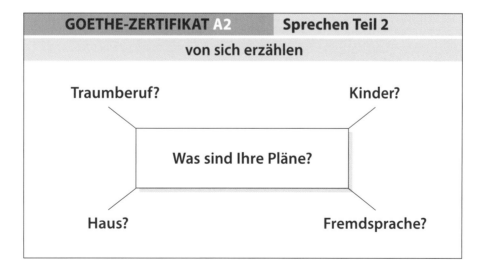

Sprechen Teil 3-1 • • • ○

Eine gemeinsame Aktivität aushandeln.

Sie möchten am Mittwoch zusammen ein Wörterbuch kaufen gehen.
Wann haben Sie beide Zeit? Finden Sie einen Termin.

A

Mittwoch	
7:00	
8:00	Frühstück
9:00	
10:00	Joggen
11:00	
12:00	
13:00	Friseur
14:00	
15:00	einkaufen gehen
16:00	Deutschkurs
17:00	
18:00	
19:00	
20:00	Fußball Länderspiel ansehen
21:00	

B

Mittwoch	
7:00	Schwimmen
8:00	
9:00	Frühstück mit Familie
10:00	
11:00	Deutschkurs
12:00	
13:00	
14:00	Film sehen mit Tim
15:00	
16:00	
17:00	
18:00	Fahrrad reparieren
19:00	
20:00	Besuch von Leonie
21:00	

Sprechen Teil 3-2 ● ● ● ○

Etwas aushandeln (Kandidat/-in A/B).
Sie wollen am Samstag etwas zusammen unternehmen.
Was machen Sie? Warum? Warum nicht?
Finden Sie eine passende Aktivität.

A

B

본문을 듣고 빈칸을 채워 보세요.

유형 1 ● ● ● ●

▶ **Aufgabe 1**

Und weiter geht's mit ① _____ _____ _____ : Der Tausch! Rufen Sie uns an und sagen Sie uns, ② _____ _____ _____ _____. Zum Beispiel Bücher, CDs oder Briefmarken usw. Aber man kann auch noch ganz andere Sachen ③ _____, oder? Geben Sie uns Ihre Ideen. Es gibt tolle Preise zu gewinnen. So, das war's schon wieder für heute! Es ist frühlingshaft geworden. ④ _____ hören Sie morgen wieder Radio „Mach mit"!

▶ **Aufgabe 2**

Nun zum Wetter: Diese Woche ist das Wetter ① _____. Nach einem freundlichen Tagesbeginn ziehen heute gegen Abend ② _____ _____ auf. Heute, am Montag, ist es noch etwas ③ _____, aber morgen können wir uns auf Temperaturen von 24 bis 26 Grad freuen und so bleibt es auch am Mittwoch: ④ _____ _____ _____. Erst ab Donnerstag kann es wieder etwas ⑤ _____.

▶ **Aufgabe 3**

Guten Tag. Hier ist der Anrufbeantworter des Bürgerbüros. Sie rufen ① _____ unserer ② _____ an. Diese sind montags, mittwochs und freitags von 8 bis 12 Uhr ③ _____ dienstags und donnerstags von 10 bis 20 Uhr. Wenn Sie eine Nachricht ④ _____ möchten, geben Sie bitte Ihren Namen, Ihre Telefonnummer und den Grund Ihres Anrufs an. Wir rufen Sie dann ⑤ _____ _____ _____ _____ zurück. Vielen Dank und auf Wiederhören.

Mann	So, Frau Zaker. Jetzt sind Sie an der Reihe. Was kann ich für Sie tun?
Frau	Ich ① _____ mir im Urlaub in Vietnam am Strand den Arm ② _____ und musste zum Krankenhaus. Ich wollte fragen, welche Kosten die Krankenkasse übernimmt.
Mann	Haben Sie ③ _____ Quittungen dabei?
Frau	Ja, hier sind die Quittungen.
Mann	Gut, das muss ich noch einmal genau prüfen, kann ich jetzt leider nicht sagen. Aber Sie hören von mir ④ _____ _____ _____ _____. Stimmt Ihre Telefonnummer noch?
Frau	Ja, da ⑤ _____ sich nichts ⑥ _____ .
Mann	Gut. Ich melde mich bei Ihnen. Auf Wiedersehen.

Also, Sie wollen morgen Mittag nach Donaueschingen fahren. Hier ist Ihre
① _____. Jede halbe Stunde fährt er. Sie fahren um 11.50 Uhr ab
Frankfurt ab und kommen um 17.10 Uhr in Donaueschingen an. Der Preis
② _____ _____ beträgt 114 Euro. Wenn Sie Studentin sind, können
Sie das Ticket 10 Euro ③ _____ kaufen. Aber Ihren Studentenausweis
brauche ich noch.

▶ **Aufgabe 6 bis 10**

Jara	Sag mal, was machst du eigentlich diese Woche?
Paul	Ich? Am Montag gehe ich ins Theater. Montags gibt es dort
	① _____!
Jara	Gute Idee!
Paul	Am Dienstag habe ich Tanzkurs. Als ich ein Kind war, nahm ich an einem
	Ballettkurs teil. Es gab mir ein gutes Gefühl. Deswegen habe ich wieder
	② _____, einen Tanzkurs zu besuchen.
Jara	Wirklich? Ich mag das nicht, weil ich nicht so gut tanze.
Paul	Na ja, aber es macht Spaß und am Mittwoch fahre ich mit dem Zug ③
	_____ _____.
Jara	Ans Meer? Was machst du denn dort?
Paul	Natürlich schwimme ich dort.
Jara	Ach, ich habe aber Angst, im Meer zu schwimmen. Wenn ich du wäre,
	würde ich ④ _____ _____ _____ gehen.
Paul	Ich schwimme schon seit langem. Also, für mich ist das kein Problem.
Jara	Und was hast du am Donnerstag vor?
Paul	Am Donnerstag kommt ein guter Film in die Kinos. Daher werde ich ins
	Kino gehen.
Jara	Moment, Donnerstagabend habe ich auch Zeit. Kann ich mitkommen?
Paul	Ja, klar. Dann können wir danach ein Glas Bier trinken. Wir können uns
	nett ⑤ _____.
Jara	Okay, wie du möchtest. Ich konnte neulich nicht ins Kino, weil ich zu
	beschäftigt war.
Paul	Am Freitag gehe ich ⑥ _____ _____ _____ Dort lese ich 3
	Stunden lang einige Bücher. Ich lese sehr gern. Am Wochenende habe
	ich was ganz anderes vor. Ich fliege am Samstag für eine Woche nach
	England, weil ich dort meinen Onkel besuchen will.

유형 3 ●●●●

▶ **Aufgabe 11**

Frau	Hallo Tom, schön dich zu sehen. Frau Müller, meine Deutschlehrerin, hat uns alle zum Essen ① _____. Ich will etwas ② _____ aber ich weiß nicht was. Vielleicht Blumen? Oder trinkt sie gern Wein?
Mann	Nein, sie mag keinen Wein. Vielleicht sind Blumen besser. Ich weiß, dass sie gern im Garten arbeitet.
Frau	Weißt du ③ _____ für was für eine Blume sie sich besonders interessiert?
Mann	Nein, ich weiss auch nicht welche. Ich habe eine gute Idee. Wir könnten ja auch eine Pflanze kaufen. Das ist vielleicht besser als Blumen.
Frau	Ja, eine Pflanze ist gut. Und wir brauchen auch eine Karte, die alle ④ _____.
Mann	Ja, eine Karte. Wollen wir das nächste Woche am Donnerstag zusammen kaufen?
Frau	Ja, das ist ⑤ _____ _____.

▶ **Aufgabe 12**

Frau	Guten Tag, Herr Masslich. Hier ist Anja von Haus Nr 3. Ich hatte ① _____ der Reparatur schon gestern ② _____.
Mann	Ja. Aber der Techniker ist gerade nicht auf seinem Platz. Er hat den Aufzug gestern Abend schon repariert. Die Lampe im Erdgeschoss geht auch wieder.
Frau	Ja. Aber seit gestern ist ③ _____ _____ meiner Wohnung nicht in Ordnung. Könnten Sie bitte kommen und sich das mal ansehen?

Mann	Heute ist Donnerstag, der 8. Mai. Leider können wir morgen nicht zu Ihnen kommen. Wir können aber eventuell ④ _____, am Freitag bei Ihnen vorbeikommen. Würde Ihnen das passen?
Frau	Ja, gut.

▶ **Aufgabe 13**

Frau	Hey, Roland, wir machen doch morgen ① _____ _____. Schau wie das Wetter wird, bevor wir abfahren.
Mann	Ja, stimmt. ② _____ war das Wetter nicht so gut. Es war windig und zu kalt. Das Wetter ist heute schön. Ich hoffe, es bleibt so.
Frau	Hast du dir einen warmen Pullover eingepackt? ③ _____ _____ wird dir ganz schön kalt.
Mann	Den brauche ich doch gar nicht. Ich will nicht so viele Sachen mitnehmen. Das muss ich ④ _____ alles tragen.
Frau	Wie du meinst. Ich hoffe es auch, dass das Wetter schön bleibt.

▶ **Aufgabe 14**

Mann	Frau Schneider, hier Peter Meyer vom Sportverein. Wir brauchen noch etwas für Ihre ① _____.
Frau	Aber ich habe Ihnen schon gestern ② _____ _____ gegeben. Und dort ist auch meine Unterschrift darauf. ③ _____ _____ _____?
Mann	Ah ja, ich habe es bekommen, und Ihr Foto auch. Aber wir brauchen noch eine Kopie von Ihrem Ausweis.
Frau	Das ist kein Problem. Dann werde ich diese in Ihren ④ _____ einwerfen.
Mann	Gut. Vielen Dank.

Mann	Guten Morgen, Anna, wie war dein Wochenende?
Frau	Es war sehr schön, aber leider zu kurz. Ich war mit meiner Familie
	① _____ _____ _____ .
Mann	Ich beneide dich. Ich war nur zu Hause.
Frau	Du kannst auch dorthin. Das Fest findet nächste Woche auch statt.
	Ach Hendrick, die Sprachschule ist umgezogen. ② _____
	_____ _____ schon?
Mann	Nein, wo ist sie jetzt?
Frau	③ _____ dem Supermarkt in der Altenbergstraße.
Mann	Und wo genau?
Frau	Zwischen dem Supermarkt Aldi und der Apotheke. Du musst an der
	Haltestelle Werden Bahnhof ④ _____.

▶ **Aufgabe 16 bis 20**

Ansager Sie kommen aus Russland, Olga. Wann sind Sie nach Deutschland
gekommen?

Olga Das war 2006. ① _____ war ich 8 Jahre alt.

Ansager Wie ② _____ Sie das neue Leben in Deutschland?

Olga Es hat mir nicht so gut gefallen. Ich hatte ein großes Problem mit
Deutsch. Ich hatte schon einmal einen Nachhilfelehrer, mit dem
habe ich mich aber nicht so gut verstanden. Ich glaube, der war zu
alt.

Ansager Und dann? Wie ging es dann weiter? Das ist ja sehr
③ _____!

Olga Meine Mutter hat eine Anzeige in der Zeitung gesehen und hat
gefragt ob sie auch Nachhilfe in Deutsch anbieten. Die haben
gesagt: „Vielleicht lernt Ihre Tochter lieber in einer Gruppe? Zurzeit
haben wir eine Deutschgruppe." Ich bin direkt eingestiegen
und nach ein paar Monaten hatte sich mein Deutsch ④ _____
_____.

Ansager Super! Wie haben Sie denn mit Musik angefangen?

Olga Als ich in der Schule war, hat mein Musiklehrer ⑤ _____
_____, eine Musikerin zu werden. Jetzt mache ich schon
seit 14 Jahren Musik und liebe Musik!

Ansager Und Sie haben vor einem Monat, bei dem sehr bekannten Klavier-
Wettbewerb „Elisabeth" ⑥ _____. Glückwunsch!

Olga Danke. Ich hoffe, dass ich bald auch einmal bei einem
⑦ _____ _____ spielen kann.

Ansager Was machen Sie denn, wenn Sie nicht spielen?

Olga Im Moment habe ich keine Zeit für anderes. Aber später möchte ich
viel Sport treiben und meine Zeit ⑧ _____.

Ansager Sagen Sie uns auch welchen Sport Sie machen möchten?

Olga   Vielleicht Fußball? Sport hilft mir meinen Gesundheitszustand zu
             erhalten und ⑨ _____ mich vom täglichen Stress.

Ansager Na dann, alles Gute für Sie und danke für das Gespräch.

Olga   Gerne.

듣기 활동지 정답

▶ **Aufgabe 1**

정답 ① unserem zweiten Thema

② was Sie doppelt haben

③ tauschen

④ Hoffentlich

어휘 **zweit** [a.] 두 번째의 | **das Thema** [n.] 주제 | **doppelt** [adv.] 이중으로, 두 배로 | **tauschen** [v.] 교환하다
hoffentlich [adv.] 바라건대

▶ **Aufgabe 2**

정답 ① wechselhaft

② dunkle Wolken

③ kalt

④ sonnig und warm

⑤ regnen

어휘 **wechselhaft** [a.] 변덕스러운, 변하기 쉬운 | **sonnig** [a.] 해가 비치는 | **warm** [a.] 따뜻한 | **regnen** [v.] 비가
오다

▶ **Aufgabe 3**

정답 ① außerhalb

② Sprechzeiten

③ sowie

④ hinterlassen

⑤ so schnell wie möglich

어휘 **die Sprechzeit** [n.] 면담 시간 | **hinterlassen** [v.] 말을 남기다

▶ Aufgabe 4

정답 ① habe

② gebrochen

③ irgendwelche

④ in den nächsten Tagen

⑤ hat

⑥ verändert

어휘 **haben...gebrochen** [v.] 부러지다 | **in den nächsten Tagen** 며칠 안에 | **haben...verändert** [v.] 변했다
(verändern의 현재완료)

▶ Aufgabe 5

정답 ① Verbindung

② ohne Bahn-Card

③ günstiger

어휘 **die Verbindung** [n.] 연결 | **ohne** [prp.] ~없이 | **die Bahn-Card** [n.] 철도-카드 (독일에서 철도 비용을
할인받을 수 있는 카드. 종류에 따라서 한 해에 한 번 일정한 금액을 내고 할인을 받을 수 있으며, 3가지 종류가 있다.)

▶ Aufgabe 6 bis 10

정답 ① Ermäßigung

② angefangen

③ ans Meer

④ lieber ins Schwimmbad

⑤ unterhalten

⑥ in die Bibliothek

어휘 **die Ermäßigung** [n.] 할인 | **haben...angefangen** [v.] 시작했다 (anfangen의 현재완료) | **wirklich** [a.] 정말
| **mit dem Zug** 기차를 타고 | **ans Meer** 바다로 | **das Schwimmbad** [n.] 수영장 | **die Angst** [n.] 두려움
| **der Film** [n.] 영화 | **der Moment** [n.] 순간 | **mitkommen** [v.] 함께 오다 | **sich unterhalten** [v.] 담소를
나누다 | **die Bibliothek** [n.] 도서관

▶ **Aufgabe 11**

② mitbringen

③ zufällig

④ unterschreiben

⑤ am besten

어휘 **haben...eingeladen** [v.] 초대했다 (einladen의 현재완료) | **mitbringen** [v.] 가지고 오다 | **unterschreiben** [v.] 서명하다

▶ **Aufgabe 12**

정답 ① wegen

② angerufen.

③ die Eingangstür

④ übermorgen

어휘 **wegen** [prp.] ～때문에 (2격 전치사) | **hatten...angerufen** [v.] 전화했다 (anrufen의 과거완료) | **die Eingangstür** [n.] 현관문 | **übermorgen** [adv.] 모레

▶ **Aufgabe 13**

정답 ① einen Ausflug

② Gestern

③ Am Abend

④ sowieso

어휘 **der Ausflug** [v.] 소풍 | **sowieso** [adv.] 어차피

▶ **Aufgabe 14**

정답 ① Anmeldung

② das Anmeldeformular

③ Was fehlt noch?

④ Briefkasten

▶ Aufgabe 15

① auf dem Sommerfest

② Wusstest du das

③ Neben

④ aussteigen

▶ Aufgabe 16 bis 20

① Damals

② fanden

③ interessant

④ sehr verbessert

⑤ mir empfohlen

⑥ gewonnen

⑦ internationalen Konzert

⑧ genießen

⑨ befreit

제2회

실전
모의고사

A2

Kandidatenblätter

Lesen
30 Minuten

Dieser Prüfungsteil hat vier Teile:

Sie **lesen** eine E-Mail, Informationen und Artikel aus der Zeitung und dem Internet.

Für jede Aufgabe gibt es nur **eine** richtige Lösung.

Schreiben Sie Ihre Lösungen zum Schluss auf den **Antwortbogen**.

Wörterbücher und Mobiltelefone sind **nicht** erlaubt.

Lesen Teil 1 ● ● ● ●

Sie lesen in einer Zeitung diesen Text.

Wählen Sie für die Aufgaben 1 bis 5 die richtige Lösung a , b oder c .

Leo Mauer und sein Kochunterricht

In Nürnberg gibt es seit einem Jahr einen speziellen Kochunterricht. Herr Mauer hatte früher als Koch in einem Hotelrestaurant gearbeitet. Aber er wollte sein eigenes Restaurant besitzen. Deswegen hat er mit der Arbeit aufgehört.

Aber anfangs hatte er ein großes Problem, denn ein eigenes Restaurant war für ihn zu teuer. So entwickelte er die Idee, seinen eigenen Kochunterricht anzubieten. Er macht bei ihm zu Hause Kochkurse. Die Leute, die bei ihm Kochunterricht haben wollen, können auf seiner Internetseite Informationen halten und angeben, welche Gerichte sie lernen möchten. Von diesen wählt er ein Gericht aus, das er im Kochunterricht gemeinsam mit den Teilnehmern kocht. Fertige Gerichte sind nicht bestellbar, aber man kann nach dem Unterricht die Gerichte nach Hause mitnehmen, die man im Unterricht gekocht hat. Manchmal bietet er guten Teilnehmern speziellen Kochunterricht an. Zum Beispiel fährt er zu dem Teilnehmer nach Hause. Er bringt alle notwendigen Lebensmittel mit und kocht zusammen oder hilft beim Kochen. Es wird jeden Monat ein Teilnehmer ausgewählt, der sich besonders fleißig am Kochkurs beteiligt. Aber auch in den normalen Kochkursen bei ihm zu Hause kann man verschiedene hochwertige Gerichte kochen lernen. Er bereitet alle Zutaten vor und dann bringt den Teilnehmern im Unterricht einfache Kochmethoden bei. Das alles ist gar nicht so teuer.

Mittlerweile hat er schon über 20 Teilnehmer pro Monat, und bietet mehr als 30 verschiedene Rezepte an. Er ist sehr froh, dass alle zufrieden sind. Er kann nicht nur wieder als Koch arbeiten und interessante Leute kennenlernen, sondern seine Fähigkeiten weiterentwickeln. Weil alles so gut läuft, plant er bald weitere Kurse in anderen Städten anzubieten. Aus diesem Grund braucht er auch neue Partner.

aus einer österreichischen Broschüre

Lesen Teil 1 ● ● ● ●

Beispiel

0   Leo Mauer war früher _____

  a für kurze Zeit arbeitslos.

  ☒ ein Koch in einem Hotel.

  c ein Hotelmanager.

1   Seine Kunden _____

  a können ein Gericht vorschlagen.

  b bekommen im Internet sein Rezept.

  c können im Internet das fertige Essen bestellen.

2   Er hat…

  a teure spezielle Angebote.

  b viele Kunden, die bei ihm Unterricht haben wollen.

  c viel Stress, wenn sich keiner für die Kurse anmeldet.

3   Manchmal _____

  a kocht er das Essen für regelmäßige Teilnehmer bei ihnen zu Hause.

  b liefert er den Kunden das fertige Essen.

  c hat er Probleme bei der Lieferung.

4   Der Text handelt von _____

  a Kochkursangebote in verschiedene Städte.

  b einer neuen Arbeitsmöglichkeit als Koch.

  c einem guten Restaurant eines Kochs.

5   Er will bald _____

  a eine neue Stelle finden.

  b als Starkoch etwas Gutes unternehmen.

  c mit guten Kollegen zusammenarbeiten.

Lesen Teil 2 ● ● ○ ○

Sie lesen die Informationstafel im Buchladen Spaßig Lesen.

Lesen Sie die Aufgaben 6 bis 10 und den Text. In welchen Stock gehen Sie?

Wählen Sie die richtige Lösung a , b oder c .

Beispiel

0 Sie suchen einen schwedischen Roman.

- ☒ Erdgeschoss
- b 1. Stock
- c 2. Stockwerk

6 Sie suchen Kugelschreiber und Hefte für Ihr Arbeitszimmer.

- a 2. Stock
- b 1. Stock
- c Anderes Stockwerk

7 Eine Bekannte von Ihnen liebt Natur. Sie möchten ihr ein Buch mit Tipps für die Gartenarbeit schenken.

- a 2. Stock
- b 1. Stock
- c Anderes Stockwerk

8 Sie haben einen DVD gekauft. Nach einer Woche ist er schon kaputt gegangen. Jetzt wollen Sie ihn zurückgeben.

- a 2. Stock
- b 3. Stock
- c Anderes Stockwerk

9 Sie ziehen in zwei Wochen in eine neue Wohnung ein und suchen dafür eine Beleuchtung.

- a 1. Stock
- b Erdgeschoss
- c Anderes Stockwerk

10 Sie möchten Ihre Musik und Filme auf dem Computer neu ordnen und suchen eine Software dafür.

- a 3. Stock
- b Untergeschoss
- c Anderes Stockwerk

Lesen Teil 2 • • ◦ ◦

Buchhandlung „Weltbild"

3. Stock	Café: Kaffee / Tee Reise: Kurzreisen / Urlaubsreisen / Bahntickets / Flugtickets Toilette / Fundbüro / Service
2. Stock	Filme & DVDs: TV-Serien / DVD – Musik & Konzerte CDs / Hörbücher Foto & Camcorder: Digitalkameras / Speicherkarten / Zubehör / Karerataschen
1. Stock	Sach- und Fachbücher: Geschichte / Politik und Gesellschaft / Medizin / Sport Sprachen / Schulbücher / Pädagogik / Unterrichtshilfen
EG	Roman von A bis Z / Taschenbücher / aktuelle Bestseller / Neuheiten / Kinder- und Jugendbücher / Haus- und Gartenbücher / fremdsprachige Literatur
UG	Schreibwaren / Bürotechnik / Büromöbel / Computer- Zubehör / Drucker / Festplatten / Lernsoftware / Betriebssysteme Kaffeemaschinen / Staubsauger / Regal / Lampe

Lesen Teil 3 • • • •

Sie lesen eine E-Mail.

Wählen Sie für die Aufgaben 11 bis 15 die richtige Lösung a , b oder c .

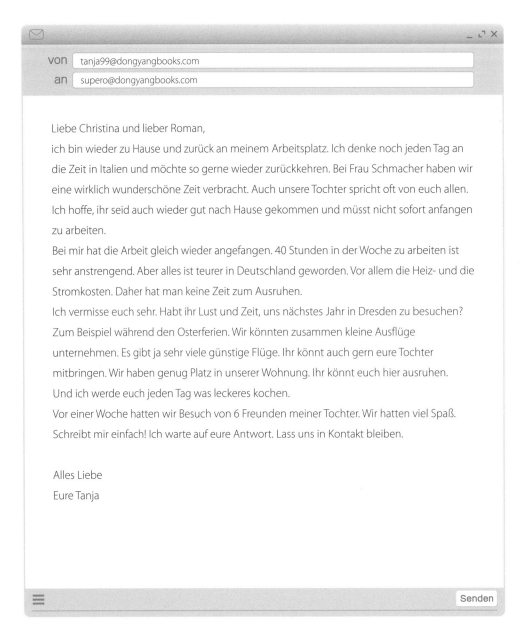

von   tanja99@dongyangbooks.com

an   supero@dongyangbooks.com

Liebe Christina und lieber Roman,

ich bin wieder zu Hause und zurück an meinem Arbeitsplatz. Ich denke noch jeden Tag an die Zeit in Italien und möchte so gerne wieder zurückkehren. Bei Frau Schmacher haben wir eine wirklich wunderschöne Zeit verbracht. Auch unsere Tochter spricht oft von euch allen. Ich hoffe, ihr seid auch wieder gut nach Hause gekommen und müsst nicht sofort anfangen zu arbeiten.

Bei mir hat die Arbeit gleich wieder angefangen. 40 Stunden in der Woche zu arbeiten ist sehr anstrengend. Aber alles ist teurer in Deutschland geworden. Vor allem die Heiz- und die Stromkosten. Daher hat man keine Zeit zum Ausruhen.

Ich vermisse euch sehr. Habt ihr Lust und Zeit, uns nächstes Jahr in Dresden zu besuchen? Zum Beispiel während den Osterferien. Wir könnten zusammen kleine Ausflüge unternehmen. Es gibt ja sehr viele günstige Flüge. Ihr könnt auch gern eure Tochter mitbringen. Wir haben genug Platz in unserer Wohnung. Ihr könnt euch hier ausruhen. Und ich werde euch jeden Tag was leckeres kochen.

Vor einer Woche hatten wir Besuch von 6 Freunden meiner Tochter. Wir hatten viel Spaß. Schreibt mir einfach! Ich warte auf eure Antwort. Lass uns in Kontakt bleiben.

Alles Liebe
Eure Tanja

Senden

Lesen Teil 3 • • • ◦

11 Tanja _____

  a hat wieder angefangen in Italien zu arbeiten.

  b hat Christina und Roman in Italien kennengelernt.

  c hat in Italien Urlaub gemacht.

12 Tanja hat _____

  a schöne Erinnerungen an die Zeit in Italien.

  b eine anstrengende Zeit verbracht.

  c dort die Heiz- und Stromkosten bezahlt.

13 Christina und Roman _____

  a haben mit Tanja in Deutschland Urlaub gemacht.

  b sind eingeladen, bei Tanja paar Tage zu bleiben.

  c wollen aber nicht nach Deutschland kommen.

14 Tanjas Tochter _____

  a will wieder nach Italien fliegen.

  b war nicht bei der Reise dabei.

  c hat ihre Freundinnen eingeladen.

15 Tanja will wissen, _____

  a wie viele Leute bei ihr übernachten werden.

  b ob Christina und Roman ihre Tochter mitbringen oder nicht.

  c ob Christina und Roman nächstes Jahr zu Ostern nach Deutschland
     kommen können.

Lesen Teil 4 • • • •

Sechs Personen suchen im Internet nach Lokalen.

Lesen Sie die Aufgaben 16 bis 20 und die Anzeigen a bis f.
Welche Anzeige passt zu welcher Person?
Für eine Aufgabe gibt es keine Lösung. Markieren Sie so ☒.

Die Anzeige aus dem Beispiel können Sie nicht mehr wählen.

Beispiel

0   Günter möchte den Rhein kennenlernen. Er findet, eine Reise
mit dem Schiff eignet sich am besten. | b |

16   Mira sucht für einen Kurztrip ein billiges Fahrrad.

17   Andrea möchte in Süddeutschland mit dem Rad reisen.

18   Nadja sucht in Italien eine Ferienwohnung, wo sie mit ihrer
Familie einen Monat bleiben kann.

19   Dean möchte mit seiner vierjährigen Tochter einen günstigen
Wellbeing Kurzurlaub machen.

20   Jens plant eine Reise in die Schweiz mit einem Mietwagen. Er
sucht ein günstiges Auto.

Lesen Teil 4 • • • •

a

www.rad.de

Fahrräder, Tourenräder,
Mountainbikes, E-Bikes: die neuesten
Modelle!
Wir haben alles, was Sie für eine
Radreise brauchen.

Sie können bei uns eine Probefahrt
machen!
Alles zu günstigen Preisen.
Jetzt gibt es auch 50% Ermäßigung.

www.reiserum.de

- Deutschland erleben!
- am Fluss (Rhein, Main, Donau)
- Ferienhaus
- Zug / Bus / Schiff / Mietwagen /
  Mietwagen mit Fahrer

– Internationales Weltkulturerbe
– Essen vom Starkoch

c

www.hotel-donau.de

Last Minute:
Kinderfreundliches 4-Sterne Hotel in
Donau.
Teilmassagen, Vollpension und
Wellness.
Kostenlos für Kinder zu sechs Jahre.
Kostenlose Nutzung unseres
Wellnessbereiches (Handtücher,
Badebekleidung und Bademantel
gegen Gebühr).

Noch 5 freie Plätze!
3 Übernachtungen nur 400,-Euro!

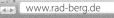

www.rad-berg.de

„Mit dem Fahrrad durchs Land"
Billig reisen: mit dem Fahrrad
in Süddeutschland Kurzurlaub und
Rundreisen.

Es ist möglich mit dem Rad zu reisen.
Bei uns können Sie alles ausleihen,
was Sie für die Radtour brauchen.

d

e

www.fernbus.de

Billig reisen: Online-Preisvergleich
Alle Anbieter für ganz Europa

Möchten Sie gern mit dem Fernbus
verreisen?
Dann finden Sie unter www.fernbus.
de unsere tolle Angebote zu
Städtereisen.

Paris oder Amsterdam?
Prag oder Madrid?
Für jeden ist was dabei!

www.Reiseinfo.de

Urlaub in Europa
- bis zu 6 Personen
- Für einen langen Zeitraum
- Ferienwohnungen und
  Ferienhäuser

Sofort online buchen!!
Es gibt auch einen EVENT:
Versuchen Sie jetzt Ihren Glück!

f

Kandidatenblätter

Hören
30 Minuten

Dieser Prüfungsteil hat vier Teile:

Sie **hören** Sendungen aus dem Radio, Gespräche, Nachrichten auf dem Anrufbeantworter und Durchsagen.

Lesen Sie zuerst die Aufgaben.
Hören Sie dann den Text dazu.

Für jede Aufgabe gibt es nur **eine** richtige Lösung.

Schreiben Sie Ihre Lösungen zum Schluss auf den **Antwortbogen**.

Wörterbücher und Mobiltelefone sind **nicht** erlaubt.

Hören Teil 1 ● ○ ○ ○

Sie hören fünf kurze Texte. Sie hören jeden Text **zweimal**.
Wählen Sie für die Aufgaben 1 bis 5 die richtige Lösung a, b oder c.

1 Was kann man gewinnen?   (MP3 02_01)

  a eine Reise an die Nordsee.

  b eine Reise für eine Familie bis zu 4 Personen.

  c eine Reise für 2 Personen.

2 Wie wird das Wetter morgen?   (MP3 02_02)

  a Es wird regnen.

  b Es wird Nebel erwartet.

  c Es wird warm.

3 Warum hat Simon Jara angerufen?   (MP3 02_03)

  a Er will die Verabredung verschieben.

  b Er kann sich am Wochenende nicht mit ihr treffen.

  c Er kann sich leider morgen nicht mit ihr treffen.

4 Was soll Paul nicht vergessen?   (MP3 02_04)

  a Dass er ein Geschenk kaufen soll.

  b Dass er etwas aus der Reinigung abholen soll.

  c Dass er Konzerttickets besorgen muss.

5 Was soll Frau Angelika machen?   (MP3 02_05)

  a Dr. Holzger anrufen.

  b In die Praxis kommen.

  c Die Praxis anrufen.

Hören Teil 2 ● ● ● ●

Sie hören ein Gespräch. Sie hören den Text **einmal**.
Wer bekommt welches Geschenk?

Wählen Sie für die Aufgaben 6 bis 10 ein passendes Bild aus a bis i.
Wählen Sie jeden Buchstaben nur einmal. Sehen Sie sich jetzt die Bilder an.

	0	6	7	8	9	10
Person	Frau Schiller	Herr Schiller	Nico	William	Nadine	Paula
Lösung	a					

Hören Teil 3 ● ● ● ◦

Sie hören fünf kurze Gespräche. Sie hören jeden Text **einmal**.
Wählen Sie für die Aufgaben 11 bis 15 die richtige Lösung a , b oder c .

11 Wo ist der Platz?

a    b    c

12 Was ist kaputt?

a    b    c

13 Worüber hat sie gesprochen?

a    b    c

14 Was fehlt für den Mietvertrag?

a   b    c

15 Wo muss der Mann gehen?

a 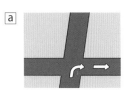   b 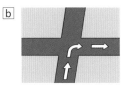   c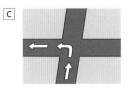

Hören Teil 4 • • • •

MP3 02_12

Sie hören ein Interview. Sie hören den Text **zweimal**.
Wählen Sie für die Aufgaben 16 bis 20 ⬚ Ja ⬚ oder ⬚ Nein ⬚.
Lesen Sie jetzt die Aufgaben.

Beispiel

0   Miriam sitzt in einer Fernsehsendung.

☐ Ja

☒ ~~Nein~~

16   Miriam war eine Studentin in der Internationallen Tourismus Uni.

☐ Ja

☐ Nein

17   Sie hat wegen viel Stress ihre erste Arbeit aufgehört.

☐ Ja

☐ Nein

18   Sie hat sofort ihre zweite Arbeit gefunden.

☐ Ja

☐ Nein

19   Nach langer Überlegung hat sie sich entschieden als Köchin zu arbeiten.

☐ Ja

☐ Nein

20   Sie ist mit der Arbeit zufrieden.

☐ Ja

☐ Nein

Kandidatenblätter

Schreiben
30 Minuten

Dieser Prüfungsteil hat zwei Teile:

Sie **schreiben** eine SMS und eine E-Mail.

Schreiben Sie Ihre Texte auf den **Antwortbogen**. Schreiben Sie bitte deutlich und **nicht** mit Bleistift.

Wörterbücher und Mobiltelefone sind **nicht** erlaubt.

Schreiben Teil 1 • ◦ ◦ ◦

Sie sind in einer halben Stunde mit Ihrer Arbeit fertig und schreiben eine SMS an Ihren Freund Thomas.

– Schreiben Sie, dass Sie ihn treffen möchten.
– Schreiben Sie, warum.
– Nennen Sie einen Treffpunkt und eine Uhrzeit.

Schreiben Sie 20-30 Wörter.
Schreiben Sie zu allen drei Punkten.

Schreiben Teil 2 • • ◦ ◦

Sie haben einen Führerschein gemacht. Ihr Fahrlehrer, Herr Widmer hat Ihnen eine kleine Tour vorgeschlagen. Schreiben Sie Herrn Widmer eine E-Mail.

– Sagen Sie, wie Sie die Idee finden und dass Sie mitmachen wollen.
– Informieren Sie sich, ob noch jemand mitkommt.
– Fragen Sie nach dem Zielort und nach der Uhrzeit.

Schreiben Sie 30-40 Wörter.
Schreiben Sie zu allen drei Punkten.

Kandidatenblätter

Sprechen
circa 15 Minuten fur zwei
Teilnehmende

Dieser Prüfungsteil hat drei Teile:

Sie **stellen** Ihrem Partner/Ihrer Partnerin Fragen zur Person und antworten ihm/ihr.

Sie **erzählen** etwas über sich und Ihr Leben.

Sie **planen** etwas mit Ihrem Partner/Ihrer Partnerin.

Wörterbücher und Mobiltelefone sind **nicht** erlaubt.

Sprechen Teil 1 ● ● ● ●

A

| GOETHE-ZERTIFIKAT A2   Sprechen Teil 1 |
| Fragen zur Person |
| **Kinder?** |

| GOETHE-ZERTIFIKAT A2   Sprechen Teil 1 |
| Fragen zur Person |
| **Lieblingsessen?** |

| GOETHE-ZERTIFIKAT A2   Sprechen Teil 1 |
| Fragen zur Person |
| **Alter?** |

| GOETHE-ZERTIFIKAT A2   Sprechen Teil 1 |
| Fragen zur Person |
| **Reisen?** |

B

| GOETHE-ZERTIFIKAT A2   Sprechen Teil 1 |
| Fragen zur Person |
| **Musik?** |

| GOETHE-ZERTIFIKAT A2   Sprechen Teil 1 |
| Fragen zur Person |
| **Internet?** |

| GOETHE-ZERTIFIKAT A2   Sprechen Teil 1 |
| Fragen zur Person |
| **Ferien?** |

| GOETHE-ZERTIFIKAT A2   Sprechen Teil 1 |
| Fragen zur Person |
| **Ausland?** |

Sprechen Teil 2 • • ◦ ◦

Aufgabenkarte A

Sie bekommen eine Karte und erzählen etwas über Ihr Leben.

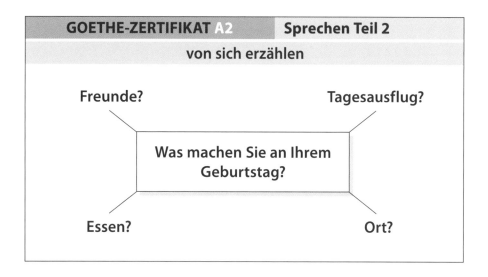

Aufgabenkarte B

Sie bekommen eine Karte und erzählen etwas über Ihr Leben.

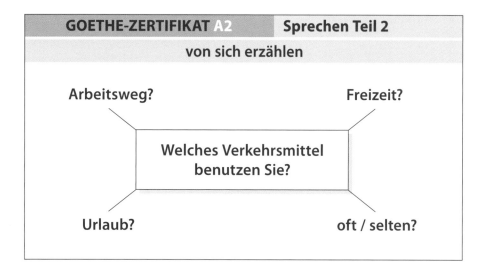

Sprechen Teil 3 • • • •

Eine gemeinsame Aktivität aushandeln.

Ihre Freunde Melissa und Lukas heiraten. Sie möchten ein Geschenk für die beiden kaufen. Finden Sie einen Termin.

A

Mittwoch	
7:00	
8:00	*Frühstück*
9:00	
10:00	*Auto von Werkstatt abholen*
11:00	
12:00	*am Computer arbeiten*
13:00	
14:00	
15:00	
16:00	
17:00	*Konzertprobe*
18:00	
19:00	
20:00	*mit Markus ausgehen*
21:00	

B

Mittwoch	
7:00	
8:00	
9:00	*im Garten arbeiten*
10:00	
11:00	
12:00	
13:00	*Zahnarzt*
14:00	
15:00	*Deutschkurs*
16:00	
17:00	
18:00	
19:00	*Essen mit Eltern*
20:00	
21:00	

본문을 듣고 빈칸을 채워 보세요.

유형 1 ● ● ● ●

▶ **Aufgabe 1**

Es ist 10 Uhr. Wie jeden Abend um diese Zeit findet unser ① _____

statt. Heute fangen wir mit Urlaubsorten an. Wohin reisen die Deutschen

② _____ _____? Antwort Nummer 1, nach Italien. Antwort Nummer 2,

nach Österreich oder Antwort Nummer 3, ③ _____ _____ _____.

Rufen Sie uns an unter 123 24 24 und ④ _____ Sie eine Reise für 2

Personen an die Ostsee. Und jetzt noch ein Geburtstagsgruß: Julia Bäcker hat

heute Geburtstag. Julia wird heute 18 Jahre alt: Ja, mit 18 hat man noch viele

Träume. Alles Gute und viel Glück ⑤ _____ dir deine Eltern und

Geschwister und natürlich das gesamte Radio-Tenten-Team.

▶ **Aufgabe 2**

Und jetzt folgt ① _____ _____. Heute bleibt es tagsüber weiterhin schön.

Aber ② _____ ____ _____ abends wird es Gewitter geben. In den Alpen

werden starke Gewitter erwartet. Da werden die Temperaturen fallen. Morgen

wird es dann nass und kühler. Die Temperaturen fallen auf 8 Grad im Süden

und ③ _____ ____ _____ im Norden. Am Wochenanfang wird es wieder

wärmere Temperaturen geben, die bis auf 20 Grad gehen können. Allerdings ist

④ _____ _____ zu rechnen. Wir müssen leider noch auf den Frühling warten.

▶ Aufgabe 3

Jara, hier ist David. ① _____ ____ _____? Ich habe dich schon drei Mal angerufen, aber ich konnte dich nicht erreichen. ② _____ sind wir doch am Wochenende verabredet. Da muss ich leider noch länger arbeiten. Aber passt es dir vielleicht morgen? Es gibt ein Theaterstück „Die Königin des Sommers". ③ _____ ____ _____ es zusammen zu sehen? Die Eintrittskarten kosten jeweils 30 Euro. Falls du damit einverstanden bist, werde ich die Karten Online kaufen und wir müssen es nur bis 19 Uhr an der Kasse ④ _____. Falls ich zu spät komme kannst du es dann machen, weil meine Arbeit um ⑤ _____ _____ endet. Danke und bis später.

▶ Aufgabe 4

Hallo Paul. Denk bitte an mein Kleid. Du kannst es doch aus der ① _____ abholen, oder? ② _____ _____ ____ _____, was ich bei Leonies Konzert anziehen soll. Ich gehe jetzt zum Arzt, weil ich stark erkältet bin. Danach muss ich noch ein ③ _____ besorgen. Aber das kann ich ④ _____. Wenn du einen Vorschlag hast, was man kaufen könnte, dann gib mir ⑤ _____. Wir treffen uns später vor der Konzerthalle.

▶ Aufgabe 5

Guten Tag, Praxis Dr. Holzger hier, Sabine Peterson am Apparat. Frau Angelika, Sie waren ① _____ _____ _____ zur Blutabnahme bei uns. Jetzt sind die Ergebnisse da und der Doktor würde gern noch mal kurz mit Ihnen sprechen. Bitte ② _____ _____ _____ _____, um einen neuen Termin zu ③ _____. Die Nummer lautet 0080 72 92 82. Auf Wiederhören.

▶ **Aufgabe 6 bis 10**

Nico	Hallo Hannah. Kannst du dich noch ① _____ _____, dass wir am Wochenende eine Geburtstagsparty ② _____. Hat die Planung schon begonnen?
Hannah	Ja, natürlich, aber es ist noch nicht alles erledigt. Diesmal haben viele von uns Geburtstag, deshalb müssen wir viele verschiedene Geschenke besorgen. Ich habe gestern Miriam getroffen und schon mit der ③ _____ angefangen.
Nico	Oh, so viele Geschenke hast du schon gekauft?
Hannah	Ja, aber ich bin mir noch nicht ganz sicher, was Frau Schiller ④ _____ würde.
Nico	Ich weiß, dass sie gern Bücher liest. Über ein Buch würde Sie sich bestimmt freuen.
Hannah	Oh, das hört sich gut an. Kennst du dich mit Herrn Schiller gut aus?
Nico	Nein, aber so weit ich es in Erinnerung habe, trinkt er gern Wein. Wir können ihm einen Wein schenken.
Hannah	Das ist aber eine gute Idee. Wie findest du die Tasche hier?
Nico	Sie ist fantastisch!
Hannah	Rate mal, für wen ich das ⑤ _____ _____.
Nico	Vielleicht für Isabella?
Hannah	Nein, das ist für Nadine. Vor einer Woche sind wir zusammen shoppen gegangen. Sie fand die Tasche ganz schön und wollte sie unbedingt haben. Hier gehe ich nur einkaufen, wenn ⑥ _____ _____ ist.
Nico	Das ist doch wunderbar. Ich kann mir schon gut das Gesicht von Nadine vorstellen. Was für ein Geschenk hast du denn für William und Paula?
Hannah	William hört gern Musik. Deshalb habe ich CDs geholt. Und Paula mag Blumen. Deswegen habe ich ihr Tulpen gekauft.

Nico   Also, deine Idee finde ich echt toll!

Hannah   Und das hier ist für dich! Du hast doch auch bald Geburtstag, oder?

Ich ⑦ _____, dass der Hut dir gut ⑧ _____ _____.

Setz ihn mal auf! Es wird dir bestimmt gefallen.

Nico   Wow, ich habe gar nicht gewusst, dass du auch für mich etwas

besorgt hast. Ich finde den super. Vielen Dank!

Hannah   Gern! Lass uns dann nur einen Kuchen kaufen und dann sind wir mit

der Vorbereitung fertig.

Nico   Das wird sicher eine große ⑨ _____ werden.

유형 3 •••·

▶ **Aufgabe 11**

Mann	Guten Tag, Frau Schildkamp. Lange nicht mehr gesehen. Hatten Sie viel zu tun im Restaurant?
Frau	Ja, zurzeit kommen sehr viele Leute. Sind Sie jetzt frei?
Mann	Sicher, nehmen Sie Platz. Wie machen wir es heute? So ① _____ _____?
Frau	Hmmm... Meine ② _____ gefällt mir nicht mehr. Ich hätte sie gern ein wenig heller.
Mann	Was halten Sie davon, wenn wir es ③ _____ machen? Ich zeig Ihnen das mal im Katalog.
Frau	Gute Idee.
Mann	Erstens werde ich Sie kämmen.
Frau	Nur ein paar Zentimeter ④ _____. Ich will sie wachsen lassen.
Mann	So machen wir es.

▶ **Aufgabe 12**

Frau	Hallo, Martin. Ich brauche deine ① _____.
Mann	Was ist denn los? Hast du wieder Probleme mit dem Computer?
Frau	Nein, dank deiner Hilfe ist alles einwandfrei. Aber mein Drucker ② _____ nicht mehr. Kann ich kurz zu dir kommen, um etwas auszudrucken?
Mann	Warum nicht, aber ich muss gleich ③ _____ . Ruf mich auf meinem Handy in 2 Stunden wieder an. Dann bis nachher!

▶ **Aufgabe 13**

Mann	Hallo Frau Wenekamp, lange nicht gesehen! Wie geht's denn so?
Frau	Im Moment nicht so gut. Ich habe immer starke ① _____.
Mann	Ach. Das tut mir aber leid. Sind Sie krank?
Frau	Nein. Aber Ihre Musik ist seit einer Woche wieder so laut. Ich glaube es liegt daran.
Mann	② _____? Eigentlich bin ich ③ _____ nicht zu Hause. Aber meine Kinder sind oft da. Es kommen auch ab und zu ihre Freunde vorbei.
Frau	Da ich oft Kopfschmerzen habe, bitte ich Sie darum, abends die Musik ④ _____.
Mann	Das ist doch vollkommen klar. Ich spreche gleich mal mit meinen Kindern.

▶ **Aufgabe 14**

Mann	Frau Schulz, Ihr ① _____ ist fertig. Die monatliche Miete muss immer am ersten Tag des Monats bezahlt werden.
Frau	Das mache ich. Ich würde die Wohnung gerne noch einmal sehen, allerdings müsste ich vorher wissen, ob ich die Wohnung etwas später mieten könnte.
Mann	Ja, natürlich, wann Sie möchten. Sie könnten auch ② _____ _____ einziehen. Aber ③ _____ _____ _____ fehlt noch Ihre Unterschrift.
Frau	Ach, das werde ich machen.
Mann	Gut, ④ _____ _____ _____ am Samstag-morgen?
Frau	Ja gut, so gegen 10 Uhr? Wie ist denn die Adresse?
Mann	Hohe Eich Straße 3. Gut, bis Samstag, 10 Uhr. Auf Wiederhören.
Frau	Auf Wiederhören.

Mann   Entschuldigung, Ich bin neu hier. Wie komme ich zum

              ① _____?

Frau   Gehen Sie zuerst ② _____ und biegen Sie dann bei der

              nächsten Kreuzung links ab. Danach gehen Sie noch 50 Meter

              geradeaus und dann sehen Sie schon das Rathaus.

Mann   Es ist ein bisschen ③ _____. Wie heißt die Straße hier?

              Könnten Sie mir bitte den Weg mit einer Zeichnung erklären?

Frau   Hier ist Königstraße 13. Ich werde mal kurz den Weg

              ④ _____.

Mann   Vielen Dank.

▶ **Aufgabe 16 bis 20**

Moderator	Guten Tag Miriam. Willkommen zu unserer ① _____ „Wie kann ich einen Job finden?", nehmen Sie Platz.
Miriam	Guten Tag! Ich freue mich hier zu sein.
Moderator	Dann, sprechen wir ein bisschen ② _____ _____. Was haben Sie studiert und wo haben Sie gearbeitet?
Miriam	Ich bin eine Absolventin der Internationallen Tourismus Uni und habe für zwei Jahre in einer Tourismusagentur gearbeitet.
Moderator	Was waren Ihre ③ _____ dort?
Miriam	Ich war Tourismusagent, die Schnittstelle zwischen der Firma und den Klienten, die dort kamen. Ich sollte ihnen die Ferienangebote ④ _____ und ⑤ _____ _____. Ich hatte aber dabei zu viel Stress. Und etwas ist mit der Firma passiert.
Moderator	Was ist denn mit der Firma passiert?
Miriam	Die Firma ging Bankrott aufgrund der Wirtschaftskrise. Ich musste was anderes finden.
Moderator	Ach so. Erzählen Sie weiter über Ihre Erfahrungen. Wie haben Sie Ihre neue Arbeit gefunden?
Miriam	Ich war lange arbeitslos. Ich hatte ⑥ _____ _____, einen Job zu finden. Aber ich hatte kein Glück gehabt. Obwohl ich im Internet bei vielen Jobbörsen nachgeschaut habe, gab es keinen Job für mich. Manchmal habe ich auch in der Zeitung oder im Supermarkt am schwarzen Brett nachgesehen. Dort habe ich oft eine Stellenanzeige für eine Kellnerin gesehen.
Moderator	Haben Sie sich ⑦ _____ _____?
Miriam	Nein, ich wollte lieber das machen, was mir Spaß macht. Daher habe ich mich entschieden, nicht als Kellnerin, sondern als Köchin zu arbeiten. Es hat 2 Jahre ⑧ _____ aber ich habe es geschafft.

Moderator	Und wie ist die Arbeit? Gefällt es Ihnen?
Miriam	Anfangs war es schwierig, weil ich keine Erfahrungen als Köchin hatte. Deswegen habe ich erst als Aushilfe gearbeitet. Meinem Chef habe ich zunächst bei einfachen Sachen ⑨ _____. Jetzt kann ich viel besser kochen. Ich arbeite von 10 bis 21 Uhr. Das Wichtigste ist, dass es Spaß macht.
Moderator	Das heißt, Sie sind mit der neue Arbeit zufrieden?
Miriam	Ja, ich bin sehr zufrieden.
Moderator	Miriam, ich danke Ihnen für das interessante Gespräch.

▶ **Aufgabe 1**

정답 ① Gewinnspiel

② am liebsten

③ in die Schweiz

④ gewinnen

⑤ wünschen

어휘 **das Gewinnspiel** [n.] 추첨

▶ **Aufgabe 2**

정답 ① das Wetter

② gegen 9 Uhr

③ auf 3 Grad

④ mit Regen

어휘 **gegen** [prp.] ~경에, 무렵에

▶ **Aufgabe 3**

정답 ① Was ist los

② Eigentlich

③ Hast du Lust

④ abholen

⑤ 19:30 Uhr

어휘 **eigentlich** [adv.] 원래, 사실 | **die Lust** [n.] 흥미, 재미

▶ **Aufgabe 4**

① Reinigung

② Sonst weiß ich nicht

③ Geschenk

④ schaffen

⑤ Bescheid

die Reinigung [n.] 세탁소 **das Geschenk** [n.] 선물

▶ **Aufgabe 5**

① vor drei Tagen

② rufen Sie uns zurück

③ vereinbaren

zurückrufen [v.] 다시 전화하다 **vereinbaren** [v.] 협정하다, 협의하다

▶ **Aufgabe 6 bis 10**

① daran erinnern

② organisieren

③ Vorbereitung

④ gefallen

⑤ gekauft habe

⑥ gerade Schlussverkauf

⑦ dachte

⑧ stehen würde

⑨ Überraschung

sich erinnern [v.] 기억하다 **organisieren** [v.] ~를 준비하다, 계획하다 **die Erinnereung** [n.] 기억 **der Schlussverkauf** [n.] 바겐세일 **die Überraschung** [n.] 뜻밖의 선물

▶ Aufgabe 11

정답　① wie immer

② Haarfarbe

③ blond

④ schneiden

어휘　**die Haarfarbe** [n.] 머리 색상 | **halten** [v.] ~으로 생각하다 | **blond** [a.] 금발의

▶ Aufgabe 12

정답　① Hilfe

② funktioniert

③ losfahren

어휘　**funktionieren** [v.] 작동하다 | **losfahren** [v.] 출발하다

▶ Aufgabe 13

정답　① Kopfschmerzen

② Tatsächlich

③ meistens

④ auszumachen

어휘　**die Kopfschmerzen** [n.] 두통 | **tatsächlich** [a.] 실제의, 사실의 | **meistens** [adv.] 대부분 | **dabei** [adv.] 그 곳에 | **ausmachen** [v.] 끄다

▶ Aufgabe 14

정답　① Mietvertrag

② nächste Woche

③ auf dem Vertrag

④ passt es Ihnen

어휘　**der Mietvertrag** [n.] 계약

정답 ① Rathaus

② geradeaus

③ kompliziert

④ zeichnen

어휘 **das Rathaus** [n.] 시청 | **kompliziert** [a.] 복잡한 | **zeichnen** [v.] 스케치하다

▶ **Aufgabe 16 bis 20**

정답 ① Radiosendung

② über Sie

③ Aufgaben

④ vorstellen

⑤ sie beraten.

⑥ mich bemüht

⑦ dafür beworben

⑧ gedauert

⑨ geholfen

어휘 **die Radiosendung** [n.] 라디오 방송 | **sich hatten bemüht** [v.] 애를 썼다 (bemühen의 과거완료) | **sich haben beworben** [v.] 지원했다 (bewerben의 현재완료) | **haben...geschafft** [v.] 해냈다 (schaffen의 현재완료) | **haben...geholfen** [v.] 도와주었다 (helfen의 현재완료)

제3회

실전
모의고사

A2

Kandidatenblätter

Lesen
30 Minuten

Dieser Prüfungsteil hat vier Teile:

Sie **lesen** eine E-Mail, Informationen und Artikel aus der Zeitung und dem Internet.

Für jede Aufgabe gibt es nur **eine** richtige Lösung.

Schreiben Sie Ihre Lösungen zum Schluss auf den **Antwortbogen**.

Wörterbücher und Mobiltelefone sind **nicht** erlaubt.

Lesen Teil 1 • • • •

Sie lesen in einer Zeitung diesen Text.

Wählen Sie für die Aufgaben 1 bis 5 die richtige Lösung $\boxed{a}$, $\boxed{b}$ oder $\boxed{c}$.

Der Musiker Daniel Günter

Der deutsch-polnische Musiker Daniel Günter hat einen Sohn adoptiert.

Heiraten wollte er nicht, aber er wollte seit langem ein Kind haben. Daniel Günter wurde 1972 in Deutschland geboren. Seine Mutter eine Polin und sein Vater ist Deutscher. Beide haben sich in Polen kennengelernt.

Heute ist Daniel einer der bekanntesten Musiker Deutschlands. Seine Karriere als Musiker begann er 1998. Damals hatte er einen Preis bekommen, aber danach wollte er nicht nur als Musiker arbeiten, sondern auch als Schauspieler tätig sein. Obwohl er schon bekannt und beliebt war, hat er angefangen, Schauspielerei zu studieren. Danach hatte er in sehr vielen Kinofilmen mitgespielt. Und für seine Schauspielkunst hat er auch einen Preis bekommen.

Er hat viele verschiedene Musikstücke für seine Filme komponiert. 2014 bekam er dafür einen Musikpreis. Sein Sohn hat auch angefangen, Musik zu machen. Er will seinem Sohn dabei helfen und mit ihm eine schöne Zeit verbringen.

aus einem deutschen Magazin

Lesen Teil 1 ● ● ● ●

Beispiel

0 Daniel Günter _____

  a hat keine Familie.

  ☒ ist immer noch ledig.

  c will einen Sohn adoptieren.

1 Er _____

  a hatte schon einmal eine Frau, aber hatte keine Kinder.

  b wollte ein Kind haben, aber wollte nicht heiraten.

  c konnte kein Kind haben, aber wünschte sich sehr ein Kind.

2 Sein Vater _____

  a ist in Polen geboren.

  b hat seine Mutter in Polen kennengelernt.

  c hat nicht nur einen deutschen Pass, sondern auch einen polnischen Pass.

3 Er arbeitet nicht nur als Musiker _____

  a sondern hat auch als Vater sehr viel zu tun.

  b sondern unterrichtet auch an der Hochschule.

  c sondern auch als Schauspieler.

4 In Deutschland _____

  a hat er noch nie einen Preis bekommen.

  b hat er einmal 1998 einen Preis bekommen.

  c hat er Preise für seine Musik und Filme bekommen.

5 Der Text informiert über _____

  a das Leben als Künstler.

  b einen Musiker aus Polen.

  c einen bekannten Theaterschauspieler.

Lesen Teil 2 • • ◦ ◦

Sie gehen einkaufen.

Lesen Sie die Aufgaben 6 bis 10 und den Text. In welchen Stock gehen Sie?

Wählen Sie die richtige Lösung ⓐ , ⓑ oder ⓒ .

Beispiel

0 Sie haben gestern im Kaufhaus Ihre Geldbörse
  verloren. Sie möchten es wieder haben.

  ⓐ 2. Stock
  ⓑ 3. Stock
  ☒ Anderes Stockwerk

6 Sie möchten eine Eintrittskarte für ein Konzert
  kaufen.

  ⓐ 4. Stock
  ⓑ 3. Stock
  ⓒ Anderes Stockwerk

7 Sie möchten neue Badeanzüge kaufen.

  ⓐ Erdgeschoss
  ⓑ 2. Stock
  ⓒ Anderes Stockwerk

8 Sie brauchen eine neue Lampe für den Eingang
  Ihrer Wohnung.

  ⓐ Erdgeschoss
  ⓑ 3. Stock
  ⓒ Anderes Stockwerk

9 Sie suchen für Ihren Urlaub etwas zu lesen.

  ⓐ Erdgeschoss
  ⓑ 3. Stock
  ⓒ Anderes Stockwerk

10 Sie möchten ein Kleid für Ihre 5-jährige Tochter
  kaufen.

  ⓐ Erdgeschoss
  ⓑ 2. Stock
  ⓒ Anderes Stockwerk

Lesen Teil 2 • • ○ ○

Kaufhaus „Limberg" Ihr Wegweiser

4. Stock	Restaurant / Betten / Matratzen / Tischwaren / Schreibwaren / Bücher / Toilette / Fundbüro / Schlüsseldienst / Kartenvorverkauf
3. Stock	Computer / Technik / Software / Foto / Optiker CD / DVD / Video / Radio / TV / Autozubehör / Fahrräder / Sportartikel / Strandmode
2. Stock	Herrenbekleidung / Damen- und Herrenschuhe / Frottierwaren / Gardinen / Dekostoffe / Spielwaren / Kinderwagen / Kinderbekleidung
1. Stock	Damenbekleidung / Pelze / Nachtwäsche / Alles für die Küche / Glas / Porzellan / Beleuchtung / Elektroartikel
EG	Garderobe / Lebensmittel / Bürowaren / Uhren / Putz- und Waschmittel / Wechselkasse / Tax-Free Service / Friseursalon

Lesen Teil 3 ● ● ● ●

Sie lesen eine E-Mail.

Wählen Sie für die Aufgaben 11 bis 15 die richtige Lösung a , b oder c .

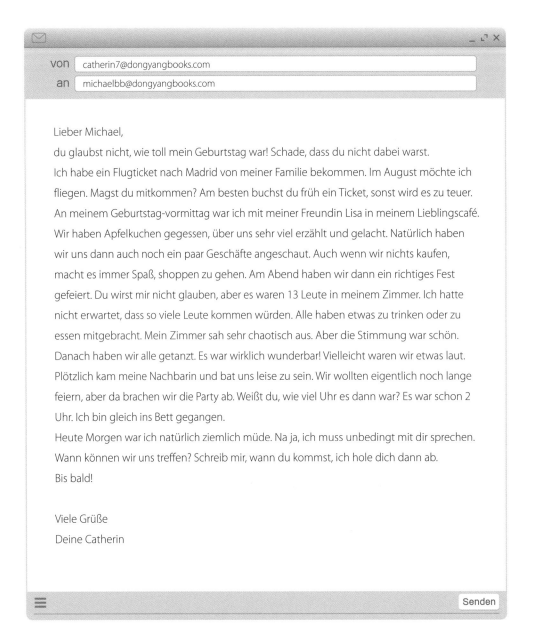

von catherin7@dongyangbooks.com

an michaelbb@dongyangbooks.com

Lieber Michael,

du glaubst nicht, wie toll mein Geburtstag war! Schade, dass du nicht dabei warst.

Ich habe ein Flugticket nach Madrid von meiner Familie bekommen. Im August möchte ich

fliegen. Magst du mitkommen? Am besten buchst du früh ein Ticket, sonst wird es zu teuer.

An meinem Geburtstag-vormittag war ich mit meiner Freundin Lisa in meinem Lieblingscafé.

Wir haben Apfelkuchen gegessen, über uns sehr viel erzählt und gelacht. Natürlich haben

wir uns dann auch noch ein paar Geschäfte angeschaut. Auch wenn wir nichts kaufen,

macht es immer Spaß, shoppen zu gehen. Am Abend haben wir dann ein richtiges Fest

gefeiert. Du wirst mir nicht glauben, aber es waren 13 Leute in meinem Zimmer. Ich hatte

nicht erwartet, dass so viele Leute kommen würden. Alle haben etwas zu trinken oder zu

essen mitgebracht. Mein Zimmer sah sehr chaotisch aus. Aber die Stimmung war schön.

Danach haben wir alle getanzt. Es war wirklich wunderbar! Vielleicht waren wir etwas laut.

Plötzlich kam meine Nachbarin und bat uns leise zu sein. Wir wollten eigentlich noch lange

feiern, aber da brachen wir die Party ab. Weißt du, wie viel Uhr es dann war? Es war schon 2

Uhr. Ich bin gleich ins Bett gegangen.

Heute Morgen war ich natürlich ziemlich müde. Na ja, ich muss unbedingt mit dir sprechen.

Wann können wir uns treffen? Schreib mir, wann du kommst, ich hole dich dann ab.

Bis bald!

Viele Grüße

Deine Catherin

Senden

Lesen Teil 3 • • • ◦

11 Catherin _____

      ☐a hat ein Flugticket für Michael besorgt.

      ☐b ist mit ihrer Schwester ins Café gegangen.

      ☐c hat eine aufregende Geburtstagsparty gefeiert.

12 Catherin will ihm fragen, _____

      ☐a ob Michael zu Ihrer Geburtstagsparty kommt.

      ☐b ob Michael nach Madrid mitkommt.

      ☐c ob er für sie ein Flugticket reservieren kann.

13 Wenn Michael nach Madrid mitfliegen will, _____

      ☐a soll er zur ihrer Party kommen.

      ☐b soll er jetzt Bescheid sagen.

      ☐c soll er früh das Ticket besorgen.

14 Catherin hat _____

      ☐a mit ihrer Freundin eine schöne Zeit verbracht.

      ☐b im Geschäft ein bisschen eingekauft.

      ☐c am Mittag ihre Freundin besucht.

15 Catherin hat mit Leuten bis 2 Uhr gefeiert, _____

      ☐a weil ihre Nachbarin sich beschwert hat.

      ☐b weil alle schon sehr müde waren.

      ☐c weil alle nach Hause gehen mussten.

Lesen Teil 4 • • • •

Sechs Personen suchen im Internet nach Lokalen.

Lesen Sie die Aufgaben 16 bis 20 und die Anzeigen a bis f.
Welche Anzeige passt zu welcher Person?
Für eine Aufgabe gibt es keine Lösung. Markieren Sie so x.

Die Anzeige aus dem Beispiel können Sie nicht mehr wählen.

Beispiel

0   Marianne ist Köchin und sucht eine Stelle.

b

16   Thomas ist Friseur und Teilzeitarbeiter. Er sucht einen neuen
Platz.

17   Gerhard möchte eine Ausbildung in einem Hotel machen.

18   Karsten hat Elektrotechnik studiert und sucht einen
Praktikumsplatz.

19   Herbert sucht eine Ausbildungsstelle als Koch, aber er hat nur
am Wochenende Zeit.

20   Karin will Köchin werden und möchte einen Kochkurs machen.

Lesen Teil 4 • • • •

a

www.job-deutschland.de

Ab sofort Koch / Köchin mit Erfahrung gesucht. Sind Sie bereit, auch am Wochenende zu arbeiten?

Haben Sie Erfahrung im Produktmanagement?
Zahlen bereiten Ihnen keine Probleme? Dann schreiben Sie zu uns!

www.weiterbildung.de

Krankenhaus sucht seriöse Mitarbeiter, die flexibel einsetzbar sind.

Wir – das sind tolle Kollegen – suchen für unseren Team in der Küche noch einen Koch und eine Küchenhilfe. Bitte senden Sie uns so schnell wie möglich Ihre Bewerbungsunterlagen.

c

www.auraaura.de

Haarstudio „Hair Aura"
sucht eine nette Mitarbeiter in Vollzeit.
Sie können die Arbeitszeit selbst bestimmen.

Zuerst vereinbaren Sie telefonisch einen
Vorstellungstermin bei Frau Kauker.

Schicken Sie Ihre Bewerbung mit Zeugnissen und Lebenslauf bitte an: hair.aura@com

d

www.abbu.de

Unser Unternehmen bietet einen Praktikumsplatz für einen Diplom-Ingenieur / Bachelor der Elektrotechnik.

Ideal für junge Menschen, die neu in der Berufswelt sind.

Zu den wichtigsten Voraussetzungen gehört perfektes Englisch in Wort und Schrift. Das Gehalt ist am Anfang nicht so viel, aber nach der Probe Zeit wird das Gehalt erhöht.

Bewerben Sie noch heute bei uns!

e

www.sonnehotel.de

Wir bilden aus: Rezeptionist/in, Zimmermädchen, Koch / Köchin.

Sie können zuerst in einem zweiwöchigen Praktikum sehen, ob Ihnen der Beruf gefällt, und dann die Ausbildung beginnen.

Auf Sie warten gute Karrierechancen.

f

www.zur-violette.de

Restaurant „Violette"
Wir bieten Ihnen einen Ausbildungsplatz als Koch / Köchin. Sind Sie mindestens 18 Jahre alt?

Sie können auf Teilzeit bzw. am Wochenende arbeiten.

Ab dem 01.05. oder später möglich. Über Ihre Bewerbung freuen wir uns! Hotel Sommer, Herr Schneider, Limgasse. 1, 79189 Koblenz

Kandidatenblätter

Hören
30 Minuten

Dieser Prüfungsteil hat vier Teile:

Sie **hören** Sendungen aus dem Radio, Gespräche, Nachrichten auf dem Anrufbeantworter und Durchsagen.

Lesen Sie zuerst die Aufgaben.
Hören Sie dann den Text dazu.

Für jede Aufgabe gibt es nur **eine** richtige Lösung.

Schreiben Sie Ihre Lösungen zum Schluss auf den **Antwortbogen**.

Wörterbücher und Mobiltelefone sind **nicht** erlaubt.

Hören Teil 1 ● ○ ○ ○

Sie hören fünf kurze Texte. Sie hören jeden Text **zweimal**.
Wählen Sie für die Aufgaben 1 bis 5 die richtige Lösung a , b oder c .

1 Sie möchten etwas bestellen. Was sollen Sie tun?   MP3 03_01

  a Mit einem Mitarbeiter sprechen.

  b Die Taste 1 drücken.

  c Die Null wählen.

2 Wie wird das Wetter in Süddeutschland?   MP3 03_02

  a Die Sonne wird scheinen.

  b Es wird regnen.

  c Es wird kühler.

3 Wie bekommt man die Karten?   MP3 03_03

  a Bis zum 28. Mai einen Brief schicken.

  b sich auf der Internetseite anmelden.

  c die Sendung anrufen.

4 Sie brauchen schnell einen Termin. Was sollen Sie machen?   MP3 03_04

  a Bis zum 11. Juli warten.

  b Bei einem anderen Arzt anrufen.

  c Später wieder anrufen.

5 Was soll Frau Witkovska tun?   MP3 03_05

  a Geduld haben.

  b Ihren Pass mitbringen.

  c Fehlende Dokumente mitbringen.

Hören Teil 2 ● ● ● ●

Sie hören ein Gespräch. Sie hören den Text **einmal**.
Wo findet man diese Personen?

Wählen Sie für die Aufgaben 6 bis 10 ein passendes Bild aus $\boxed{a}$ bis $\boxed{i}$.
Wählen Sie jeden Buchstaben nur einmal. Sehen Sie sich jetzt die Bilder an.

Beispiel

0 Wo findet man diese Personen?

	0	6	7	8	9	10
Wen?	Chef	Leiterin Expert	Tochter vom Chef	Herr Schneider	Praktikantin	Sekretär
Wo?	a					

Hören Teil 3 • • • •

Sie hören fünf kurze Gespräche. Sie hören jeden Text **einmal**.
Wählen Sie für die Aufgaben 11 bis 15 die richtige Lösung a , b oder c .

11 Worüber wollen Klaus und Tanja sprechen?   MP3 03_07

a  b  c

12 Was bestellt der Mann?   MP3 03_08

a  b  c

13 Wo möchten die Personen Urlaub machen?   MP3 03_09

a  b  c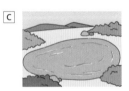

14 Wann ist die Sprechstunde?   MP3 03_10

a  b  c

15 Wohin soll die Frau gehen?   MP3 03_11

a  b  c

Hören Teil 4 • • • •

MP3 03_12

Sie hören ein Gespräch. Sie hören den Text **zweimal**.
Wählen Sie für die Aufgaben 16 bis 20 [Ja] oder [Nein].
Lesen Sie jetzt die Aufgaben.

Beispiel

0   Zwei Personen unterhalten sich gerade über die Klassenfahrt.

[~~Ja~~]

[Nein]

16   Herr Brunner will auch an der Klassenfahrt teilnehmen.

[Ja]

[Nein]

17   Frau Bäcker meint, Paris oder London wären gute Orte für die Klassenfahrt.

[Ja]

[Nein]

18   Viele Schülerinnen habe keine Ahnung, wohin sie fahren wollen.

[Ja]

[Nein]

19   Herr Brunner denkt, dass man auf der Klassenfahrt unbedingt Englisch oder
Französisch benutzen sollte.

[Ja]

[Nein]

20   Viki hat letztes Jahr schon an einer Klassenfahrt in London teilgenommen.

[Ja]

[Nein]

Kandidatenblätter

Schreiben
30 Minuten

Dieser Prüfungsteil hat zwei Teile:

Sie **schreiben** eine SMS und eine E-Mail.

Schreiben Sie Ihre Texte auf den **Antwortbogen**. Schreiben Sie bitte deutlich und **nicht** mit Bleistift.

Wörterbücher und Mobiltelefone sind **nicht** erlaubt.

Schreiben Teil 1 • ◦ ◦ ◦

Sie sind unterwegs in die Stadt und schreiben eine SMS an Ihren Freund Andy.

– Entschuldigen Sie sich, dass Sie zu spät kommen.
– Schreiben Sie warum.
– Nennen Sie einen neuen Ort und eine neue Uhrzeit für das Treffen.

Schreiben Sie 20-30 Wörter.
Schreiben Sie zu allen drei Punkten.

Schreiben Teil 2 • • ◦ ◦

Sie studieren an der Universität und müssen Ihrem Professor Herrn Wagner bis morgen eine Hausarbeit schicken. Leider sind Sie krank und können den Termin nicht einhalten. Schreiben Sie Herrn Wagner eine E-Mail.

– Entschuldigen Sie sich höflich.
– Geben Sie den Grund an.
– Machen Sie einen Vorschlag für einen späteren Abgabetermin.

Schreiben Sie 30-40 Wörter.
Schreiben Sie zu allen drei Punkten.

Kandidatenblätter

Sprechen
circa 15 Minuten fur zwei
Teilnehmende

Dieser Prüfungsteil hat drei Teile:

Sie **stellen** Ihrem Partner/Ihrer
Partnerin Fragen zur Person und
antworten ihm/ihr.

Sie **erzählen** etwas über sich und Ihr
Leben.

Sie **planen** etwas mit Ihrem
Partner/Ihrer Partnerin.

Wörterbücher und Mobiltelefone sind
nicht erlaubt.

Sprechen Teil 1 ● ○ ○ ○

A

B

Sprechen Teil 2 ● ● ○ ○

Aufgabenkarte A

Sie bekommen eine Karte und erzählen etwas über Ihr Leben.

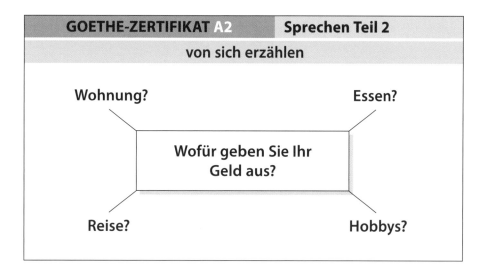

Aufgabenkarte B

Sie bekommen eine Karte und erzählen etwas über Ihr Leben.

Sprechen Teil 3 • • • ◦

Eine gemeinsame Aktivität aushandeln.

Sie vorbereiten einen Workshop mit Ihren Kollegen. Wann haben Sie beide Zeit?
Finden Sie einen Termin.

A

Samstag.01.Mai	
7:00	
8:00	
9:00	Frühstück mit Großvater
10:00	
11:00	Fußball-Training
12:00	
13:00	Friseur
14:00	
15:00	
16:00	Termin beim Bürgerarmt
17:00	
18:00	
19:00	
20:00	mit Klaus treffen
21:00	

B

Samstag.01.Mai	
7:00	schlafen
8:00	
9:00	
10:00	Joggen
11:00	
12:00	
13:00	Klavierunterricht
14:00	
15:00	
16:00	
17:00	
18:00	Kochkurs
19:00	
20:00	ins Konzert gehen
21:00	

 듣기 활동지

본문을 듣고 빈칸을 채워 보세요.

유형 1 ●●●●

▶ **Aufgabe 1**

Herzlich willkommen bei unserer ① _____. Dieser Anruf ist für

Sie ② _____. Wenn Sie mit unserem automatischen Bestellservice

verbunden werden möchten, drücken Sie bitte die Taste 1.

Für ③ _____ drücken Sie bitte die Taste 2. Wenn Sie mit einem

Mitarbeiter sprechen möchten, drücken Sie ④ _____ die Null. Mit der

Stern-Taste gehen Sie zurück.

▶ **Aufgabe 2**

Haben Sie ① _____ _____ für dieses Wochenende gesehen?

Am Sonntag kommt es im Norden Deutschlands wiederholt zu Regenfällen.

② _____ werden viele Wolken die Sonne verdecken. Es wird mit

Höchstwerten von 3 bis 4 Grad gerechnet. Das ist für die ③ _____ kalt.

▶ **Aufgabe 3**

Der Ticket-Countdown für das internationale Filmfestival vom ① _____

_____ _____ Mai in Cannes läuft! Radio Pettitfranc hat für seine Hörer zwei

Gratiskarten für das Festival! Nähere Informationen zum Programm gibt es

unter www.film-cannes.de.

② _____ Sie jetzt die ③ _____ und gewinnen Sie mit

ein bisschen Glück zwei Tickets für das internationale Filmfestival!

▶ Aufgabe 4

Guten Tag, dies ist der automatische Anrufbeantworter der Praxis Dr. Martin Fischer, Facharzt für Sportmedizin und Chirotherapie. Wegen ① _____ haben wir bis zum 11. 7. geschlossen. ② _____ _____ _____ wenden Sie sich bitte an unsere Vertretung, Dr. Meyer, Rüttengasse 12, Telefon 37 954 02. Vielen Dank und auf

③ _____.

▶ Aufgabe 5

Guten Tag Frau Witkovska, Brunner von der Fachhochschule. ① _____ _____ _____ Ihren Antrag. Ich brauche noch eine Verdienstbescheinigung von Ihrem Mann. Außerdem fehlt noch eine Meldebestätigung Ihrer neuen Wohnung. Ohne die können wir den Antrag nicht weiter bearbeiten. Die Formulare können Sie bei uns im Büro ② _____ _____ _____ bekommen. Bitte kommen Sie zu unserer ③ _____ und bringen Sie die Unterlagen mit. Vielen Dank und auf Wiederhören.

▶ **Aufgabe 6 bis 10**

Herr Breisch   Da ist ja unsere neue Praktikantin. Frau Julia. Guten Morgen,
mein Name ist Breisch. Nehmen Sie bitte Platz.

Praktikantin   Danke. Guten Morgen.

Herr Breisch   Ich bin Geschäftsführer hier und ich ① _____ _____
_____ . Sie haben sich bei uns beworben, weil Sie
② _____ _____ für eine Praktikantenstelle für Ihr
Studium brauchen?

Praktikantin   Ja, richtig.

Herr Breisch   Ich denke, ich zeige Ihnen erst einmal die Firma und erzähle
Ihnen, was alles auf Sie zukommt und am Ende reden wir noch
einmal. Danach können Sie Fragen stellen. Ist das ok?

Praktikantin   Ja, gut.

Herr Breisch   Am besten gehen wir erst mal hier durch. Ich stelle Ihnen die
Kolleginnen und Kollegen vor. Wundern Sie sich aber nicht
über die Unordnung. Das hier ist unser Büro. Ich arbeite hier
im zweiten Stock in diesem Zimmer. Ich weiß nicht genau, ob
Frau Hauschka schon da ist. Nein, noch nicht. Sie ist die Leiterin
der ③ _____ . Sie sitzt hier gleich gegenüber
von meinem Büro.

Praktikantin   Ich kann ja später noch einmal ④ _____ .

Herr Breisch   Ja, das ist kein Problem. Dann gehen wir mal hinunter. Oh da
ist meine Tochter. Sie wird Ihnen helfen. Fragen Sie sie einfach,
wenn Sie etwas nicht wissen oder eine Frage haben. Sie ist
meistens ⑤ _____ _____ .

Praktikantin   Ja, danke. Das ist ja ein richtiger Familienbetrieb.

Herr Breisch   Ja, das kann man so sagen. Meine Tochter lernt aber auch
wie Sie gerade alle Abteilungen kennen. Übrigens ist hier die
Küche. Hier neben der Küche ist der Kopierraum.

Praktikantin   Dieser Drucker scheint ⑥ _____ _____ _____ .

Herr Breisch   Wirklich? Dann benutzen Sie den großen Drucker auf der linken Seite.

Praktikantin   Ok. Ich werde es so machen.

Herr Breisch   Leider ist unser Techniker Herr Schneider seit einer Woche krank. Ich werde Sie ihm vorstellen. Sie finden ihn normalerweise ⑦ _____ _____ _____. Er überprüft normalerweise, ob alles gut im Büro läuft. Wenn Sie also etwas brauchen, sagen Sie ihm Bescheid. Er hilft Ihnen bestimmt gern, wenn er wieder fit ist.

Praktikantin   Ja, und wo werde ich arbeiten?

Herr Breisch   Unsere Praktikanten sitzen immer im Computerraum. Der Computerraum ist im zweiten Stock. Das ist ein schöner Raum. Im Keller gibt es eine Bibliothek. Sie können dort Magazin und ⑧ _____ lesen. Wir gehen gleich einmal hinunter.

Praktikantin   Im Keller eine Bibliothek? Das ist doch eine großartige Idee!

Herr Breisch   Das war eine Idee, von meinem Vater, der die Firma aufgebaut hat. Zum Schluss stelle ich Ihnen noch kurz meine Sekretärin Frau Bernstein vor. Sie sitzt im Moment nicht bei mir oben, sondern dort gegenüber vom Computerraum 343, weil ihr Raum gerade ⑨ _____ _____.

▶ **Aufgabe 11**

Frau	Hallo Klaus. Was hast du am Freitag vor?
Mann	Ich gehe am Vormittag zum Tanzkurs. Danach habe ich frei.
Frau	Gut. Ich rufe ① _____ der Reise nach Paris an.
Mann	Dann lass es uns besprechen. Am Freitagnachmittag habe ich Zeit. Lass uns am Freitag ② _____ treffen und die Reise planen.
Frau	Ein ruhiges Restaurant wäre gut. Hast du schon eine Idee, wo wir essen gehen sollen?
Mann	Hmmm. Dann gehen wir mal ins Restaurant „Laluce". ③ _____ _____ _____ _____ _____ und sie verwenden nur natürliche Zutaten.
Frau	Ja, gut. Dann ④ _____ _____!

▶ **Aufgabe 12**

Frau	Guten Tag, was darf ich Ihnen bringen?
Mann	Ich habe ① _____ _____. Würden Sie mir bitte etwas empfehlen?
Frau	Bei uns gibt es eine leckere Auswahl an warmen und kalten Speisen. Heute ist unsere Spezialität Schnitzel mit hausgemachter Soße.
Mann	Ich möchte lieber kein frittiertes ② _____.
Frau	Oder Sie können gebratenes Rindfleisch nehmen. Das schmeckt mit Weizenbier am besten.
Mann	Oh, dann nehme ich das, aber ③ _____ _____ bitte. Ich muss noch fahren.
Frau	Ja, gern.

► **Aufgabe 13**

Mann	Hallo, Jasmin. Wir wollten ja wie immer zusammen Urlaub machen. Wohin fahren wir diesmal?
Frau	Ich möchte nicht ① _____ _____ _____ fahren. Können wir lieber aufs Land oder an einen See fahren?
Mann	② _____ _____ _____ am Meer?
Frau	Die Sommerferien haben begonnen. Allerdings waren wir letztes Jahr schon dort.
Mann	Ja, das stimmt. Dann fahren wir an einen kleinen See, damit wir uns ③ _____ können.

► **Aufgabe 14**

Mann	Roth.
Frau	Guten Tag, Herr Roth, Werner am Apparat. Ich bin ① _____ _____ Ihres Sohnes Jan.
Mann	Ah, guten Tag, Frau Werner.
Frau	Ich wollte Sie oder Ihre Frau bitten, zum ② _____ zu kommen. Jan kommt im Moment überhaupt nicht mehr mit.
Mann	Davon ③ _____ ich gar nichts.
Frau	Das besprechen wir ④ _____ _____ am Donnerstag in der Sprechstunde. Wann hätten Sie Zeit? Für mich wäre zwischen 12 Uhr und 15 Uhr gut.
Mann	Um 13 Uhr kann meine Frau kommen. Ich habe ⑤ _____ keine Zeit.
Frau	Das ist ⑥ _____ _____. Dann sagen Sie bitte Ihrer Frau Bescheid.
Mann	Ja, auf Wiederhören!

Frau Guten Tag, Herr Strauß, ich habe ① _____ _____ um 10 Uhr.

Mann Guten Tag, Frau Brümel. Vor Ihnen ist nur noch ein Patient.

Frau Dann muss ich ② _____ _____ _____.

Mann Ihren Attest habe ich schon fertig gestellt. Sie können es gleich nach der ③ _____ abholen.

Frau Muss ich dafür etwas bezahlen?

Mann Sie müssen nur eine Gebühr von 5 Euro bezahlen. Sie können jetzt auch schon direkt ④ _____ _____.

유형 4 ••••

▶ **Aufgabe 16 bis 20**

Frau Bäcker	Guten Tag, Herr Brunner.
Herr Brunner	Guten Tag, Frau Bäcker. Ich bin Vikis Vater. Ich weiss, dass Sie angefangen haben, mit den Schülern zusammen die ① _____ zu planen.
Frau Bäcker	Ganz richtig.
Herr Brunner	Viki hat mir erzählt, dass Sie nach Österreich reisen wollen, wo man bequem mit dem Zug hinfahren und vielleicht sogar eine ② _____ machen kann.
Frau Bäcker	Ja, aber da haben wir uns noch nicht entschieden. Wir sind noch am Überlegen. Die Schüler haben schon viele interessante Ideen vorgeschlagen.
Herr Brunner	Können Sie mir sagen, was Viki ③ _____ _____?
Frau Bäcker	Viki möchte gern nach Paris. Und viele Schüler möchten das auch. Aber es steht ja noch nicht ④ _____ fest wohin wir fahren. Wenn wir in eine Großstadt fahren, werden wir den Bus nehmen, aber für eine Reise in eine Kleinstadt werden wir das Rad nehmen.
Herr Brunner	Aber das ist doch die letzte Klassenfahrt. Und für alle sind doch Englisch und Französisch Pflicht. ⑤ _____ _____ da nicht besser mit der Klasse nach Paris oder London zu fahren?
Frau Bäcker	Das stimmt. Paris oder London wäre nicht schlecht, aber viele waren schon mal dort.
Herr Brunner	Ja, da haben Sie recht. Wir waren auch letztes Jahr mit Viki in London. Sie war ⑥ _____. Es gibt dort viele ⑦ _____.
Frau Bäcker	Ja, aber außerdem müssen wir auch an das Geld denken.

Herr Brunner   Ja, aber es wird bestimmt eine schöne Reise. Und für die letzte
                  Klassenfahrt lohnt es sich, Geld auszugeben. Können Sie mir
                  ⑧ _____ _____, wenn Sie sich ⑨ _____
                  _____ ?

Frau Bäcker   Ja, das mache ich. Ich wünsche Ihnen noch einen schönen Tag!

▶ **Aufgabe 1**

정답　① Kundenberatung
　　　② kostenfrei
　　　③ Umtausch
　　　④ einfach

어휘　**die Kundenberatung** [n.] 고객 상담, 고객서비스 **kostenfrei** [a.] 무료의 **automatisch** [a.] 자동의 **der Umtausch** [n.] 교환

▶ **Aufgabe 2**

정답　① die Wettervorhersage
　　　② Im Süden
　　　③ Jahreszeit

어휘　**die Wettervorhersage** [n.] 일기예보 **die Jahreszeit** [n.] 계절

▶ **Aufgabe 3**

정답　① 28. bis 30.
　　　② Wählen
　　　③ 0180/33 77 22

어휘　**wählen** [v.] 선택하다

▶ **Aufgabe 4**

정답　① Urlaub
　　　② In dringenden Fällen
　　　③ Wiederhören

어휘　**dringend** [p.a] 긴급한

▶ **Aufgabe 5**

정답 ① Es geht um

② im zweiten Stock

③ Sprechstunde

어휘 **die Sprehstunde** [n.] 면담 시간

▶ **Aufgabe 6 bis 10**

정답 ① begrüße Sie herzlich

② einen Nachweis

③ Transportabteilung

④ vorbeikommen

⑤ am Empfang

⑥ defekt zu sein

⑦ in der Werkstatt

⑧ Fachliteratur

⑨ renoviert wird

어휘 **begrüßen** [v.] 인사하다. 환영하다 | **die Transportabteilung** [n.] 운송 부서 | **vorbeikommen** [v.] 잠시 방문하다 | **der Empfang** [v.] 프런트, 리셉션 | **die Werkstatt** [n.] 작업실, 스튜디오 | **die Fachliteratur** [n.] 전문 문헌 | **werden...renoviert** [v.] 수리되다 (renovieren의 수동태)

▶ **Aufgabe 11**

정답 ① wegen

② irgendwo

③ Dort ist es sehr ruhig

④ bis Freitag

어휘 **irgendwo** [adv.] 어딘가에서

▶ Aufgabe 12

① riesigen Hunger

② Gerichte

③ ohne Bier

riesig [adv.] 대단히 | **das Gericht** [n.] 음식, 요리

▶ Aufgabe 13

① in die Berge

② Wie wäre es

③ ausruhen

sich ausruhen [v.] 쉬다

▶ Aufgabe 14

① die Klassenlehrerin

② Gespräch

③ wusste

④ am besten

⑤ leider

⑥ in Ordnung

der Klassenlehrer [n.] 담임교사 | **das Gespräch** [n.] 대화, 논의 | **wussten** [v.] 알았다 (wissen의 과거)

▶ Aufgabe 15

① einen Termin

② nicht so lange

③ Untersuchung

④ rein gehen

der Termin [n.] 약속

▶ **Aufgabe 16 bis 20**

① Klassenfahrt

② Radtour

③ vorgeschlagen hat

④ endgültig

⑤ Wäre es

⑥ begeistert

⑦ Sehenswürdigkeiten

⑧ Bescheid geben

⑨ entschieden haben

die Klassenfahrt [n.] 수학여행 | **haben...vorgeschlagen** [v.] 제안했다 (vorschlagen의 현재완료) | **endgültig** [a.] 최종적인 | **begeistert** [a.] 감격한 | **die Sehenswürdigkeit** [n.] 볼거리 | **jm. Bescheid geben** [v.] 누군가에게 통보하다 | **entschieden** [v.] 결정하다

부록

– 강변화 및 불규칙 동사표
– 모의 답안지

◆ 강변화 및 불규칙 동사표

동사는 부정형(Infinitiv), 과거형(Imperfekt), 과거분사형(Partizip) 이렇게 3가지 기본 형태가 있습니다. 동사에 따라 규칙적으로 변화하는 동사와 불규칙적으로 변화하는 동사로 나눠집니다. 불규칙으로 변화하는 동사는 여러 번 그 단어를 사용해서 외워 두어야 합니다.

※ 2, 3인칭 단수의 현재형에서 동사가 불규칙으로 변화는 동사는 부정형 오른쪽 괄호 속에 변화형을 제시하였습니다.

> 예 sprechen (spricht) → ich spreche, du sprichst, er spricht

※ 현재완료형에서 sein과 결합하는 동사는 앞에 ist로 표기하고, haben과 결합하는 동사는 표기하지 않았습니다.

> 예 ankommen → ist angekommen, anrufen → angerufen

부정형(3인칭 단수현재)	과거	과거분사	의미
abhängen	hing...ab	abgehangen	~에 달려있다
abnehmen(nimmt...ab)	nahm...ab	abgenommen	줄어들다, 벗다
anbieten	bot...an	angeboten	제안하다
anerkennen	erkannte...an	anerkannt	승인하다
anfangen(fängt...an)	fing...an	angefangen	시작하다
ankommen	kam...an	ist angekommen	도착하다
anrufen	rief...an	angerufen	전화하다
ansehen(sieht...an)	sah...an	angesehen	주시하다
anziehen	zog...an	angezogen	옷을 입다
aufgeben(gibt...auf)	gab...auf	aufgegeben	포기하다, 부치다
aufschreiben	schrieb...auf	aufgeschrieben	기록하다
aufstehen	stand...auf	ist aufgestanden	일어나다
ausgeben(gibt...aus)	gab...aus	ausgegeben	지출하다
ausgehen	ging...aus	ist ausgegangen	외출하다
aussehen(sieht...aus)	sah...aus	ausgesehen	~처럼 보이다
aussprechen(spricht...aus)	sprach...aus	ausgesprochen	발음하다
aussteigen	stieg...aus	ist ausgestiegen	하차하다
ausziehen	zog...aus	ausgezogen	옷을 벗다
backen(bäckt)	buk	gebacken	(빵을) 굽다
bedürfen(bedarf)	bedurfte	bedurft	필요로 하다
befehlen(befiehlt)	befahl	befohlen	명령하다
beginnen	begann	begonnen	시작하다

부정형(3인칭 단수현재)	과거	과거분사	의미
beißen	biß	gebissen	깨물다
bekommen	bekam	bekommen	받다, 얻다
besitzen	besaß	besessen	소유하다
bestehen	bestand	bestanden	합격하다
betrügen	betrog	betrogen	속이다
bewegen	bewog	bewogen	움직이다
beweisen	bewies	bewiesen	증명하다
bewerben(bewirbt)	bewarb	beworben	지원하다
biegen	bog	gebogen	구부리다
bieten	bot	geboten	제공하다
binden	band	gebunden	매다
bitten	bat	gebeten	청하다
blasen(bläst)	blies	geblasen	불다
bleiben	blieb	**ist** geblieben	머무르다
bleichen	blich	geblichen	(빛)바라다, 머리털 세다
brechen(bricht)	brach	gebrochen	부수다
brennen	brannte	gebrannt	타다
bringen	brachte	gebracht	가져오다
denken	dachte	gedacht	생각하다
dringen	drang	gedrungen	돌진하다
dürfen(darf)	durfe	gedurft	해도 좋다
einladen(lädt...ein)	lud...ein	eingeladen	초대하다
einschlafen(schläft...ein)	schlief...ein	**ist** eingeschlafen	잠들다
einsteigen	stieg...ein	**ist** eingestiegen	승차하다
eintreten(tritt...ein)	trat...ein	**ist** eingetreten	안으로 걸어가다
empfangen(empfängt)	empfing	empfangen	받다, 맞아들이다
enthalten(enthält)	enthielt	enthalten	참다, 포함하다, 함유하다
entscheiden	entschied	entschieden	결정하다
entschließen	entschloß	entschloßen	결심하다
erfahren(erfährt)	erfuhr	erfahren	경험하다
erfinden	erfand	erfunden	발명하다
erlöschen(erlischt)	erlosch	erloschen	(화재)끄다, 꺼지다
erkennen	erkannte	erkannt	인식하다
erscheinen	erschien	**ist** erschienen	나타나다
erschrecken(erschrickt)	erschrank	**ist** erschrocken	놀라다
ertrinken	ertrank	**ist** ertrunken	익사하다
erwerben(erwirbt)	erwarb	erworben	얻으려고 애쓰다, 벌다
erziehen	erzog	erzogen	교육시키다

부정형(3인칭 단수현재)	과거	과거분사	의미
essen(ißt)	aß	gegessen	먹다
fahren(fährt)	fuhr	ist gefahren	타고 가다
fallen(fällt)	fiel	ist gefallen	떨어지다
fangen(fängt)	fing	gefangen	붙잡다
fechten(ficht)	focht	gefochten	싸우다
fernsehen(sieht...fern)	sah...fern	ferngesehen	텔레비전을 시청하다
finden	fand	gefunden	발견하다
fliegen	flog	ist geflogen	날다
fliehen	floh	ist geflohen	달아나다
fließen	floß	ist geflossen	흐르다
fressen(frißt)	fraß	gefressen	(짐승이) 먹다
frieren	fror	gefroren	얼다
gebären(gebiert)	gebar	geboren	낳다
geben(gibt)	gab	gegeben	주다
gedeihen	gedieh	gediehen	번영하다
gefallen(gefällt)	gefiel	gefallen	마음에 들다
gehen	ging	ist gegangen	가다
gelingen	gelang	ist gelungen	성공하다
gelten(gilt)	galt	gegolten	유효하다
genesen	genas	ist genesen	낫다
genießen	genoß	genossen	누리다
geschehen(geschieht)	geschah	ist geschehen	발생하다
gewinnen	gewann	gewonnen	이기다
gießen	goß	gegossen	붓다
gleichen	glich	geglichen	같다
gleiten	glitt	ist geglitten	미끄러지다
graben(gräbt)	grub	gegraben	파다
greifen	griff	gegriffen	잡다, 쥐다
haben(hat)	hatte	gehabt	가지다
halten(hält)	hielt	gehalten	멈추다
hängen(hängt)	hing	gehangen	걸려 있다
hauen	hieb	gehauen	건초를 베다
heben	hob	gehoben	올리다
heißen	hieß	geheißen	~라고 부르다
helfen(hilft)	half	geholfen	돕다
hinterlassen(hinterläßt)	hinterließ	hinterlassen	유산으로 남기다
kennen	kannte	gekannt	알다
klingen	klang	geklungen	울리다
kommen	kam	ist gekommen	오다
können(kann)	konnte	gekonnt	~할 수 있다
kriechen	kroch	ist gekrocken	기다

부정형(3인칭 단수현재)	과거	과거분사	의미
laden(lädt)	lud	geladen	싣다
lassen(läßt)	ließ	gelassen	～하게 하다
laufen(läuft)	lief	**ist** gelaufen	달리다
leiden	litt	gelitten	～에 시달리다
leihen	lieh	geliehen	빌려 주다
lesen(liest)	las	gelesen	읽다
liegen	lag	gelegen	놓여 있다
lügen	log	gelogen	거짓말하다
mahlen	mahlte	gemalen	빻다
meiden	mied	gemieden	피하다
melken(milkt)	molk	gemolken	젖을 짜다
messen(mißt)	maß	gemessen	재다
mögen(mag)	mochte	gemocht	좋아하다
müssen(muß)	mußte	gemußt	～해야 한다
nachdenken	dachte...nach	nachgedacht	심사숙고하다
nehmen(nimmt)	nahm	genommen	잡다, 가지다
nennen	nannte	genannt	～라고 부르다
pfeifen	pfiff	gepfiffen	(휘파람을) 불다
pflegen	pflog	gepflogen	맡다
preisen	pries	gepiesen	칭찬하다
quellen(quillt)	quoll	gequollen	솟다
raten(rät)	riet	geraten	충고하다
reiben	rieb	gerieben	비비다
reiten	ritt	**ist** geritten	말을 타다
rennen	rannte	**ist** gerannt	달리다
riechen	roch	gerochen	냄새를 맡다
ringen	rang	gerungen	격투하다
rufen	rief	gerufen	부르다
saufen(säuft)	soff	gesoffen	동물이 마시다
saugen	sog	gesogen	빨아들이다
schaffen	schuf	geschaffen	창조하다
scheinen	schien	geschienen	빛나다, ～로 보이다
schelten(schilt)	schalt	gescholten	꾸짖다
scheren(schiert)	schor	geschoren	베다
schieben	schob	geschoben	밀다
schießen	schoß	geschossen	쏘다
schlafen(schläft)	schlief	geschlafen	잠자다
schlagen(schlägt)	schlug	geschlagen	때리다
schleichen	schlich	**ist** geschlichen	살금살금 걷다
schleifen	schliff	geschliffen	닦다, 갈다
schließen	schloß	geschlossen	닫다

부정형(3인칭 단수현재)	과거	과거분사	의미
schmelzen(schmilzt)	schmolz	geschmolzen	녹다
schneiden	schnitt	geschnitten	자르다
schreiben	schrieb	geschrieben	쓰다
schreien	schrie	geschrien	외치다
schreiten	schritt	**ist** geschritten	걷다
schwären(schwiert)	schwor	geschworen	곪다
schweigen	schwieg	geschwiegen	침묵하다
schwimmen	schwamm	**ist** geschwommen	헤엄치다
schwinden	schwand	**ist** geschwunden	사라지다
schwingen	schwang	geschwungen	흔들다
schwören	schwor	geschworen	맹세하다
sehen(sieht)	sah	gesehen	보다
sein(ist)	war	**ist** gewesen	~이다, 있다
senden	sandte	gesandt	보내다
singen	sang	gesungen	노래하다
sinken	sank	**ist** gesunken	가라앉다
sinnen	sann	gesonnen	생각하다
sitzen	saß	gesessen	앉아 있다
sollen(soll)	sollte	gesollt	마땅히 ~해야 한다
spinnen	spann	gesponnen	(실을) 잣다
sprechen(spricht)	sprach	gesprochen	말하다
springen	sprang	gesprungen	뛰어오르다
stattfinden	fand…statt	stattgefunden	개최하다
stechen(sticht)	stach	gestochen	찌르다
stecken(stickt)	stak	gesteckt	꽂혀 있다
stehen	stand	gestanden	서 있다
stehlen(stiehlt)	stahl	gestohlen	훔치다
steigen	stieg	**ist** gestiegen	오르다
sterben(stirbt)	starb	**ist** gestorben	죽다
stoßen(stößt)	stieß	gestoßen	밀다, 찌르다
streichen	strich	gestrichen	쓰다듬다
streiten	stritt	gestritten	다투다
teilnehmen(nimmt…teil)	nahm…teil	teilgenommen	참가하다
tragen(trägt)	trug	getragen	나르다, 입다
treffen(trifft)	traf	getroffen	만나다
treiben	trieb	gretrieben	몰다
treten(tritt)	trat	**ist** getreten	밟다, 걷다
trinken	trank	getrunken	마시다
tun	tat	getan	하다
unterbrechen(unterbricht)	unterbrach	unterbrochen	중단하다
untergehen	ging…unter	**ist** untergegangen	지다

부정형(3인칭 단수현재)	과거	과거분사	의미
unterhalten(unterhält)	unterhielt	unterhalten	담소하다
unterscheiden	unterschied	unterschieden	구별하다
unterschreiben	unterschrieb	unterschrieben	서명하다
überweisen	überwies	überwiesen	돈을 부치다
verbieten	verbot	verboten	금지하다
verbinden	verband	verbunden	연결하다
verbringen	verbrachte	verbracht	시간을 보내다
vergehen	verging	**ist** vergangen	시간이 경과하다
vergessen(vergißt)	vergaß	vergessen	잊어버리다
vergleichen	verglich	verglichen	비교하다
verlassen(verläßt)	verließ	verlassen	떠나다
verlieren	verlor	verloren	잃다
vermeiden	vermied	vermieden	피하다
verschreiben	verschrieb	verschrieben	처방하다
verschwinden	verschwand	**ist** verschwunden	사라지다
versprechen(verspricht)	versprach	versprochen	약속하다
verstehen	verstand	verstanden	이해하다
verzeihen	verzieh	verziehen	용서하다
vorkommen	kam…vor	**ist** vorgekommen	나타나다
vorlesen(liest…vor)	las…vor	vorgelesen	낭독하다
wachsen(wächst)	wuchs	**ist** gewachsen	자라다
waschen(wäscht)	wusch	gewaschen	씻다
weisen	wies	gewiesen	가리키다
wenden	wandte	gewandt	돌리다
werben	warb	geworben	얻으려고 애쓰다
werden(wird)	wurde	**ist** geworden	되다
werfen(wirft)	warf	geworfen	던지다
wiegen	wog	gewogen	달다
winden	wand	gewunden	감다
wissen(weiß)	wußte	gewußt	알다
wollen(will)	wollte	gewollt	원하다
zerreißen	zerriß	zerrissen	찢다
ziehen	zog	gezogen	끌다
zwingen	zwang	gezwungen	강요하다

Memo

Memo

ZERTIFIKAT DEUTSCH

독일어능력시험

실전모의고사

정은실 지음

정답 및 해설

A2

동양북스

ZERTIFIKAT
DEUTSCH

독 일 어 능 력 시 험

실전모의고사

정은실 지음

정답 및 해설

A2

동양북스

차례 Inhaltsverzeichnis

제1회

실전모의고사
정답 및 해설

A2

유형 1 ● ● ● ●

당신은 신문에 있는 기사를 읽게 됩니다.
1~5번의 문제의 정답을 a, b, c 중에서 고르세요.

Singen Sie! Und bleiben Sie gesund!

Singen macht gesund und froh. Haben Sie das schon mal gehört? Oder glauben Sie daran? Testergebnisse zeigen, dass man die Blutwerte verbessern kann, wenn man regelmäßig singt. Und man kann sich damit besser vor Krankheiten schützen.

Der schwedische Forscher Urs Bächli erklärt, Singen ist sowohl gut gegen Stress als auch für das Immunsystem. Deshalb ist Singen schon seit langem eine gute Therapie. Er hat auch herausgefunden, dass man länger lebt, wenn man singt. Das ist eigentlich keine schwierige Methode. Trotzdem traut man sich nicht zu singen.

Man kann einfach singen, zum Beispiel unter der Dusche. Denn es spielt keine Rolle, ob man gut singen kann, oder eine schöne Stimme hat. Wenn man für sich selbst oder mit anderen Menschen zusammen singt, kann man eine noch positivere Wirkung erreichen. In einem Chor, einem Verein oder einer Band kann man beim Singen Freude haben. Das wichtigste ist, ohne Stress zu singen und einfach locker zu sein. Durch das Singen sollte man Spaß und gute Laune haben.

aus einem Schweizer Magazin

🔊 **어휘** gesund [a.] 건강한 | froh [a.] 기쁜 | haben...gehört [v.] 들었다 (hören의 현재완료) | glauben [v.] 믿다, 생각하다 | zeigen [v.] 입증하다 | der Blutwert [n.] 혈액 수치 | verbessern [v.] 개선하다 | regelmäßig [a.] 규칙적으로 | die Krankheit [n.] 질병 | schützen [v.] 보호하다 | schwedisch [a.] 스웨덴의 | der Forscher [n.] 연구자 | sowohl..., als auch [cj.] ~뿐만 아니라 ~도 | das Immunsystem [n.] 면역력, 면역 체계 | seit langem 예전부터 | die Therapie [n.] 치료 | haben...herausgefunden [v.] 발견했다 (herausfinden의 현재완료) | länger [a.] 더 오래 (lang의 비교급) | eigentlich [a.] 원래의 | schwierig [a.] 어려운 | die Methode [n.] 방법 | trotzdem [adv.] 그럼에도 불구하고 | sich trauen [v.] (감히...할) 용기가 있다 | keine Rolle spielen 의미가 없다, 중요하지 않다 | die Stimme [n.] 목소리 | die Wirkung [n.] 효과, 활동, 영향 | der Chor [n.] 합창단, 성가대 | der Verein [n.] 단체, 협회 | ohne Stress 스트레스 없이 | die Laune [n.] 기분

해석

노래를 부르세요! 그리고 건강을 유지하세요!

노래 부르기는 건강하고 기쁘게 합니다. 당신은 그것에 대해 이미 들어보셨나요? 또는 그것을 믿으시나요? 사람이 규칙적으로 노래를 부르면, 혈액 수치를 개선할 수 있다는 것은 임상 결과들이 입증합니다. 그리고 그것과 함께 질병을 더 잘 예방할 수 있습니다.

스웨덴 연구자인 Urs Bächli는 노래 부르기가 스트레스 완화뿐 아니라, 면역기능을 위해서도 좋다고 설명했습니다. 그렇기 때문에 노래 부르는 것은 예전부터 좋은 치료법이었습니다. 그는 노래를 부르면, 더 오래 살 수 있다는 것도 발견했습니다. 그리고 그것은 사실 그렇게 어려운 방법이 아닙니다. 그럼에도 불구하고 사람들은 과감히 노래를 부를 용기가 없습니다.

노래는 쉽게 부르면 됩니다. 예를 들면 샤워하면서요. 왜냐하면 노래를 잘할 수 있는지 또는 좋은 목소리를 가졌는지는 중요하지 않기 때문이죠. 그리고 자기 자신을 위해 노래하거나, 혹은 다른 사람들과 함께 노래를 부르면 더 긍정적인 효과를 볼 수 있습니다. 합창단이나 단체에서나 밴드에서 노래를 부를 때, 기쁨을 느낄 수 있습니다. 가장 중요한 것은 스트레스 없이 그냥 편안한 상태로 노래를 부르는 것입니다. 노래를 부르면서 즐거움과 좋은 기분을 가져야 합니다.

스위스 매거진에서

예시

0   사람들은 _____

　　　☒ 노래 부르기를 통해 건강해야 한다.

　　　b 항상 기뻐해야 한다.

　　　c 하나의 테라피를 찾아야 한다.

1   노래는 _____

　　　a 삶을 위한 가장 좋은 방법이다.

　　　b 좋은 놀이일 수 있다.

　　　☒ 좋은 치료일 수 있다.

　　　어휘 wichtig [a.] 중요한 | die Therapie [n.] 치료

2   노래를 할 때 _____

    ⊠   재미와 좋은 기분을 가져야 한다.

    b   좋은 목소리를 가져야 한다

    c   가사를 매우 정확하게 외워야 한다.

    어휘   der Spaß [n.] 즐거움 ㅣ die Laune [n.] 기분 ㅣ die Stimme [n.] 목소리 ㅣ auswendig [adv.] 암기하여

3   _____ 은 중요하다.

    a   질병으로부터 자신을 보호하는 것

    b   규칙적으로 훈련하는 것

    ⊠   즐겁게 노래를 부르는 것

    어휘   die Krankheit [n.] 질병 ㅣ regelmäßig [a.] 규칙적으로 ㅣ trainieren [v.] 연습하다, 훈련하다 ㅣ fröhlich [a.] 즐겁게

4   모두 _____

    a   좋은 가사와 함께 제대로 노래를 해야 한다.

    ⊠   스트레스 없이 노래해야 한다.

    c   아주 작지 않게 노래해야 한다.

    어휘   sollten [v.] 당연히~해야 한다 (sollen의 과거형) ㅣ ordentlich [a.] 제대로의, 정식의 ㅣ ohne Stress 스트레스 없이 ㅣ nicht so leise 그렇게 작지 않게

5   이 기사의 주제는 _____

    a   크게 노래를 하면 안 된다는 것이다.

    ⊠   노래 부르기를 통해 더 건강해 질 수 있고, 더 행복해질 수 있다는 것이다.

    c   노래 부르기를 억제하면, 도움이 되지 않는다는 것이다.

    어휘   es geht um 무엇에 관련된 일이다 ㅣ der Text [n.] 본문 ㅣ zurückhaltend [p.a.] 억제하는, 조심스러운

유형 2 ●●●●

당신은 예술대학의 인터넷사이트를 보게 됩니다.
6−10번의 과제와 본문을 읽어 보세요. 어떤 칸을 눌러야 하나요?
a, b, c 중에서 정답을 고르세요.

Universität der Künste	
Über uns	Leitbild, Geschichte, Campus, Zahlen, Kontakt (Adressen, Email)
Studium	Studienprogramm, Bewerbung, Einschreibung, Studienberatung Fristen, Termine, Studium ohne Abitur, Bachelor, Diplom
Organisation	Rektorat, Gremium, Ordnungen und Regelungen, Bibliothek
International	Erasmusprogramm, Internationale Kooperation, International Office, Ausländische Bewerber und Bewerberinnen, Tandem-Programm, Fremdsprachenkurs
Leben	Veranstaltungen, Vereine, Sport, Cafeteria, Bars, Unterkunft, Museen, Informationsveranstaltungen
Job	Jobs für Studierende und Absolventen, Berühmtheiten

🔍 해석

예술 대학교	
우리에 대하여	신념, 역사, 캠퍼스, 연도, 연락망 (주소, 메일)
학업	전공 프로그램, 지원, 등록, 학업 상담, 기간, 일정, 졸업시험(수능) 없이 대학공부, 학사, 석사
조직체계	집무실, 단체연합, 규정과 규칙, 도서관
국제	교환학생 프로그램, 국제 협력, 국제 사무처, 외국인 지원자(남)와 지원자(여), 언어교환 프로그램, 외국어 수업
삶	행사, 단체, 운동, 카페테리아, 바, 숙소, 박물관, 행사정보
직업	학생과 졸업생을 위한 직업, 유명 인사

예시

0   당신은 학교가 어디에 위치하는지 알기를 원합니다.

   ☒ 우리들에 대하여

   b 삶

   c 조직

   어휘 möchten [v.] ~원하다 (mögen의 접속법 2식) ∣ wissen [v.] 알다 ∣ liegen [v.] 놓여있다

6   당신은 교환학생이 되고 싶습니다.

   a 학업

   ☒ 국제

   c 삶

   어휘 wollen [v.] ~원하다 (화법조동사) ∣ der Schulaustausch [n.] 교환학생 ∣ das Studium [n.] 학업

7   당신의 여자 친구는 고등학교 졸업시험을 보지 않았음에도 불구하고 대학공부를 하고 싶습니다.

   ☒ 학업

   b 조직

   c 국제

   어휘 studieren [v.] 공부하다 ∣ obwohl [cj.] ~에도 불구하고 ∣ das Abitur [n.] 고등학교(김나지움) 졸업시험

8   당신은 스페인어를 배우고 싶어 합니다.

   ☒ 국제

   b 삶

   c 직업

   어휘 das Spanisch [n.] 스페인어 ∣ das Leben [n.] 삶

9 당신은 유명한 졸업생에 대해 알기를 원합니다.

　ⓐ 조직

　ⓑ 삶

　ⓒ 직업

> **어휘** bekannt [a.] 유명한, 저명한 ｜ der Absolvent [n.] 졸업생 ｜ die Organisation [n.] 단체, 조직, 연합 ｜ erfahren [v.] (듣고) 알다, 경험하다

10 당신의 남동생은 입학시험을 보기 원합니다.

　ⓐ 학업

　ⓑ 조직

　ⓒ 국제

> **어휘** die Eignungsprüfung [n.] 입학시험

유형 3 ● ● ● ●

메일을 읽으세요.

11-15번 문제의 정답을 a, b, c 중에서 고르세요.

---

von: lusiabraun@dongyangbooks.com
an: rebuh@dongyangbooks.com

Sehr geehrter Herr Huber,

ich möchte mich entschuldigen, weil ich nächsten Montag nicht zum Englischkurs kommen kann. Am Montag fahre ich in die Schweiz, um Urlaub zu machen und komme erst am Donnerstag wieder zurück. Ich hoffe, dass ich bis dahin fit bleibe. Seit paar Tagen geht es mir nicht so gut. Gestern war ich beim Arzt, und jetzt fühle ich mich viel besser.

Sie haben mir empfohlen, in den Ferien in die Schweiz zu fahren. Dort werde ich eine schöne Zeit verbringen. Eigentlich wollte ich dorthin fliegen, aber es gab kein Ticket mehr. Deswegen nehme ich meinen Wagen. Gibt es Dinge, die man unbedingt in der Schweiz unternehmen sollte? Für Tipps wäre ich Ihnen sehr dankbar.

Wo werden Sie Urlaub machen? Fahren Sie wie immer nach Spanien? Nächstes Jahr werde ich auch dorthin fahren. Ich interessiere mich immer für verschiedene europäische Länder. Es macht mir Spaß, andere Kulturen kennenzulernen. Wenn Sie auch eine andere Kultur erleben möchten, empfehle ich Ihnen Asien. Das kann auch abenteuerlich sein.

Könnten Sie mir mitteilen, was Sie am Montag unterrichten werden? Ich werde mir die Inhalte anschauen, damit ich dem Unterricht gut folgen kann. Ich wünsche Ihnen noch einen schönen Tag. Vielen Dank.

Mit freundlichen Grüßen
Luisa Braun

어휘 sich entschuldigen [v.] 사과하다 | weil [cj.] ~때문에 | zurückkommen [v.] 되돌아오다 | dahin [adv.] 그때까지 | fit [a.] 건강한 | bleiben [v.] (어떤 상태가) 지속되다 | seit paar Tagen 며칠 전부터 | sich fühlen [v.] 느끼다 | haben...empfohlen [v.] 추천했다 (empfehlen의 현재완료) | (pl.) die Ferien [n.] 휴가 | verbringen [v.] 보내다 | unternehmen [v.] 계획하다 | wie immer 여느 때와 같이 | europäisch [a.] 유럽의 | die Kultur [n.] 문화 | erleben [v.] 경험하다 | empfehlen [v.] 추천하다 | abenteuerlich [a.] 모험적인, 진기한 | mitteilen [v.] 알리다, 전달하다 | unterrichten [v.] 수업하다 | der Inhalt [n.] 내용, 요점 | folgen [v.] 따르다 | wünschen [v.] 원하다, 바라다

🔍 **해석**

von: lusiabraun@dongyangbooks.com
an: rebuh@dongyangbooks.com

존경하는 Huber 씨,

제가 다음 주 월요일 영어 수업에 갈 수 없는 점에 대해 사과드립니다. 월요일에 저는 휴가를 보내기 위해 스위스에 가고 목요일이 되어서야 다시 돌아옵니다. 저는 그때까지 제가 건강했으면 좋겠어요. 며칠 전부터 저는 몸이 좀 안 좋았어요. 어제는 병원에 갔었고 지금은 훨씬 나아졌다고 느껴요.

당신은 나에게 휴가 때 스위스로 갈 것을 추천했었죠. 그곳에서 저는 아름다운 시간을 보낼 거예요. 원래 저는 비행기를 타고 그곳에 가려고 했어요. 하지만 표가 없었어요. 그래서 저는 제 차를 가지고 갑니다. 스위스에서 꼭 계획해야 하는 것들이 있나요? 저는 그 조언들에 대하여 매우 감사할 거예요.

당신은 어디에서 휴가를 보내실 건가요? 당신은 항상 그랬던 것처럼 스페인으로 가나요? 내년에는 저도 그곳에 갈 거예요. 저는 항상 다양한 유럽의 나라들에 관해 관심이 있어요. 새로운 문화를 배우는 것은 늘 즐거워요. 당신도 다른 문화를 경험하고 싶다면, 아시아를 추천합니다. 그것은 또한 모험적일 수 있어요.

당신이 월요일에 어떤 수업을 하실지 저에게 말씀해 주실 수 있나요? 제가 수업을 잘 따라갈 수 있도록 내용을 자세히 볼게요. 아름다운 하루를 보내기를 바랍니다. 감사합니다.

친절한 안부를 담아
Luisa Braun

---

11 Huber씨는 _____

a 자주 아시아에서 휴가를 보낸다.

b 스위스에서 휴가를 보낸다.

☒ 대부분 스페인에서 휴가를 보낸다.

🏷 **어휘** der Urlaub [n.] 휴가 ǀ oft [adv.] 자주

---

12 Luisa는 월요일에 원래 _____

a 병원 예약이 있다.

☒ 영어 수업이 있다.

c 할 일이 많다.

🏷 **어휘** eigentlich [a.] 원래의, 본래의 ǀ beim Arzt 병원에서 ǀ viel zu tun 할 일이 많다

13 Luisa는 _____

☒ 차를 타고 간다.

b 원래 자동차를 타고 가고 싶어 했다.

c 기차를 더 즐겨 탄다.

> **어휘** das Auto [n.] 자동차 | der Zug [n.] 기차 | das Flugzeug [n.] 비행기

14 Luisa는 _____ 흥미가 있다.

a 아시아 문화에

☒ 새로운 것을 경험하는 것에

c 유럽에 대해서만

> **어휘** sich interessieren [v.] 관심을 가지다, 흥미가 있다 | neue Dinge 새로운 사건들

15 Luisa는 _____ 알고 싶어 한다.

☒ 월요일에 수업 시간에 무엇을 배우게 되는지

b Huber씨가 함께 여행을 가고 싶어 하는지

c Huber씨가 아시아를 좋아하는지 아닌지

> **어휘** werden...gelehrt [v.] 배우게 되다 (lehren의 수동태) | wohin [adv.] 어디로 | mögen [v.] 좋아하다
> (화법조동사)

유형 4 ● ● ● ●

6명의 사람이 인터넷에서 장소를 찾고 있습니다.

16~20번 문제를 읽고, a부터 f까지의 광고문을 읽어 보세요. 어떤 광고가 누구와 연결 되나요?

6개의 질문 중 하나의 질문에는 해당하는 답이 없습니다. 해당하는 답이 없는 질문에는

X 표시를 하세요.

예시의 광고는 더 이상 선택 할 수 없습니다.

예시

0   **Maja**는 그녀의 독일어를 향상시키기 위해 영화를 보기를 원한다.   c

16   **Maria**는 곧 사무실에서 일을 하게 된다. 그녀는 이미 독일어를 구사하지만   e
      독일어의 직업적인 언어를 더 훈련할 수 있는 곳을 찾는다.

17   **Paul**은 독일어 발음을 하는데 약간의 문제를 가지고 있고 학원을 찾고 있다.   d

18   **Max**는 일본어 의학 전문 용어들을 일본어로는 알지만 독일어로는 알지 못한다.   b

19   **Mila**는 아이를 위하여 그의 발음을 향상시킬 수 있는 책을 구매하기 원한다.   a

20   **Lena**는 의사가 되기를 원하지만 그녀는 독일어를 거의 하지 못한다.   X

> **어휘** anschauen [v.] 보다 ǀ verbessern [v.] 향상시키다 ǀ das Training [n.] 훈련, 연습 ǀ die Berufssprache [n.]
> 특정 직종의 전문어 ǀ das Institut [n.] 학원, 연구소 ǀ medizinisch [a.] 의학의 ǀ (pl.) die Fachwörter [n.]
> 전문용어 ǀ die Aussprache [n.] 발음 ǀ kaum [adv.] 거의...않다

[a]

www.hör-sprachen.de

Für Kinder
20 Themen wie Schule, Stadt, Einkaufen und Tiere.

Über 100 <u>Begriffe</u> aus dem <u>Grundwortschatz</u>. Eine Audio CD ist auch dabei, damit <u>trainiert</u> man <u>die Aussprache</u> und <u>das Hörverständnis</u>.

 해석

아이들을 위한
학교, 도시, 쇼핑 그리고 동물과 같은 20개의 다양한 주제.

기본 어휘에서 100가지 이상의 개념을 습득할 수 있습니다.

한 개의 오디오 CD도 포함되어있고 이것으로 발음과 듣기를 연습할 수 있습니다.

어휘 der Begriff [n.] 개념, 관점 ┊ der Grundwortschatz [n.] 기본 어휘 ┊ trainieren [v.] 훈련하다 ┊ die Aussprache [n.] 발음 ┊ das Hörverständnis [n.] 듣기 이해력, 청해

[b]

www.24-book.de

Deutsch im <u>Krankenhaus</u>.
Für Ärzte und Pflegekräfte wurde das Lehrwerk neu <u>bearbeitet</u>.

Es trainiert <u>sprachliche</u> wichtige <u>berufliche</u> Situationen. In 18 <u>Lektionen</u> können <u>Arbeitsabläufe</u> einer Situation und wichtige <u>Ausdrücke</u> <u>erlernt werden</u>.
Auch Grammatik wird geübt.

 해석

병원에서의 독일어.
의사와 간호사들을 위하여 이 책은 새로 개정되었습니다.

언어적으로 중요한 직업적인 상황들을 훈련합니다. 18개의 장에서 상황에 따르는 업무 과정과 중요한 표현을 습득할 수 있습니다. 문법 또한 연습할 수 있습니다.

어휘 das Krankenhaus [n.] 병원 ┊ bearbeiten [v.] (책 따위를) 개정하다 ┊ sprachlich [a.] 언어상의, 문법상의 ┊ beruflich [a.] 직업상의 ┊ die Lektion [n.] (교과서의) 장 ┊ der Arbeitsablauf [n.] 일의 경과 ┊ der Ausdruck [n.] 표현 ┊ werden...erlernt [v.] 학습되어지다 (erlernen의 수동태)

[c]

www.dvd-geniessen.de

Schauen Sie jetzt Filme zu Hause an!
Wir <u>verkaufen</u> DVDs. Bei uns gibt es alle Filme, die im Kino <u>gelaufen sind</u>.

<u>Hörbücher</u> gibt es auch. Das hilft auch beim Deutsch lernen.

🔍 **해석**

이제는 집에서 영화를 보세요!
우리는 DVD를 판매합니다. 우리 사업장에서는 극장에서 상영된 모든 영화를 가지고 있습니다.

오디오 북도 있습니다. 그것은 독일어 학습에 도움이 될 것입니다.

어휘 verkaufen [v.] 판매하다 ┊ sein...gelaufen [v.] 상영되었다 (laufen의 현재완료) ┊ das Hörbuch [n.] 오디오 북

d

www.deutschsprache.de

<u>Verständlich</u> und <u>klar</u> Deutsch sprechen.
Sie haben gute <u>Deutschkenntnisse</u>, aber
immer noch <u>Schwierigkeiten</u> mit <u>bestimmten</u>
<u>Vokalen</u> und <u>Konsonanten</u>?

Wir trainieren in kleinen Lerngruppen <u>gezielt</u>
verständliches Sprechen.

 해석

명료하고 분명하게 독일어 말하기.

당신은 독일어에 대한 학식이 있지만 아직도
특정의 모음과 자음이 힘드신가요?

우리는 소규모 학습 그룹으로 명료한 말하기
를 목표로 훈련합니다.

> **어휘** verständlich [a.] 명료한, 분명한 | klar [a.] 분명한, 명확한 | das Deutschkenntnis [n.] 독일어 학식, 지식 |
> die Schwierigkeit [n.] 어려움 | bestimmt [a.] 특정의 | das Vokal [n.] 모음 | der Konsonant [n.] 자음 |
> gezielt [a.] 특정한 목표를 향한

e

www.sprachen-einfach.de

Sprachen lernen?
– Englisch, Französisch oder Deutsch? Kein
Problem!
Ab sofort wieder freie Plätze in unseren
<u>Anfängerkursen</u> „Kommunikation <u>im Alltag</u>
und <u>im Beruf</u>".

Leider sind die Kurse für Teilnehmer mit
<u>Vorkenntnissen</u> und für <u>Fortgeschrittene</u>
zurzeit <u>ausgebucht</u>.

해석

언어 배우기?
– 영어, 불어 또는 독일어? 문제없어요!
지금부터 다시 우리들의 초급반 강좌인
"일상생활과 직장에서의 소통" 수업에
빈자리가 있습니다.

유감스럽게도 예비반과 고급 과정에 있는
이들을 위한 코스는 지금 마감되었습니다.

> **어휘** der Anfängerkurs [n.] 초급반 강좌 | im Alltag 일상생활에서 | im Beruf 직장에서 | das Vorkenntnis [n.]
> 예비 지식 | der Fortgeschrittene [n.] 고급반 | ausgebucht [a.] 마감된, 매진된

f

www.sprache-e.de

28 Aussprachespiele
Buch + Audio-CD

Das Buch stellt <u>abwechslungsreiche</u> Spiele
vor, die auf <u>sämtliche</u> <u>phonetische</u> Aspekte
der deutschen Sprache <u>eingehen</u>.
Haben Sie Spaß beim Spielen!
Dann wird <u>sich</u> Ihr Deutsch <u>verbessern</u>!

 해석

발음 놀이 28개
책 + 오디오–CD 수록.

이 책은 독일어의 모든 음성학적 측면을
다루는 다양한 게임을 제공합니다.
게임을 즐기십시오!
그럼 당신의 독일어가 향상될 것입니다!

> **어휘** abwechslungsreich [a.] 변화가 많은 | sämtlich [a.] 전체의 | phonetisch [a.] 발음대로의 | der Aspekt
> [n.] 관점, 시각, 측면 | eingehen [v.] 이해되다, 파악되다, 다루다 | sich verbessern [v.] 향상되다

유형 1 ●●●●

당신은 5개의 짧은 본문을 듣게 됩니다. 모든 본문은 두 번씩 듣게 됩니다.
1~5번까지 문제의 정답을 a, b, c에서 고르세요.

▶ **Aufgabe 1**　　　　　　　　　　　　　　　　　　MP3 01_01

📄 **Skript**

Und weiter geht's mit unserem zweiten Thema: Der Tausch! Rufen Sie uns an und sagen Sie uns, was Sie doppelt haben. Zum Beispiel Bücher, CDs oder Briefmarken usw. Aber man kann auch noch ganz andere Sachen tauschen, oder? Geben Sie uns Ihre Ideen. Es gibt tolle Preise zu gewinnen. So, das war's schon wieder für heute! Es ist frühlingshaft geworden. Hoffentlich hören Sie morgen wieder Radio „Mach mit"!

🔍 **해석**

그리고 계속해서, 우리의 두 번째 테마입니다: 교환! 우리에게 전화하세요, 그리고 당신이 이중으로 가지고 있는 것을 우리에게 말해 주세요. 예를 들어 책이나, CD, 아니면 우표 등등이요. 하지만 완전히 다른 물건들도 교환할 수 있어요. 그렇지 않나요? 우리에게 당신의 아이디어를 주세요. 당첨되면 받게 될 멋진 선물들이 있습니다. 자, 여기까지가 오늘의 방송이었습니다. 봄 기운이 완연하네요. 내일 다시 "함께해요!" 라디오 방송을 청취하시길 바랍니다.

1　　**Luca는 "함께해요" 방송의 청취자다. Luca는 무엇을 해야 하는가?**

　　ⓐ 전화해서 CD를 상으로 탄다.

　　ⓑ 이중으로 가지고 있는 것을 말한다.

　　ⓒ 내일 더 일찍 라디오를 듣고 선물을 받는다.

📖 **어휘**　zweit [a.] 두 번째의 ┊ das Thema [n.] 주제 ┊ der Tausch [n.] 교환 ┊ doppelt [adv.] 이중으로, 두 배로 ┊ die Briefmarke [n.] 우표 ┊ usw. 그리고 등등 (und so weiter의 줄임말) ┊ die Sache [n.] 사물, 물품 ┊ tauschen [v.] 교환하다 ┊ der Preis [n.] 상, 보수 ┊ gewinnen [v.] 당첨되다 ┊ das war's 여기까지였습니다 ┊ hoffentlich [adv.] 바라건대 ┊ morgen [adv.] 내일 ┊ wieder [adv.] 다시 ┊ mitmachen [v.] 함께하다

▶ **Aufgabe 2** (MP3 01_02)

📄 **Skript**

Nun zum Wetter: Diese Woche ist das Wetter wechselhaft. Nach einem freundlichen Tagesbeginn ziehen heute gegen Abend dunkle Wolken auf. Heute, am Montag, ist es noch etwas kalt, aber morgen können wir uns auf Temperaturen von 24 bis 26 Grad freuen und so bleibt es auch am Mittwoch: sonnig und warm. Erst ab Donnerstag kann es wieder etwas regnen.

🔍 **해석**

자, 이제 날씨입니다: 이번 주는 날씨가 변덕스럽습니다. 쾌적한 하루의 시작 후에 오늘 저녁 즈음에는 어두운 구름이 몰려옵니다. 오늘, 월요일은 아직 조금 춥습니다. 하지만 내일 우리는 24~26도의 좋은 날씨를 기대할 수 있을 것이며 수요일까지 그대로 유지될 것입니다: 해가 비치고 따뜻합니다. 목요일이 되어서야 다시 비가 조금 올 수 있습니다.

---

2 수요일 날씨는 어떻게 되는가?

a 계속 따뜻하다.

b 비가 올 수 있다.

c 더 추워질 것이다.

어휘 nun [adv.] 이제 | das Wetter [n.] 날씨 | wechselhaft [a.] 변덕스러운, 변하기 쉬운 | freundlich [a.] 쾌적한, 밝은 | der Tagesbeginn [n.] 하루의 시작 | aufziehen [v.] (구름이) 몰려온다 | am Montag [n.] 월요일에 | kalt [a.] 추운 | die Temperatur [n.] 기온 | sich freuen auf [v.] 기대하다 | bleiben [v.] 머무르다 | sonnig [a.] 해가 비치는 | warm [a.] 따뜻한 | erst [a.] 비로소, 우선, 방금 | ab Donnerstag 목요일부터 | regnen [v.] 비가 오다

▶ **Aufgabe 3**

(MP3 01_03)

📄 Skript

Guten Tag. Hier ist der Anrufbeantworter des Bürgerbüros. Sie rufen außerhalb unserer Sprechzeiten an. Diese sind montags, mittwochs und freitags von 8 bis 12 Uhr sowie dienstags und donnerstags von 10 bis 20 Uhr. Wenn Sie eine Nachricht hinterlassen möchten, geben Sie bitte Ihren Namen, Ihre Telefonnummer und den Grund Ihres Anrufs an. Wir rufen Sie dann so schnell wie möglich zurück. Vielen Dank und auf Wiederhören.

🔍 해석

안녕하세요. 이곳은 지역사무소의 자동응답기입니다. 당신은 우리 사무실 면담 시간 이외에 전화하셨습니다. 면담 시간은 월요일, 수요일 그리고 금요일은 8시부터 12시까지, 화요일 및 목요일도 10시부터 20시까지입니다. 메시지를 남기기 원하시면 당신의 이름, 전화번호 및 통화 사유를 함께 남겨 주세요. 그럼 가능한 한 빨리 전화 드리겠습니다. 매우 감사드리며 다음에 다시 통화해요.

---

3 어떻게 하면 지역사무소와 연락이 닿을 수 있는가?

[a] 당신의 전화번호를 보낸다.

[b] 자동응답기에 자신의 정보를 이야기한다.

[c] 지역사무소로 다시 전화를 건다.

> **어휘** der Anrufbeantworter [n.] 자동응답기 ｜ das Bürgerbüro [n.] 지역사무소 ｜ außerhalb [prp.] 그외에, 시간 내에 있지 않음 ｜ die Sprechzeit [n.] 면담 시간 ｜ hinterlassen [v.] 말을 남기다 ｜ der Grund [n.] 이유, 동기 ｜ angeben [v.] 보고하다, 신고하다 ｜ so schnell wie möglich 가능한 한 빨리 ｜ zurückrufen [v.] 다시 전화하다

▶ **Aufgabe 4**

MP3 01_04

📄 Skript

Mann So, Frau Zaker. Jetzt sind Sie an der Reihe. Was kann ich für Sie tun?
Frau Ich habe mir im Urlaub in Vietnam am Strand den Arm gebrochen und musste zum Krankenhaus. Ich wollte fragen, welche Kosten die Krankenkasse übernimmt.
Mann Haben Sie irgendwelche Quittungen dabei?
Frau Ja, hier sind die Quittungen.
Mann Gut, das muss ich noch einmal genau prüfen, kann ich jetzt leider nicht sagen. Aber Sie hören noch von mir in den nächsten Tagen. Stimmt Ihre Telefonnummer noch?
Frau Ja, da hat sich nichts verändert.
Mann Gut. Ich melde mich bei Ihnen. Auf Wiedersehen.

🔍 해석

남자 그럼, Zaker부인. 이제 당신 차례입니다. 제가 당신에게 무엇을 도와드릴까요?
여자 저는 베트남에 있는 해변에서 휴가 중에 팔이 부러져서 병원에 가야만 했어요. 저는 의료보험에서 어떤 비용을 부담해 주는지 묻고 싶었습니다.
남자 당신은 어떤 영수증이라도 가지고 있나요?
여자 네, 여기 영수증입니다.
남자 좋아요, 제가 한 번 더 정확히 조사해야 하기 때문에 지금은 죄송하지만, 말씀드릴 수 없습니다. 하지만 며칠 안에 당신은 저에게 연락받으실 거예요. 당신의 전화번호가 여전히 일치하는가요?
여자 네, 거기에서 아무것도 바뀌지 않았습니다.
남자 좋아요. 제가 당신에게 연락드리겠습니다. 다음에 뵙겠습니다.

4 Zaker부인은 무엇을 묻고 있는가?

ⓐ 그녀가 영수증을 가지고 있어야 하는지를.

ⓑ 그녀가 얼마나 오래 기다려야만 하는지를.

☒ 그녀가 얼마나 많은 돈을 되돌려 받을 수 있는지를.

어휘 an der Reihe sein 차례가 되다 | haben...gebrochen [v.] ~이 부러지다 (brechen의 현재완료) | die Krankenkasse [n.] 의료보험 | übernehmen [v.] 부담하다 | irgendwelche [prn.] 그 어떤 | die Quittung [n.] 영수증 | prüfen [v.] 조사하다 | in den nächsten Tagen 며칠 안에 | stimmen [v.] 일치하다 | sich haben...verändert [v.] 변했다 (verändern의 현재완료) | sich melden [v.] 알리다, 연락하다

▶ **Aufgabe 5**

(MP3 01_05)

📄 **Skript**

Also, Sie wollen morgen Mittag nach Donaueschingen fahren. Hier ist Ihre Verbindung. Jede halbe Stunde fährt er. Sie fahren um 11.50 Uhr ab Frankfurt ab und kommen um 17.10 Uhr in Donaueschingen an. Der Preis ohne Bahn-Card beträgt 114 Euro. Wenn Sie Studentin sind, können Sie das Ticket 10 Euro günstiger kaufen. Aber Ihren Studentenausweis brauche ich noch.

🔍 **해석**

즉, 당신은 내일 정오에 도나우에슁엔에 가고 싶군요. 이것이 당신의 연결되는 교통편입니다. 기차는 30분 간격으로 다닙니다. 당신은 11시 50분 프랑크푸르트에서 출발해서 17시 10분 도나우에슁엔에 도착합니다. 철도-카드가 없다면 가격은 114유로입니다. 만약 당신이 학생이라면 티켓을 10유로 저렴하게 구입할 수 있습니다. 하지만 저는 당신의 학생증도 필요합니다.

5 학생일 때 티켓은 얼마인가?

  a 114유로

  b 110유로

  ☒ 104유로

어휘 die Verbindung [n.] 연결 ㅣ ohne [prp.] ~없이 ㅣ betragen [v.] ~에 달하다 ㅣ der Studentenausweis [n.] 학생증 ㅣ die Bahn-Card [n.] 철도-카드 〈독일에서 철도 비용을 할인 받을 수 있는 카드. 종류에 따라서 한 해에 한 번 일정한 금액을 내고 할인을 받을 수 있으며, 3가지 종류가 있다.〉

유형 2 ● ● ● ●

당신은 하나의 대화를 듣게 됩니다. 본문은 한 번 듣게 됩니다.

Paul은 이번 주에 무엇을 합니까? 6 – 10번까지 문제에 적합한 그림을 a–i에서 선택하세요.

각 알파벳은 단 한 번만 선택하세요. 이제 그림을 주의 깊게 보세요.

	0	6	7	8	9	10
요일	월요일	화요일	수요일	목요일	금요일	토요일
답	f	b	a	c	i	h

▶ **Aufgabe 6 bis 10**　　　　　　　　　　　　（MP3 01_06）

📄 **Skript**

Jara　Sag mal, was machst du eigentlich diese Woche?

Paul　Ich? Am Montag gehe ich ins Theater. Montags gibt es dort Ermäßigung!

Jara　Gute Idee!

Paul　Am Dienstag habe ich Tanzkurs. Als ich ein Kind war, nahm ich an einem Ballettkurs teil. Es gab mir ein gutes Gefühl. Deswegen habe ich wieder angefangen, einen Tanzkurs zu besuchen.

Jara　Wirklich? Ich mag das nicht, weil ich nicht so gut tanze.

Paul　Na ja, aber es macht Spaß und am Mittwoch fahre ich mit dem Zug ans Meer.

Jara　Ans Meer? Was machst du denn dort?

Paul　Natürlich schwimme ich dort.

Jara　Ach, ich habe aber Angst, im Meer zu schwimmen. Wenn ich du wäre, würde ich lieber ins Schwimmbad gehen.

Paul　Ich schwimme schon seit langem. Also, für mich ist das kein Problem.

Jara　Und was hast du am Donnerstag vor?

Paul　Am Donnerstag kommt ein guter Film in die Kinos. Daher werde ich ins Kino gehen.

Jara　Moment, Donnerstagabend habe ich auch Zeit. Kann ich mitkommen?

Paul　Ja, klar. Dann können wir danach ein Glas Bier trinken. Wir können uns nett unterhalten.

Jara　Okay, wie du möchtest. Ich konnte neulich nicht ins Kino, weil ich zu beschäftigt war.

Paul Am Freitag gehe ich in <u>die Bibliothek</u>. <u>Dort</u> lese ich 3 Stunden lang <u>einige</u> Bücher. Ich lese sehr gern. Am Wochenende <u>habe</u> ich was ganz anderes <u>vor</u>. Ich fliege am Samstag für eine Woche nach England, weil ich dort meinen <u>Onkel</u> <u>besuchen</u> will.

해석

Jara 말해 줘, 너 이번 주에 원래 무엇을 하려고 하니?

Paul 나? 월요일에는 극장에 가. 월요일마다 그곳에서는 할인이 되거든!

Jara 좋은 생각이네!

Paul 화요일에는 댄스 수업이 있어. 어렸을 때 나는 발레 수업에 참가했었어. 그것은 나에게 좋은 느낌을 주었어. 그래서 나는 다시 댄스 수업을 방문하기 시작했어.

Jara 정말? 나는 그것을 좋아하지 않아, 왜냐하면 나는 춤을 잘 못 추거든.

Paul 그래, 하지만 그것은 재미있어. 그리고 수요일에 나는 기차를 타고 바다로 가.

Jara 바다에? 그런데 거기서 뭐 해?

Paul 당연히 나는 그곳에서 수영하지.

Jara 아하, 하지만 나는 바다에서 수영하는 것은 겁이 나. 내가 너라면, 나는 차라리 수영장으로 갈 거야.

Paul 나는 오래전부터 수영했어. 말하자면, 나에게는 문제가 되지 않아.

Jara 그리고 목요일에는 무엇을 계획하고 있니?

Paul 목요일에 좋은 영화가 영화관에서 상영 돼. 그래서 나는 영화관에 갈 거야.

Jara 잠시만, 목요일 저녁에는 나도 시간이 있어. 내가 함께 가도 될까?

Paul 응, 당연하지. 그럼 우리는 그다음에 맥주도 한 잔 함께 마실 수 있겠다. 우리는 함께 편안하게 담소를 나눌 수도 있어.

Jara 좋아, 네가 원하는 대로. 나는 최근에 너무 바빠서 영화관에 가지 못했어.

Paul 금요일에 나는 도서관에 갈 거야. 거기서 나는 3시간 동안 책 몇 권을 읽을 거야. 나는 독서를 아주 좋아해. 나는 주말에 아주 다른 일을 계획하고 있어. 나는 토요일에 일주일 동안 비행기를 타고 영국으로 갈 거야, 왜냐하면 그곳에서 나의 삼촌을 방문하고 싶거든.

어휘 diese Woche [n.] 이번 주에 | die Ermäßigung [n.] 할인 | der Tanzkurs [n.] 댄스 수업 | nahm...teil [v.] 참가했다 (teilnehmen의 과거) | der Ballettkurs [n.] 발레 수업 | haben...angefangen [v.] 시작했다 (anfangen의 현재완료) | wirklich [a.] 정말 | mit dem Zug 기차를 타고 | ans Meer 바다로 | die Angst [n.] 두려움 | im Meer 바다에서 | schwimmen [v.] 수영하다 | das Schwimmbad [n.] 수영장 | der Film [n.] 영화 | der Moment [n.] 순간 | mitkommen [v.] 함께 오다 | sich unterhalten [v.] 담소를 나누다 | neulich [adv.] 최근에 | beschäftigt [a.] 할 일이 많은, 바쁜 | die Bibliothek [n.] 도서관 | dort [adv.] 거기에서 | einig [a.] 몇몇의 | vorhaben [v.] 계획하고 있다, 의도하다 | der Onkel [n.] 삼촌 | besuchen [v.] 방문하다

유형 3 ● ● ● ●

당신은 5개의 짧은 대화를 듣게 됩니다. 각 본문을 한 번씩 듣게 됩니다.
11~15번까지의 대화를 듣고 정답을 a, b, c 중에서 고르세요.

▶ **Aufgabe 11** MP3 01_07

📄 Skript

Frau Hallo Tom, schön dich zu sehen. Frau Müller, meine Deutschlehrerin, hat uns alle zum Essen eingeladen. Ich will etwas mitbringen, aber ich weiß nicht was. Vielleicht Blumen? Oder trinkt sie gerne Wein?

Mann Nein, sie mag keinen Wein. Vielleicht Blumen sind besser. Ich weiß, dass sie gern im Garten arbeitet.

Frau Weißt du zufällig für was für eine Blume sie sich besonders interessiert?

Mann Nein, ich weiß auch nicht welche. Ich habe eine gute Idee. Wir könnten ja auch eine Pflanze kaufen. Das ist vielleicht besser als Blumen.

Frau Ja, eine Pflanze ist gut. Und wir brauchen auch eine Karte, die alle unterschreiben.

Mann Ja, eine Karte. Wollen wir das nächste Woche am Donnerstag zusammen kaufen?

Frau Ja, das ist am besten.

🔍 해석

여자 안녕 Tom, 너를 보니까 좋다. 나의 독일어 선생님인 Müller 부인이 우리 모두를 식사자리에 초대했어. 나는 무엇인가를 가져가고 싶어, 하지만 무엇을 가져가야 할지 모르겠어. 혹시 꽃? 아니면 그녀는 와인을 즐겨 마시니?

남자 아니, 그녀는 와인을 좋아하지 않아. 어쩌면 꽃이 더 좋을 거야. 내가 알기로, 그녀는 정원에서 일하는 것을 좋아하거든.

여자 너는 혹시 그녀가 어떤 꽃을 특히 좋아하는지 아니?

남자 아니, 나도 어떤 꽃을 좋아하는지는 몰라. 나는 좋은 생각이 있어. 우리는 초목도 살 수 있어. 그것이 어쩌면 꽃보다 나을지도 몰라.

여자 그래, 초목이 좋은 것 같아. 그리고 우리는 모두가 서명한 카드도 필요해.

남자 맞아, 카드를 쓰자. 우리 다음 주 목요일에 함께 사러 갈까?

여자 그래, 그게 가장 좋을 것 같아.

11 그녀는 선물로 무엇을 사려고 하는가?

ⓐ

ⓑ

ⓧ

> **어휘** haben...eingeladen [v.] 초대했다 (einladen의 현재완료) ┃ mitbringen [v.] 가지고 오다 ┃ vielleicht [adv.] 어쩌면 ┃ die Blume [n.] 꽃 ┃ der Wein [n.] 와인 ┃ zufällig [adv.] 혹시 ┃ sich interessieren [v.] 흥미가 있다 ┃ die Pflanze [n.] 초목, 식물 ┃ unterschreiben [v.] 서명하다

▶ **Aufgabe 12**

MP3 01_08

📄 **Skript**

Frau	Guten Tag, Herr Masslich. Hier ist Anja von Haus Nr.3. Ich hatte wegen der Reparatur schon gestern angerufen.
Mann	Ja. Aber der Techniker ist gerade nicht auf seinem Platz. Er hat den Aufzug gestern Abend schon repariert. Die Lampe im Erdgeschoss geht auch wieder.
Frau	Ja. Aber seit gestern ist die Eingangstür meiner Wohnung nicht in Ordnung. Könnten Sie bitte kommen und sich das mal ansehen?
Mann	Heute ist Donnerstag, der 8. Mai. Leider können wir morgen nicht zu Ihnen kommen. Wir können aber eventuell übermorgen, am Freitag bei Ihnen vorbeikommen. Würde Ihnen das passen?
Frau	Ja, gut.

🔍 **해석**

여자	안녕하세요, Masslich 씨. 여기는 3번지 집에 사는 Anja입니다. 저는 수리 때문에 어제 이미 전화를 했었어요.
남자	네. 하지만 기술자는 지금 자리에 없어요. 그는 어제 저녁에 이미 엘리베이터를 수리했어요. 1층에 있는 전등도 다시 작동합니다.
여자	네. 하지만 어제부터 저의 집 정문의 출입문이 제대로 작동하지 않아요. 당신은 이곳에 와서 이것을 한 번 봐 주실 수 있나요?
남자	오늘은 5월 8일 목요일이죠. 유감스럽게도 우리는 내일 당신에게 갈 수가 없어요. 하지만 우리는 어쩌면 모레, 금요일에는 당신을 방문할 수 있어요. 당신에게 그것이 알맞은가요?
여자	네, 좋아요.

12   무엇이 망가졌는가?

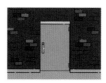

어휘 wegen [prp.] ~때문에 (2격 전치사) | hatten...angerufen [v.] 전화했었다 (anrufen의 과거완료) | der Techniker [n.] 기술자 | der Aufzug [n.] 엘리베이터 | die Lampe [n.] 전등. 조명 | das Erdgeschoss [n.] 1층 | seit [prp.] ~부터 (3격 전치사) | die Eingangstür [n.] 현관문 | gestern [adv.] 어제 | nicht in Ordnung 제대로 작동하지 않은 | ansehen [v.] 자세히 보다. 응시하다 | eventuell [adv.] 어쩌면 | übermorgen [adv.] 모레

▶ **Aufgabe 13**   (MP3 01_09)

 Skript

Frau	Hey Roland, wir machen doch morgen einen Ausflug. Schau wie das Wetter wird, bevor wir abfahren.
Mann	Ja, stimmt. Gestern war das Wetter nicht so gut. Es war windig und zu kalt. Das Wetter ist heute schön. Ich hoffe, es bleibt so.
Frau	Hast du dir einen warmen Pullover eingepackt? Am Abend wird es dir ganz schön kalt.
Mann	Den brauche ich doch gar nicht. Ich will nicht so viele Sachen mitnehmen. Das muss ich sowieso alles tragen.
Frau	Wie du meinst. Ich hoffe es auch, dass das Wetter schön bleibt.

해석

여자	안녕 Roland, 우리 내일 소풍 갈 거잖아. 우리가 출발하기 전에 날씨가 어떻게 되는지 확인해 봐.
남자	응, 맞아. 어제는 날씨가 안 좋았어. 바람이 불었고, 너무 추웠어. 오늘 날씨는 좋아. 날씨가 계속 이렇게 좋으면 좋겠어.
여자	너 따뜻한 스웨터는 챙겼니? 저녁에는 날씨가 몹시 추울 거야.
남자	나는 그것이 전혀 필요하지 않아. 나는 그렇게 많은 물건을 가지고 가고 싶지 않아. 내가 어차피 모든 것을 들어야만 하잖아.
여자	네가 원하는 대로 해. 나도 역시 날씨가 좋게 머물기를 바라고 있어.

13 어제의 날씨는 어땠는가?

a 　　b 　　☒

> **어휘** **der Ausflug** [v.] 소풍 | **schauen** [v.] 확인하다, 보다 | **das Wetter** [n.] 날씨 | **bevor** [cj.] ~하기 전에 | **abfahren** [v.] 출발하다 | **morgen** [adv.] 내일 | **stimmen** [v.] 맞다, 일치하다 | **windig** [a.] 바람이 부는 | **kalt** [a.] 추운 | **bleiben** [v.] 머무르다, 지속되다 | **haben...eingepackt** [v.] 담아 넣었다 (einpacken의 현재완료) | **sowieso** [adv.] 어차피 | **tragen** [v.] 운반하다

▶ **Aufgabe 14**　　　　　　　　　　　　　　　(MP3 01_10)

📄 **Skript**

Mann	Frau Schneider, hier Peter Meyer vom Sportverein. Wir brauchen noch etwas für Ihre Anmeldung.
Frau	Aber ich habe Ihnen schon gestern das Anmeldeformular gegeben. Und dort ist auch meine Unterschrift darauf. Was fehlt noch?
Mann	Ah ja, ich habe es bekommen, und Ihr Foto auch. Aber wir brauchen noch eine Kopie von Ihrem Ausweis.
Frau	Das ist kein Problem. Dann werde ich diese in Ihren Briefkasten einwerfen.
Mann	Gut. Vielen Dank.

🔍 **해석**

남자	Schneider 부인, 여기는 스포츠클럽의 Peter Meyer입니다. 우리는 당신의 등록을 위해 아직 무언가가 더 필요합니다.
여자	하지만 저는 당신에게 이미 어제 등록 양식을 드렸습니다. 그리고 그곳에는 서명도 있습니다. 아직 빠진 게 있나요?
남자	아 네, 저는 그것을 이미 받았습니다. 그리고 당신의 사진도요. 하지만 우리는 당신의 신분증 사본이 더 필요합니다.
여자	그것은 문제가 되지 않습니다. 그러면 제가 그것을 당신의 우편함에 넣어 놓겠습니다.
남자	좋습니다. 감사합니다.

14 등록을 위해서 부족한 것은 무엇인가요?

어휘 **der Verein** [n.] 단체, 클럽 | **fehlen** [v.] 부족하다 | **die Anmeldung** [n.] 신고, 등록 | **das Formular** [n.] 서식 | **der Unterschrift** [n.] 서명 | **der Ausweis** [n.] 신분증 | **der Briefkasten** [n.] 우체통 | **einwerfen** [v.] 넣다

▶ **Aufgabe 15** MP3 01_11

📄 Skript

Mann	Guten Morgen, Anna, wie war dein Wochenende?
Frau	Es war sehr schön, aber leider zu kurz. Ich war mit meiner Familie auf dem Sommerfest.
Mann	Ich beneide dich. Ich war nur zu Hause.
Frau	Du kannst auch dorthin. Das Fest findet nächste Woche auch statt. Ach Hendrick, die Sprachschule ist umgezogen. Wusstest du das schon?
Mann	Nein, wo ist sie jetzt?
Frau	Neben dem Supermarkt in der Altenbergstraße.
Mann	Und wo genau?
Frau	Zwischen dem Supermarkt Aldi und der Apotheke. Du musst an der Haltestelle Werden Bahnhof aussteigen.

🔍 해석

남자	좋은 아침이야, Anna, 너의 주말은 어땠어?
여자	매우 좋았어, 하지만 너무 짧았어. 나는 내 가족과 함께 여름 축제에 갔었어.
남자	나는 네가 부러워. 나는 집에만 있었어.
여자	너도 그곳에 갈 수 있어. 축제는 다음 주에도 개최돼. 아 맞다 Hendrick, 어학원이 이전했어. 너는 벌써 알고 있었어?
남자	아니, 어학원은 이제 어디에 있어?
여자	Altenberg 거리에 있는 슈퍼 옆에 있어.
남자	그럼 정확하게 어디에 있어?
여자	슈퍼마켓 Aldi와 약국 사이에 있어. 너는 Werden역 정류장에서 내려야만 해.

15 어학원은 어디에 있는가?

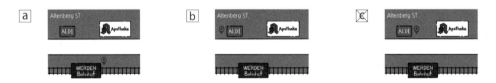

> **어휘** **die Sprachschule** [n.] 어학원 ┊ **sein...umgezogen** [v.] 이사 갔다 (umziehen의 현재완료) ┊ **wussten** [v.] 알았다 (wissen의 과거) ┊ **genau** [adv.] 정확히 ┊ **zwischen** [prp.] ~사이에 ┊ **die Apotheke** [n.] 약국 ┊ **die Haltestelle** [n.] 정류장 ┊ **aussteigen** [v.] 하차하다

유형 4 ••••

당신은 하나의 인터뷰를 듣게 됩니다. 본문은 두 번 듣게 됩니다.
16-20번까지의 문제가 옳은지 또는 틀렸는지 선택하세요. 이제 문제를 들어 봅시다.

예시

0   **Olga**는 독일에서 태어났다. | Ja | | ~~Nein~~ |

16   그녀는 그의 과외 선생님에게 만족했다. | Ja | | ~~Nein~~ |

17   그녀의 엄마는 그녀가 차라리 그룹에서 배우기를 원했다. | Ja | | ~~Nein~~ |

18   그녀의 선생님은 그녀에게 음악을 전공할 것을 추천했다. | ~~Ja~~ | | Nein |

19   **Olga**는 경연대회에서 우승했다. | ~~Ja~~ | | Nein |

20   요즘 그녀는 예전보다 시간이 더 많다. | Ja | | ~~Nein~~ |

어휘 zurechtkommen [v.] 잘 지내다 ı haben...beigebracht [v.] 가르쳐주었다 (beibringen의 현재완료) ı
haben...empfohlen [v.] 추천했다 (empfehlen의 현재완료) ı haben...gewonnen [v.] 수상했다, 획득했다
(gewinnen의 현재완료)

▶ **Aufgabe 16 bis 20**　(MP3 01_12)

📄 **Skript**

Ansager	Sie kommen aus Russland, Olga. Wann <u>sind</u> Sie nach Deutschland <u>gekommen</u>?
Olga	Das war 2006. <u>Damals</u> war ich 8 Jahre alt.
Ansager	Wie <u>fanden</u> Sie das neue <u>Leben</u> in Deutschland?
Olga	Es hat mir nicht so gut <u>gefallen</u>. Ich hatte ein großes <u>Problem</u> mit Deutsch. Ich hatte schon einmal einen Nachhilfelehrer, mit dem habe ich mich aber nicht so gut verstanden. Ich glaube, der war zu alt.
Ansager	Und dann? Wie <u>ging</u> es dann weiter? Das ist ja sehr <u>interessant</u>!
Olga	Meine Mutter hat eine Anzeige in der Zeitung gesehen und hat gefragt, ob sie auch Nachhilfe in Deutsch anbieten. Die haben gesagt: „Vielleicht lernt Ihre Tochter lieber in einer Gruppe? Zurzeit haben wir eine Deutschgruppe." Ich bin direkt eingestiegen und nach ein paar Monaten <u>hatte sich</u> mein Deutsch sehr <u>verbessert</u>.
Ansager	Super! Wie haben Sie denn mit Musik angefangen?
Olga	Als ich in der Schule war, <u>hat</u> mein Musiklehrer mir <u>empfohlen</u>, eine <u>Musikerin</u> zu werden. Jetzt mache ich schon <u>seit</u> 14 Jahren Musik und liebe Musik!
Ansager	Und Sie <u>haben</u> vor einem Monat, bei dem sehr bekannten <u>Klavier-Wettbewerb</u> „Elisabeth" <u>gewonnen</u>. Glückwunsch!
Olga	Danke. Ich hoffe, dass ich <u>bald</u> auch einmal bei einem internationalen Konzert spielen kann.
Ansager	Was machen Sie denn, wenn Sie nicht spielen?
Olga	Im Moment habe ich keine Zeit für anderes. Aber später möchte ich viel Sport treiben und meine Zeit <u>genießen</u>.
Ansager	Sagen Sie uns auch <u>welchen</u> Sport Sie machen möchten?
Olga	Vielleicht Fußball? Sport hilft mir meinen <u>Gesundheitszustand</u> zu erhalten und befreit mich vom täglichen Stress.
Ansager	Na dann, alles Gute für Sie und danke für das <u>Gespräch</u>.
Olga	Gerne.

🔍 **해석**

사회자	당신은 러시아에서 왔죠 Olga. 당신은 언제 독일로 왔나요?
Olga	그때는 2006년이었어요. 그 당시에 저는 8살이었어요.
사회자	독일에서의 새로운 삶은 어땠나요?
Olga	그건 별로 제 마음에 들지 않았어요. 저는 독일어에 큰 문제가 있었거든요. 저는 이미 한 번 과외 선생님이 있었어요. 저는 그와 그렇게 관계가 좋지 않았어요. 제 생각에, 그는 너무 나이가 많았어요.
사회자	그리고 그다음에는요? 그런 다음 어떻게 되었나요? 그것은 매우 흥미롭네요!

Olga	저의 어머니는 신문에서 광고를 보았고 그들에게 독일어 과외도 하는지를 물었습니다. 그들은 말했습니다: "어쩌면 당신의 딸은 그룹 수업으로 배우는 것이 더 좋지 않을까요? 요즘 저희는 독일어 그룹이 있습니다." 저는 바로 시작했고, 몇 달 뒤 저의 독일어가 매우 향상되었습니다.
사회자	멋지네요! 당신은 그런데 어떻게 음악을 시작하게 되었나요?
Olga	제가 학교에 있을 때, 우리 학교 음악 선생님은 저에게 음악가가 될 것을 추천했어요. 이제 저는 벌써 14년째 음악을 하고 있고, 저는 음악을 사랑해요.
사회자	그리고 당신은 한 달 전에 매우 유명한 피아노 경연대회인 엘리자베스 콩쿠르에서 수상했잖아요. 축하드려요!
Olga	감사합니다. 저는 곧 국제 콘서트에서도 한 번 연주할 수 있기를 희망해요.
사회자	당신은 연주하지 않을 때 무엇을 하시나요?
Olga	지금은 제가 다른 것을 할 시간이 없어요. 하지만 나중에는 운동을 많이 하고 싶고 저의 시간을 즐기고 싶어요.
사회자	어떤 운동을 하기를 원하시는지도 말해주시겠어요?
Olga	아마도 축구요? 운동은 저의 건강 상태를 유지하고 일상의 스트레스에서 벗어날 수 있도록 도움을 줄 거예요.
사회자	네 그럼, 모든 일이 잘되기를 바라고 대화에 응해주셔서 감사합니다.
Olga	저도 즐거웠습니다.

어휘 sein...gekommen [v.] 왔다 (kommen의 현재완료) | damals [adv.] 당시에 | fanden [v.] 생각했다, 발견했다 (finden의 과거) | das Leben [n.] 삶 | gefallen [v.] 마음에 들다 | das Problem 문제 | sich verstehen mit [v.] ~와 관계가 좋다 | interessant [a.] 흥미로운 | die Sprache [n.] 언어 | zuerst [adv.] 맨 먼저 | sich hatten...verbessert [v.] 향상되었었다 (verbessern의 과거완료) | als [cj.] ~로써 | interessant [a.] 흥미 있는 | haben...empfohlen [v.] 추천했다 (empfehlen의 현재완료) | die Musikerin [n.] (여자) 음악가 | seit [adv.] ~부터 | das Klavier [n.] 피아노 | der Wettbewerb [n.] 콩쿠르 | haben...gewonnen [v.] 수상했다 (gewinnen의 현재완료) | bald [adv.] 곧, 금방 | genießen [v.] 즐기다 | welch [ahd.] 어느, 어떤 | der Gesundheitszustand [n.] 건강 상태 | erhalten [v.] 유지하다 | sich befreien [v.] 벗어나다 | täglich [a.] 일상의 | der Stress [n.] 스트레스 | der Gesundheitszustand [n.] 건강 상태 | das Gespräch [n.] 대화

유형 1 ● ● ● ●

Sie können nicht zum Deutschkurs gehen. Schreiben Sie eine SMS an Ihre Mitschülerin Jasmin.

– Teilen Sie ihr mit, dass Sie nicht kommen können.
– Schreiben Sie warum.
– Bitten Sie sie darum, Ihnen später die Hausaufgaben mitzuteilen.

Schreiben Sie 20-30 Wörter.
Schreiben Sie zu allen drei Punkten.

당신은 독일어 수업에 갈 수 없습니다. 학우 Jasmin에게 SMS를 쓰세요.

– 당신이 갈 수 없다는 것을 그녀에게 전달하세요.
– 이유를 적으세요.
– 나중에 당신에게 숙제를 알려줄 것을 그녀에게 부탁하세요.

20–30개의 단어로 적으세요.
3개의 모든 관점에 대하여 적으세요.

예시 답안

Ich schaffe es heute nicht zum Deutschkurs, da ich noch nicht mit dem Umzug fertig bin. Bitte ruf mich später an und sag mir bitte, was für Hausaufgaben wir bekommen haben. Ciao!

해석

나는 오늘 독일어 수업에 참석을 할 수가 없어, 왜냐하면 나는 아직 이사가 끝나지 않았거든. 나에게 나중에 전화해 줘. 그리고 우리가 어떤 숙제를 받았는지 말해 줘. 안녕!

어휘 schaffen [v.] 해내다, 행하다 | der Umzug [n.] 이사 | fertig [a.] 끝난

유형 2 ● ● ● ●

Frau Bogner von der Bibliothek in Ihrem Sprachinstitut hat Ihnen eine Nachricht geschickt und Sie daran erinnert, dass Sie zwei Bücher zurückgeben müssen. Schreiben Sie Frau Bogner eine Email.

– Entschuldigen Sie sich, dass Sie die Bücher noch nicht abgegeben haben.
– Erklären Sie warum.
– Teilen Sie einen Termin mit, wann Sie die Bücher vorbeibringen.

Schreiben Sie 30-40 Wörter.
Schreiben Sie zu allen drei Punkten.

당신의 어학원 도서관의 Bogner 부인은 당신에게 문자를 보냈습니다. 그리고 당신이 2권의 책을 반납해야만 한다는 것을 상기시켰습니다. Bogner 부인에게 메일을 쓰세요.

– 당신이 책들을 아직 반납하지 않은 것을 사과하세요.
– 이유를 적으세요.
– 당신이 언제 책들을 가져갈 것인지 기한을 알려 주세요.

30–40개의 단어로 적으세요.
3개의 모든 관점에 대하여 적으세요.

예시 답안

Sehr geehrte Frau Bogner,
ich bitte Sie um Verzeihung, dass ich die Bücher noch nicht abgegeben habe. Ich war verreist und bin erst heute wieder gekommen. Am Montag werde ich die Bücher abgeben.

Mit freundlichen Grüßen
Wolfgang Greiner

해석

존경하는 Bogner 부인께,
제가 책들을 아직 반납하지 않은 것에 대하여 용서해 주시기를 부탁드려요. 저는 여행 중이었고 오늘에서야 다시 돌아왔어요. 월요일에 책들을 반납하겠습니다.

친절한 안부를 담아
Wolfgang Greiner

어휘 die Verzeihung [n.] 용서 | haben...abgegeben [v.] 반납했다 (abgeben의 현재완료) | verreisen [v.] 여행하다. 출발하다 | abgeben [v.] 반납하다

유형 1 ● ● ● ●

당신은 4개의 카드를 받습니다. 카드에 적힌 주제를 가지고 4개의 질문을 만들고, 파트너에게 질문하고, 대답하는 시험 유형입니다.

시험 카드는 다음과 같은 모양입니다.

샘플 영상 보기 ▶

참가자 A

MP3 01_13

GOETHE-ZERTIFIKAT A2 Sprechen Teil 1
Fragen zur Person
Wohnort?

GOETHE-ZERTIFIKAT A2 Sprechen Teil 1
Fragen zur Person
Urlaub?

GOETHE-ZERTIFIKAT A2 Sprechen Teil 1
Fragen zur Person
Sport?

GOETHE-ZERTIFIKAT A2 Sprechen Teil 1
Fragen zur Person
Hobbys?

Wohnort 거주지

예시 답안

A Wo wohnen Sie?
B Ich wohne in Seoul, in der Sogong-ro.

해석

A 당신은 어디에 사나요?
B 저는 서울, 소공로에 살아요.

어휘 wohnen [v.] ～거주하다

Urlaub 휴가

예시 답안

A Was machst du im Urlaub? (= Was hast du im Urlaub vor?)
B Ich weiß noch nicht. Vielleicht werde ich in die Schweiz, oder ans Meer fahren.

해석

A 너는 휴가 때 무엇을 하니?
B 나는 아직 모르겠어. 어쩌면 나는 스위스, 아니면 바다에 가게 될 거야.

어휘 im Urlaub 휴가 때 | in die Schweiz 스위스로 | werden [v.] ～ 하게 되다 | ans Meer 바다로

Sport 운동

예시 답안

A Interessierst du dich für Sport?

B Im Moment treibe ich keinen Sport, weil ich sehr viel zu tun habe. Aber früher bin ich oft schwimmen gegangen.

해석

A 너는 운동에 관심이 있니?

B 요즘은 운동하지 않아, 왜냐하면 나는 하는 일이 정말 많거든. 하지만 예전에는 자주 수영을 갔었어.

어휘 sich interessieren [v.] 흥미가 있다 | der Sport [n.] 운동 | tun [v.] ~하다 | sein...geschwommen [v.] 수영했다 (schwimmen의 현재완료)

Hobbys 취미

예시 답안

A Was ist Ihr Hobby? / Was machen Sie gern?

B Meine Hobbys sind Lesen und Musik hören. / Ich lese gern und höre Musik.

해석

A 당신의 취미는 무엇인가요? / 당신은 무엇을 즐기시나요?

B 나의 취미는 독서와 음악 감상입니다. / 저는 독서를 즐기고 음악을 들어요.

어휘 das Hobby [n.] 취미 | Musik hören 음악 감상

참가자 B

MP3 01_14

GOETHE-ZERTIFIKAT A2	Sprechen Teil 1
Fragen zur Person	

Sprachen?

GOETHE-ZERTIFIKAT A2	Sprechen Teil 1
Fragen zur Person	

Heimatland?

GOETHE-ZERTIFIKAT A2	Sprechen Teil 1
Fragen zur Person	

Beruf?

GOETHE-ZERTIFIKAT A2	Sprechen Teil 1
Fragen zur Person	

Geburt?

Sprachen 언어

🗩 **예시 답안**

A Was ist Ihre Muttersprache?
B Meine Muttersprache ist Koreanisch.

🔍 **해석**

A 당신의 모국어는 무엇인가요?
B 저의 모국어는 한국어입니다.

어휘 die Muttersprache [n.] 모국어 ⎮ das Koreanisch [n.] 한국어

Heimatland 고국

🗩 **예시 답안**

A Woher kommen Sie?
B Ich komme aus Korea. Ich bin in Seoul geboren.

🔍 **해석**

A 어느 나라에서 오셨나요?
B 저는 한국에서 왔습니다. 저는 서울에서 태어났습니다.

어휘 sein...geboren [v.] 태어났다 (gebären의 현재완료)

Beruf 직업

🗨 예시 답안

A Was sind Sie von Beruf?
B Ich bin Sekretär von Beruf.

🔍 해석

A 당신의 직업은 무엇입니까?
B 나는 비서로 일하고 있습니다.

어휘 der Sekretär [n.] 비서

Geburt 출생

🗨 예시 답안

A Wann bist du geboren?
B Ich bin am 1.3.1987 geboren.

🔍 해석

A 너는 언제 태어났니?
B 나는 1987년 3월 1일에 태어났어.

어휘 sein...geboren [v.] 태어났다 (gebären의 현재완료)

유형 2 ●●●●

Aufgabenkarte A

Sie bekommen eine Karte und erzählen etwas über Ihr Leben.

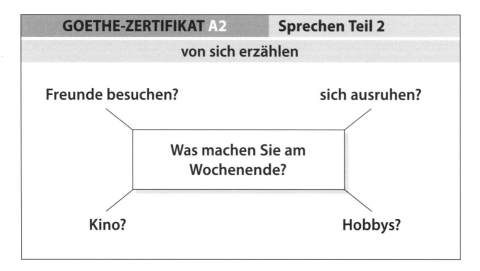

GOETHE-ZERTIFIKAT A2	Sprechen Teil 2
von sich erzählen	

Freunde besuchen?   sich ausruhen?

**Was machen Sie am
Wochenende?**

Kino?   Hobbys?

▶ Freunde besuchen?

▶ sich ausruhen?

▶ Kino?

▶ Hobbys?

과제카드 A

MP3 01_15

당신은 카드를 받게 되고 당신 삶에 대해 설명해야 합니다.

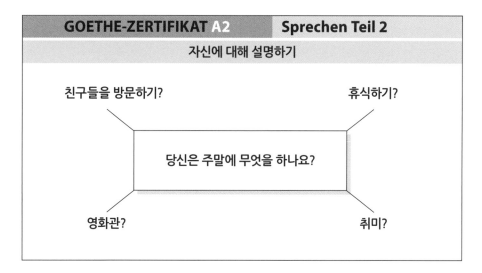

GOETHE-ZERTIFIKAT A2	Sprechen Teil 2

자신에 대해 설명하기

친구들을 방문하기?　　　　　　　　　휴식하기?

당신은 주말에 무엇을 하나요?

영화관?　　　　　　　　　　　　　　　취미?

예시 답안

Frage 1: Freunde besuchen?

Antwort A　Meine beste Freundin ist Julia. Sie wohnt nebenan. Ich besuche sie oder sie besucht mich. Wir reden viel, hören Musik, sehen fern und trinken zusammen Kaffee.

Antwort B　Am Wochenende treffe ich mich mit meiner Freundin. Wir gehen oft ins Café und ins Restaurant. Manchmal gehen wir shoppen. Und wir erzählen uns, was wir in den vergangenen Tagen erlebt haben.

Frage 2: sich ausruhen?

Antwort A　Wochentags habe ich viele Hausaufgaben. Deshalb schlafe ich sonntags lange aus. Ich schlafe manchmal bis 12 Uhr. In meiner Freizeit liege ich gern lange Zeit auf dem Sofa und ruhe mich aus.

Antwort B　Ich möchte mich ausruhen, aber ich habe viele Hausaufgaben. Deswegen muss ich auch an Wochenenden früh aufstehen. Und ich muss auch meine Wohnung putzen.

Frage 3: Kino?

Antwort A　Am Wochenende sehe ich sehr gern einen neuen Film im Kino. Ich gehe manchmal mit meiner Freundin oder mit meiner Schwester ins Kino. Beim Film sehen kaufe ich unbedingt ein Popcorn. Und neben dem Kino gibt es ein Café. Da gehe ich auch gern hin.

Antwort B Ich mag es Filme anzuschauen. Aber wochentags habe ich immer viel zu tun, deshalb gehe ich eher an Wochenenden ins Kino. Viele Leute gehen hier ins Kino. Ich möchte die Filme gern auf Englisch sehen, aber hier werden die Filme meistens auf Koreanisch vorgeführt.

Frage 4: Hobbys?

Antwort A Sport ist mein Hobby. Am Sonntag gehe ich immer schwimmen. Das macht Spaß! Ich fahre auch gern Fahrrad. Aber wenn ich zu Hause bin, höre ich gern Musik.

Antwort B Ich habe nur am Samstag Zeit. Deshalb ist mir der Samstag wichtig. Ich gehe oft in die Stadt und treffe meine Freunde. Wir gehen ins Museum und essen was Gutes. Das mag ich sehr. Und am Abend lerne ich Gitarre spielen. Ich spiele es schon seit einem Jahr.

🔍 해석

질문 1. 친구들을 방문하기?

대답 A 저의 가장 친한 여자 친구는 Julia입니다. 그녀는 근처에 살고 있습니다. 제가 그녀를 방문하거나 그녀가 저를 방문합니다. 우리는 대화를 많이 하고, 음악을 듣고, 텔레비전을 보고 커피를 마십니다.

대답 B 주말에 저는 친구를 만납니다. 우리는 자주 카페에 가고 레스토랑에 갑니다. 가끔은 쇼핑을 하러 갑니다. 그리고 우리는 지난 며칠 동안 어떤 일들을 경험했었는지에 대하여 이야기합니다.

질문 2. 휴식 취하기?

대답 A 저는 평일에 숙제가 많습니다. 그래서 일요일에는 오랫동안 잡니다. 저는 가끔 12시까지 잡니다. 여가시간에는 오랜 시간을 소파에 누워있고 휴식을 취합니다.

대답 B 저는 휴식을 취하길 원하지만, 저는 숙제가 많이 있습니다. 그러므로 주말에 일찍 일어나야 합니다. 그리고 저는 저의 집도 청소해야 합니다.

질문 3. 영화관?

대답 A 저는 주말에 새로운 영화를 영화관에서 보는 것을 매우 좋아합니다. 저는 가끔 저의 여자 친구나 여동생과 영화관에 갑니다. 영화를 볼 때 저는 꼭 팝콘을 삽니다. 그리고 영화관 옆에는 커피숍이 있습니다. 저는 그곳에도 즐겨 갑니다.

대답 B 저는 영화를 보는 것을 좋아합니다. 하지만 평일에는 항상 할 일이 많이 있습니다. 그래서 저는 오히려 주말에 영화관에 갑니다. 많은 사람이 이곳에서 영화관에 갑니다. 저는 영어로 된 영화를 보기를 정말 원하지만, 이곳에서는 대부분 한국어로 영화가 상영됩니다.

질문 4. 취미?

대답 A 운동이 저의 취미입니다. 저는 일요일에 항상 수영장에 갑니다. 그것은 즐겁습니다! 저는 자전거도 즐겨 탑니다. 하지만 제가 집에 있을 때에는 음악을 즐겨 듣습니다.

대답 B	저는 토요일에만 시간이 있습니다. 그래서 저에게 토요일은 중요합니다. 저는 자주 도시로 가서 친구들을 만납니다. 우리는 박물관을 가고 좋은 것을 먹습니다. 저는 그것을 매우 좋아합니다. 그리고 저는 저녁에 기타 연주를 배웁니다. 저는 이미 1년 전부터 그것을 치고 있습니다.

어휘 nebenan [adv.] 인접하여 ┃ shoppen [v.] 쇼핑하다 ┃ vergangen [a.] 지난 ┃ haben...erlebt [v.] 경험했다 (erleben의 현재완료) ┃ wochentags [adv.] 평일에 ┃ schlafen [v.] 잠자다 ┃ in meiner Freizeit 나의 여가시간에 ┃ liegen [v.] 누워있다 ┃ sich ausruhen [v.] 휴식을 취하다 ┃ fernsehen [v.] TV를 보다 ┃ unbedingt [adv.] 무조건, 절대적으로 ┃ das Popcorn [n.] 팝콘 ┃ werden...vorgeführt [v.] 상영되다 (vorführen의 수동태) ┃ schwimmen [v.] 수영하다 ┃ das Fahrrad [n.] 자전거 ┃ die Gitarre [n.] 기타 ┃ spielen [v.] 연주하다 ┃ wichtig [a.] 중요한, 유력한

| 참고 | 시험관의 예상 질문

예시 질문

1. Erzählen Sie uns bitte. Treffen Sie dieses Wochenende auch Ihre Freundin?

2. Wie viele Stunden schlafen Sie an Sonntagen?

3. Welche Filme schauen Sie gern?

4. Welche Sportart mögen Sie am meisten?

예시 답안

1. Nein, diese Woche habe ich eine Prüfung. Wir treffen uns nächste Woche.
2. An Sonntagen schlafe ich mindestens 9 Stunden.
3. Ich schaue gern Komödien. Mein Lieblingsfilm ist „Mr. Bean".
4. Ich mag am liebsten Fußball.

해석

1. 한 번 이야기해 보세요. 당신은 이번 주 주말에도 당신의 (여자)친구를 만나나요?
   → 아니요, 이번 주에 저는 시험이 있어요. 우리는 다음 주에 만납니다.

2. 당신은 일요일에 몇 시간 자나요?
   → 일요일에 저는 최소한 9시간 잠을 잡니다.

3. 당신은 어떤 영화를 즐겨 보나요?
   → 저는 코미디를 즐겨 봅니다. 제가 가장 좋아하는 영화는 "Mr. Bean"입니다.

4. 당신은 어떤 운동을 가장 좋아합니까?
   → 저는 축구를 가장 좋아합니다.

그 외 질문

Haben Sie sich am Wochenende gut ausgeruht?
Gehen Sie oft ins Kino?
Haben Sie ein Hobby, dass Sie an Wochenenden ausüben?

해석

당신은 주말에 충분한 휴식을 취했습니까?
당신은 자주 영화관에 갑니까?
당신은 주말에 연습하는 취미가 있습니까?

유형 2 ●●●●

Aufgabenkarte B

Sie bekommen eine Karte und erzählen etwas über Ihr Leben.

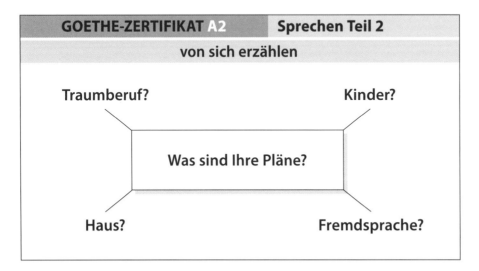

▶ Traumberuf?

▶ Kinder?

▶ Haus?

▶ Fremdsprache?

과제카드 B

MP3 01_16

당신은 카드를 받게 되고 당신 삶에 대해 설명해야 합니다.

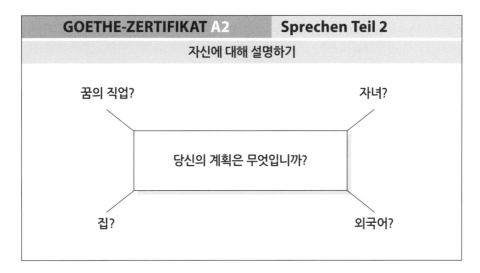

| GOETHE-ZERTIFIKAT A2 | Sprechen Teil 2 |

자신에 대해 설명하기

꿈의 직업?   자녀?

당신의 계획은 무엇입니까?

집?   외국어?

예시 답안

Frage 1: Traumberuf?

Antwort A   Ich möchte Schauspieler werden, deshalb studiere ich jetzt Theaterschauspiel. Das war immer mein Traumberuf. Ich fühle mich gut, wenn ich auf der Bühne bin.

Antwort B   Ich weiß es noch nicht genau, aber für nächstes Jahr plane ich nach Deutschland zu gehen und dort zu studieren.

Frage 2: Kinder?

Antwort A   Über Kinder habe ich noch nicht so viel nachgedacht. Dafür bin ich noch zu jung. Ich denke, dass ich noch viel Zeit habe, darüber nachzudenken.

Antwort B   Ich möchte aber in der Zukunft Kinder haben. Wenn ich in Deutschland lebe, möchte ich Kinder bekommen. Aber während ich in Korea lebe, will ich keine Kinder haben. Es kostet zu viel und die Kinder müssen zu viel lernen. Das gefällt mir nicht.

Frage 3: Haus?

Antwort A   Ich wohne jetzt bei meinen Eltern. Über mein eigenes Zuhause habe ich noch nicht viel nachgedacht. Aber wenn ich ein Haus kaufen kann, will ich ein Haus mit einem Garten kaufen. Dort möchte ich viele Blumen einpflanzen.

Antwort B Zurzeit wohne ich allein in Seoul. Meine Wohnung ist sehr klein. Aber sie liegt nicht weit von der U-Bahnstation und von der Arbeit. Ich plane nach ein, oder zwei Jahren in eine größere Wohnung umzuziehen. Dann kann ich auch Freunde einladen und zu Hause mit ihnen eine schöne Zeit verbringen. Das wäre so gut!

Frage 4: Fremdsprache?

Antwort A Seit 2 Jahren lerne ich Deutsch. Eine neue Sprache zu lernen und sie zu verstehen, ist mir wichtig. Wenn ich gut Deutsch sprechen kann, werde ich Deutschland und dessen Kultur besser verstehen.

Antwort B Ich lerne nicht eine Fremdsprache, sondern drei Fremdsprachen. Ich kann auf Deutsch, Englisch und Russisch sprechen. Ich würde auch gern auf Chinesisch sprechen können.

🔍 해석

질문 1. 꿈의 직업?

대답 A 저는 배우가 되고 싶습니다. 그래서 저는 지금 연극을 전공하고 있습니다. 그것은 항상 저의 꿈의 직업이었습니다. 저는 무대 위에 있을 때, 기분이 좋습니다.

대답 B 저는 아직 정확히 잘 모르겠습니다. 하지만 저는 내년에는 독일로 가서 그곳에서 대학 공부를 할 계획이 있습니다.

질문 2. 자녀?

대답 A 저는 아직 아이에 대하여 깊게 생각해 본 적이 없습니다. 저는 그러기엔 아직 젊습니다. 제 생각에는, 저는 아직 그것에 대하여 생각할 시간이 많이 있습니다.

대답 B 저는 하지만 미래에는 아이를 가지고 싶습니다. 제가 독일에서 살게 되면, 아이를 갖기를 원합니다. 하지만 제가 한국에서 사는 동안에는 아이를 갖고 싶지 않습니다. 한국에서는 비용이 너무 비싸고 아이들은 공부를 너무 많이 해야 합니다. 그것은 제 마음에 들지 않습니다.

질문 3. 집?

대답 A 저는 지금 저의 부모님과 살고 있습니다. 저는 저의 개인의 집에 대해서는 아직 많은 생각을 본 적이 없습니다. 하지만 제가 집을 살 수 있게 된다면, 정원이 있는 집을 사고 싶습니다. 그곳에서 저는 많은 꽃을 키우고 싶습니다.

대답 B 저는 요즘 서울에 혼자 살고 있습니다. 저의 집은 아주 작습니다. 하지만 집은 지하철역과 직장에서 멀리 떨어져 있지 않습니다. 저는 1~2년 안에 큰 집으로 이사를 계획하고 있습니다.. 그렇게 되면 저도 저의 친구들을 초대하고 집에서 그들과 좋은 시간을 가질 수 있습니다. 그것은 아주 좋을 것입니다!

질문 4. 외국어?

대답 A 2년 전부터 저는 독일어를 배우고 있습니다. 새로운 언어를 배우고, 이해하는 것은 저에게 중요합니다. 제가 독일어로 말을 잘하게 되면, 저는 독일과 그 문화에 대하여 더욱 잘 이해 할 수 있을 것입니다.

대답 B	저는 하나의 외국어를 배우지 않고, 3개의 외국어를 배웁니다. 저는 독일어, 영어 그리고 러시아어로 말할 수 있습니다. 저는 중국어로도 말을 할 수 있기를 바랍니다.

어휘 der Traumberuf [n.] 꿈의 직업 ｜ der Schauspieler [n.] 배우 ｜ studieren [v.] 대학공부를 하다 ｜ das Theaterschauspiel [n.] 연극 ｜ die Bühne [n.] 무대 ｜ planen [v.] 계획하다 ｜ habe...nachgedacht [v.] 숙고했다 (nachdenken의 현재완료) ｜ heiraten [v.] 결혼하다 ｜ jung [a.] 젊은 ｜ mein eigenes Zuhause 개인 소유의 집 ｜ haben...gedacht 생각했다 (denken의 현재완료) ｜ mit einem Garten 정원과 함께 ｜ die Blume [n.] 꽃 ｜ einpflanzen [v.] 초목을 심다 ｜ einladen [v.] 초대하다 ｜ verbringen [v.] 시간을 보내다 ｜ die Kultur [n.] 문화 ｜ die Fremdsprache [n.] 외국어

| 참고 | 시험관의 예상 질문

⑦ 예시 질문

1. Wann sind Sie mit dem Studium fertig?

2. Wollen Sie nach dem Studium Kinder haben?

3. In welcher Stadt wollen Sie wohnen?

4. Warum lernen Sie Deutsch?

① 예시 답안

1. Mitte Juli werde ich fertig. Ich hoffe, dass ich direkt danach arbeiten kann.
2. Das weiß ich noch nicht. Wenn ich mit dem Studium fertig bin, dann will ich erst einen Job finden.
3. In München. Weil die Landschaft dort wunderschön ist.
4. Zuerst war es mein Hobby, aber jetzt will ich in Deutschland studieren.

🔍 해석

1. 당신의 학업은 언제 끝납니까?
   → 7월 중순에 끝납니다. 저는 제가 그 다음 바로 일할 수 있기를 원합니다.

2. 당신은 학업이 끝난 뒤에 아이를 가지고 싶나요?
   → 그건 아직 잘 모르겠습니다. 학업이 끝나고 나면 저는 먼저 직장을 찾고 싶어요.

3. 당신은 어느 도시에서 살고 싶으세요?
   → München이요. 왜냐하면 그곳의 경치는 매우 아름답습니다.

4. 당신은 왜 독일어를 배우십니까?
   → 처음에 그것은 저의 취미였어요, 하지만 이제 저는 독일에서 공부하고 싶어요.

그 외 질문

Wann wollen Sie ein Haus kaufen?

Wie sieht Ihr Plan für ein eigenes Haus aus?

Lernen Sie auch eine Fremdsprache?

🔍 **해석**

당신은 언제 집을 매입하기 원하십니까?

개인 소유의 집을 위한 당신의 계획은 어떻습니까?

당신도 외국어를 배우십니까?

어휘 Mitte Juli 7월 중순 | direkt [a.] 곧, 바로 | nach dem Studium 학업 후에 | in welcher Stadt 어느 도시에서 | die Landschaft [n.] 풍경

유형 3-1 ● ● ● ●

Eine gemeinsame Aktivität aushandeln.

Sie möchten am Mittwoch zusammen ein Wörterbuch kaufen gehen.
Wann haben Sie beide Zeit? Finden Sie einen Termin.

A

Mittwoch	
7:00	
8:00	Frühstück
9:00	
10:00	Joggen
11:00	
12:00	
13:00	Friseur
14:00	
15:00	einkaufen gehen
16:00	Deutschkurs
17:00	
18:00	
19:00	
20:00	Fußball Länderspiel ansehen
21:00	

B

Mittwoch	
7:00	Schwimmen
8:00	
9:00	Frühstück mit Familie
10:00	
11:00	Deutschkurs
12:00	
13:00	
14:00	Film sehen mit Tim
15:00	
16:00	
17:00	
18:00	Fahrrad reparieren
19:00	
20:00	Besuch von Leonie
21:00	

공동의 활동에 대한 협상하기

MP3 01_17

당신은 수요일에 함께 사전을 사러 가려고 합니다.

언제 두 사람 모두 시간이 있나요? 약속 시간을 찾으세요.

A

수요일	
7:00	
8:00	아침식사
9:00	
10:00	조깅
11:00	
12:00	
13:00	미용실
14:00	
15:00	장 보러 가기
16:00	독일어 수업
17:00	
18:00	
19:00	
20:00	국제 축구 경기 관람
21:00	

B

수요일	
7:00	수영하기
8:00	
9:00	가족과 아침식사
10:00	
11:00	독일어 수업
12:00	
13:00	
14:00	Tim과 영화 보기
15:00	
16:00	
17:00	
18:00	자전거 수리
19:00	
20:00	Leonie의 방문
21:00	

예시 답안

A Beim Deutsch lernen brauche ich ein Wörterbuch. Weil es dann für mich einfacher ist neue Wörter zu lernen oder nachzuschlagen, falls ich ein Wort nicht kenne. Ich möchte am Dienstag mit dir ein neues Wörterbuch besorgen. Hast du um 9 Uhr Zeit?

B Es tut mir leid. Um 9 Uhr frühstücke ich mit meiner Familie. Mein großer Bruder fährt bald wieder nach England für sein Studium. Deshalb wollen wir vor seinem Abflug zusammen essen und etwas Zeit mit ihm verbringen. Passt es dir um 10 Uhr?

A Ach leider geht es nicht. Jeden Tag um 10 Uhr gehe ich eine Stunde joggen. Ich mache es seit einem Jahr und bin sehr fit und gesünder als vorher geworden. Geht es bei dir um 11 Uhr?

B Da lerne ich Deutsch. Zurzeit bereite ich mich für die A2 Prüfung vor. Ich hoffe, dass ich eine gute Note bekomme und die Prüfung bestehe. Sollen wir uns um 13 Uhr treffen?

A Nein, das passt leider nicht gut, weil ich da einen Friseurtermin habe. Ich muss unbedingt hingehen, da es sonst zu lange dauert wieder einen Termin zu bekommen. Und ohne Termin hinzugehen ist nicht möglich. Wie wäre es um 14 Uhr?

B Das geht nicht, da treffe ich mich mit Tim, um einen Film zu sehen. Wir wollen einen Krimi sehen. Wir haben sehr gutes über den Film gehört und haben lange darauf gewartet. Wenn du willst, kannst du mitkommen oder kannst du um 16 oder 17 Uhr?

A Leider fängt da mein Deutschunterricht an. Meine neue Deutschlehrerin ist super! Sie bringt Deutsch sehr wirkungsvoll bei. Ich lerne ganz viel Neues von ihr. Geht es bei dir um 18 Uhr?

B Da muss ich mein Fahrrad reparieren lassen, das schon seit einer Woche kaputt ist. Passt es dir um 19 Uhr?

A Das ist super, vor 20 Uhr geht es bei mir. Ich habe lange auf das Fußball-Länderspiel gewartet. Heute spielt Korea gegen Deutschland. Ich bin so aufgeregt!

B Okay, dann sehen wir uns um 19 Uhr, aber bitte sei pünktlich!

A Natürlich! Bis dann!

해석

A 독일어를 배우는데 나는 사전이 필요해. 왜냐하면 내가 단어를 알지 못할 경우, 새로운 단어를 배우거나 참고하는 데 있어서 더 편해. 나는 화요일에 너와 함께 새로운 사전을 구매하고 싶어. 너 9시에 시간이 있니?

B 미안해. 9시에 나는 내 가족과 식사를 해. 나의 오빠가 곧 다시 영국으로 그의 학업을 위해서 가. 그래서 우리는 그의 이륙 전에 함께 식사하고 그와 시간을 조금 보내려고 해. 너는 10시에 시간이 되니?

A 유감스럽게도 가능하지 않아. 나는 매일 10시부터 한 시간 조깅해. 나는 그것을 일 년째 하고 있고 전보다 체력이 좋아지고 더 건강해졌어. 너는 11시에 가능하니?

B 그때 나는 독일어를 배워. 요즘에 나는 A2 시험을 준비 중이야. 나는 좋은 성적을 받기를 원하고 시험에 합격하고 싶어. 우리 13시에 만날까?

A 아니, 그것은 유감스럽게도 맞지 않아. 왜냐하면 그때 나는 미용실 일정이 있어. 나는 무조건 그곳에 가야 해. 그렇지 않으면 다시 예약을 잡을 때 너무 오랜 시간이 걸리거든. 그리고 예약 없이 가는 것은 불가능해. 14시는 어때?

B 그것은 가능하지 않아. 그때 나는 영화를 보기 위해 Tim을 만나. 우리는 추리 영화를 볼 거야. 우리는 영화에 대해 아주 좋은 평을 들었고 오래 그것을 기다렸어. 네가 원한다면 함께 가도 돼. 아니면 너는 16시나 17시에 가능하니?

A 유감스럽게도 그때 나의 독일어 수업이 시작해. 나의 새로운 독일어 선생님은 멋져! 그녀는 독일어를 매우 효과적으로 가르쳐줘. 나는 그녀에게 새로운 것을 아주 많이 배우고 있어. 너는 18시에 시간이 되니?

B 나는 그때 일주일 전부터 고장 난 나의 자전거 수리를 맡겨야 해. 너는 19시에 가능하니?

A 그거 아주 좋아. 20시 전에는 가능해. 나는 오랫동안 국제 축구 경기를 기다렸어. 오늘은 한국 대 독일의 경기야. 나는 너무 흥분이 돼!

B 좋아, 그럼 우리 19시에 보자, 하지만 제시간에 와 줘!

A 당연하지! 그때 보자!

어휘 nachschlagen [v.] 참고하다, 참조하다 | falls ~의 경우에는, 만일 ~이라면 | besorgen [v.] 처리하다, 구매하다 | der Abflug [n.] 이륙 | verbringen [v.] (시간을) 보내다, (일정 기간) 머물다 | joggen [v.] 조깅하다 | gesünder 더 건강하게 (gesund의 비교급) | vorbereiten [v.] 채비하다, 준비하다 | die Note [n.] 성적 | Prüfung bestehen [v.] 시험에 합격하다 | der Friseurtermin [n.] 미용실 일정 | dauern [v.] (시간이) 걸리다 | der Krimi [n.] 추리 영화, 탐정 소설 | wirkungsvoll [adv.] 영향력 있는, 효과적인 | reparieren [v.] 수리하다, 수선하다 | das Länderspiel [n.] 국제 경기 | haben...gewartet [v.] 기다렸다 (warten의 현재완료) | aufgeregt [a.] 흥분한, 격앙된 | pünktlich [a.] 시간을 엄수하는

유형 3-2 ●●●○

Etwas aushandeln (Kandidat/-in A/B).

Sie wollen am Samstag etwas zusammen unternehmen.
Was machen Sie? Warum? Warum nicht?
Finden Sie eine passende Aktivität.

A

B

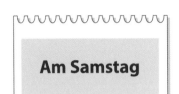

공동의 활동에 대한 협상하기 (수험자 A/B)

당신은 토요일에 함께 무엇을 하려고 합니다.

당신은 무엇을 하나요? 왜 하나요? 왜 하지 않나요?

서로에게 알맞은 활동을 찾으세요.

 TIPP! Teil 3에 자주 출제되는 형태는 보통 두 가지입니다. 시간표가 나올 수도 있고, 그림이나 어휘들이 나열될 수도 있습니다. 당신은 제안과 함께 이유를 말해야 합니다. 당황하지 않고 차분히 생각을 이야기 하시면 됩니다.

예시 답안

A Sollen wir morgen etwas zusammen unternehmen?

B Das ist eine gute Idee. Hast du einen Vorschlag, was wir machen könnten?

A Beim Deutsch lernen brauche ich ein Wörterbuch. Weil es dann für mich einfacher ist neue Wörter zu lernen oder nachzuschlagen, falls ich ein Wort nicht kenne. Ich möchte am Dienstag mit dir zusammen ein neues Wörterbuch besorgen gehen. Wollen wir zum Buchladen gehen?

B Es tut mir leid. Ich brauche kein Buch. Wir können meinen Freund Mario treffen. Er fährt bald wieder nach England für sein Studium. Deshalb wollte ich, bevor er fliegt, zusammen essen und etwas Zeit mit ihm verbringen. Willst du auch zusammen essen gehen?

A Ach da will ich nicht stören. Ich jogge zurzeit. Ich mache es seit einem Jahr und bin sehr fit und gesünder als vorher geworden. Mach doch mit!

B Ich laufe wirklich nicht gerne. Hmmm... Wir bereiten uns doch auf die A2 Prüfung vor. Ich hoffe, dass ich eine gute Note bekomme und die Prüfung bestehe. Sollen wir uns um 13 Uhr treffen? Wollen wir zusammen Deutsch lernen?

A Nein, ich will am Samstag nicht mehr lernen. Ich habe davon auch viel Stress. Ich habe eine gute Idee! Wollen wir zum Friseur gehen? Ich muss unbedingt meine Haare schneiden lassen. Ich kenne einen guten Ort und dort gibt es jetzt eine Ermäßigung.

B Ich muss meine Haare nicht schneiden lassen. Ich habe vom einem sehr guten Film gehört und ich habe lange darauf gewartet. Wenn du willst können wir einen Krimi anschauen gehen.

A Das finde ich nicht gut. Nach dem Film schauen fühle ich mich immer sehr müde. Das Wetter ist so schön. Wir können morgen ein kleines Picknick in einem Park machen und auch Fahrrad fahren. Was hältst du davon?

B Dann muss ich zuerst mein Fahrrad reparieren lassen, das schon seit einer Woche kaputt ist. Machen wir es nächstes Mal. Ich habe lange auf das Fußball-Länderspiel gewartet. Morgen spielt Korea gegen Deutschland. Ich bin so aufgeregt! Wollen wir bei mir das Spiel sehen und Pizza essen?

A Das liebe ich auch, lass uns dann das Spiel ansehen.

B Bis dann!

🔍 **해석**

A 우리 내일 무엇인가 함께 할래?

B 좋은 생각이네. 너는 우리가 무엇을 함께 할 수 있는지에 대한 제안이 있니?

A 나는 독일어를 배우는데 사전이 필요해. 왜냐하면 내가 단어를 알지 못할 경우 새로운 단어를 배우거나 참고하는 데 있어서 더 편해. 나는 화요일에 너와 함께 새로운 사전을 구매하러 가고 싶어. 우리 서점에 갈까?

B 미안해. 나는 필요한 책이 없어. 우리는 내 친구 Mario를 만날 수 있어. 그는 곧 다시 영국으로 공부하러 가. 그래서 나는 그의 이륙 전에 함께 식사하고 그와 시간을 조금 보내려고 했어. 너도 함께 식사하러 갈래?

A 아 나는 그때 방해하고 싶지 않아. 나는 요즘 조깅을 해. 나는 그것을 일 년째하고 있고 전보다 체력이 좋아지고 더 건강해졌어. 함께 하자!

B 나는 정말 달리기를 좋아하지 않아. 음... 우리는 A2 시험을 준비 중이잖아. 나는 좋은 성적을 받고 싶고 시험에 합격하고 싶어. 우리 함께 독일어 공부를 할까?

A 아니, 나는 토요일에는 더 이상 공부하고 싶지 않아. 나는 그 때문에도 스트레스가 많아. 나는 좋은 생각이 있어! 우리 미용실에 갈까? 나는 꼭 나의 머리카락을 잘라야 해. 나는 좋은 장소를 알아, 그리고 그곳에서 지금 할인을 해.

B 나는 머리를 자를 필요가 없어. 나는 아주 좋은 영화에 대해 들었고 그것을 오래 기다렸어. 네가 원한다면 우리 추리 영화 보러 가자.

A 나는 좋은 생각이 아닌 거 같아. 나는 영화를 보고 나면 항상 피로감을 크게 느껴. 날씨가 너무 좋다. 우리는 내일 작은 소풍을 공원에서 하거나 자전거를 탈 수도 있어. 그건 어떻게 생각해?

B 그럼 나는 먼저 일주일 전에 고장 난 나의 자전거 수리를 맡겨야 해. 우리 그것을 다음번에 하자. 나는 오랫동안 국제 축구 경기를 기다렸어. 내일은 한국 대 독일의 경기야. 나는 너무 흥분돼! 우리 집에서 경기를 보면서 피자 먹지 않을래?

A 나도 완전 좋아. 우리 그럼 경기를 보자. 하지만 제 시간에 와 줴!

B 그건 당연하지! 그때 보자!

🔹 **어휘** unternehmen [v.] 계획하다 | der Vorschlag [n.] 제안 | das Wörterbuch [n.] 사전 | nachschlagen [v.] 참고하다, 참조하다 | falls ~의 경우에는, 만일 ~이라면 | besorgen [v.] 처리하다, 구매하다 | der Abflug [n.] 이륙 | verbringen [v.] (시간을) 보내다, (일정 기간) 머물다 | gesünder 더 건강하게 (gesund의 비교급) | vorbereiten [v.] 채비하다, 마련하다 | die Note [n.] 성적 | Prüfung bestehen [v.] 시험에 합격하다 | der Friseurtermin [n.] 미용실 일정 | schneiden [v.] 자르다 | der Krimi [n.] 추리 영화, 탐정 소설 | gehören [v.] ~의 것이다 | wirkungsvoll [adv.] 영향력 있는, 효과적인 | reparieren [v.] 수리하다, 수선하다 | das Länderspiel [n.] 국제 경기 | haben...gewartet [v.] 기다렸다 (warten의 현재완료) | aufgeregt [a.] 흥분한, 격앙된

제2회

실전모의고사
정답 및 해설

A2

유형 1 ●●●●

당신은 신문에 있는 기사를 읽게 됩니다.

1~5번의 문제의 정답을 a, b, c 중에서 고르세요.

Leo Mauer und sein Kochunterricht

In Nürnberg gibt es seit einem Jahr einen speziellen <u>Kochunterricht</u>. Herr Mauer <u>hatte</u> früher als Koch in einem Hotelrestaurant <u>gearbeitet</u>. Aber er <u>wollte</u> sein eigenes Restaurant <u>besitzen</u>. Deswegen <u>hat</u> er mit der Arbeit <u>aufgehört</u>. Aber <u>anfangs</u> hatte er ein großes Problem, denn ein <u>eigenes</u> Restaurant war für ihn zu teuer. So <u>entwickelte</u> er die Idee, seinen eigenen Kochunterricht <u>anzubieten</u>. Er macht bei ihm zu Hause Kochkurse. Die Leute, die bei ihm Kochunterricht haben wollen, können auf seiner Internetseite Informationen halten und <u>angeben</u>, welche <u>Gerichte</u> sie lernen möchten. Von diesen <u>wählt</u> er ein Gericht <u>aus</u>, das er im Kochunterricht gemeinsam mit den <u>Teilnehmern</u> kocht. Fertige Gerichte sind nicht <u>bestellbar</u>, aber man kann nach dem Unterricht die Gerichte nach Hause <u>mitnehmen</u>, die man im Unterricht gekocht hat. Manchmal bietet er guten Teilnehmern speziellen Kochunterricht an. Zum Beispiel fährt er zu dem Teilnehmer nach Hause.

Er <u>bringt</u> alle notwendigen <u>Lebensmittel</u> <u>mit</u> und kocht zusammen oder hilft beim Kochen. Es wird jeden Monat ein Teilnehmer ausgewählt, der <u>sich</u> besonders fleißig am Kochkurs <u>beteiligt</u>. Aber auch in den normalen Kochkursen bei ihm zu Hause kann man verschiedene <u>hochwertige</u> Gerichte kochen lernen. Er <u>bereitet</u> alle <u>Zutaten</u> <u>vor</u> und dann <u>bringt</u> den Teilnehmern im Unterricht einfache Kochmethoden <u>bei</u>. Das alles ist gar nicht so teuer.

<u>Mittlerweile</u> hat er schon über 20 Teilnehmer pro Monat, und bietet mehr als 30 verschiedene Rezepte an. Er ist sehr froh, dass alle <u>zufrieden</u> sind. Er kann nicht nur wieder als Koch arbeiten und interessante Leute kennenlernen, sondern seine <u>Fähigkeiten</u> <u>weiterentwickeln</u>. Weil alles so gut läuft, plant er bald weitere Kurse in anderen Städten anzubieten. <u>Aus diesem Grund</u> braucht er auch neue Partner.

aus einer österreichischen Broschüre

어휘 der Kochunterricht [n.] 요리 수업 | hatten...gearbeitet [v.] 일했었다 (arbeiten의 과거완료) | wollten [m.v.] ~하고 싶었다 (wollen의 과거) | besitzen [v.] 소유하다 | haben...aufgehört [v.] 그만두었다 (aufhören의 현재완료) | anfangs [adv.] 처음에는 | eigen [a.] 자신의 | entwickelten [v.] 발전시켰다 (entwickeln의 과거) | anbieten [v.] 제공하다 | angeben [v.] 지정하다 | das Gericht [n.] 음식, 요리 | auswählen [v.] 선택하다 | der Teilnehmer [n.] 참가자 | bestellbar [a.] 주문 가능한 | mitnehmen [v.] 가지고 가다 | mitbringen [v.] 가지고 오다 | (pl.) die Lebensmittel [n.] 식료품 | sich beteiligen [v.] 무엇에 참가하다, 협력하다 | hochwertig [a.] 고급의, 가치가 높은 | vorbereiten [v.] 준비하다 | die Zutat [n.] 원료,

성분 | **beibringen** [v.] 가르쳐주다 | **mittlerweile** [adv.] 그 사이에 | **zufrieden** [a.] 만족한 | **die Fähigkeit** [n.] 능력, 기술 | **weiterentwickeln** [v.] 발전하다, 개발하다 | **aus diesem Grund** 이러한 이유로

 해석

Leo Mauer와 그의 요리 수업

뉘른베르크에는 1년 전부터 특별한 요리 수업이 있습니다. Mauer씨는 이전에 호텔 레스토랑에서 요리사로 일했었습니다. 그러나 그는 자신의 레스토랑을 소유하고 싶어 했습니다. 그래서 그는 일을 그만두었습니다. 그러나 처음에는 큰 문제가 있었습니다. 왜냐하면 개인 레스토랑은 그에게 너무 비쌌기 때문입니다. 그래서 그는 자기 자신의 요리 수업을 제공하려는 아이디어를 발전시켰습니다. 그는 자기 집에서 요리 수업을 합니다. 그의 요리 수업을 원하는 사람들은 그의 인터넷 사이트에서 정보를 얻을 수 있고, 그들이 배우기 원하는 요리를 지정할 수 있습니다. 그 중에서 그는 참가자들과 요리 수업 시간에 함께 할 요리를 하나 선택합니다. 완성된 요리는 주문할 수는 없지만, 수업 후에는 그들이 수업 시간에 요리한 것을 집으로 가지고 갈 수 있습니다. 때때로 그는 자주 참가한 참가자들에게 특별한 요리 수업을 제공합니다. 예를 들면, 그가 바로 참가자의 집으로 갑니다.

그는 모든 필요한 식료품을 가져가고, 함께 요리하거나, 요리하는 것을 도와줍니다. 매달 특별히 열심히 요리 수업에 참여한 참가자가 선발됩니다. 하지만 그의 집에서 하는 보통의 요리 수업에서도 다양한 고급 요리들을 배울 수 있습니다. 그가 모든 재료를 준비하고 난 다음에 수업 시간에 참가자들에게 쉬운 요리 방법을 가르쳐 줍니다. 그리고 이 모든 것은 전혀 비싸지 않습니다.

그러는 사이에 이미 매달 20명 이상의 참가자가 있고, 30가지 이상의 다양한 요리법을 제공합니다. 그는 모두가 만족하는 것에 대하여 매우 기뻐합니다. 그리고 그는 다시 요리사로서 일하고, 흥미로운 사람들을 알 수 있을 뿐만 아니라, 자신의 능력을 계속해서 개발할 수도 있습니다. 모든 것이 잘 진행되고 있기 때문에 그는 곧 다른 도시에 다른 강좌들을 제공할 계획입니다. 이러한 이유 때문에 그는 또한 새로운 파트너가 필요합니다.

오스트리아 소책자에서

 예시

0   **Leo Mauer는 이전에** _____

[a] 짧은 기간 동안 실업 상태였다.

[b̶] 호텔의 요리사였다.

[c] 호텔 매니저였다.

> **어휘** arbeitslos [a.] 실업의

1 그의 고객들은 _____

☒ⓐ 요리를 제안할 수 있다.

ⓑ 인터넷에서 그의 요리법을 얻을 수 있다.

ⓒ 인터넷에서 완성된 음식을 주문할 수 있다.

> **어휘** der Kunde [n.] 고객, 손님 | das Gericht [n.] 음식, 요리 | vorschlagen [v.] 제안하다 | das Rezept [n.] 요리법 | fertig [a.] 준비가 된 | bestellen [v.] 주문하다

2 그는 _____

ⓐ 비싸고 특별한 상품을 제공한다.

☒ⓑ 그의 수업을 원하는 많은 고객을 가지고 있다.

ⓒ 아무도 강좌를 신청하지 않을 때, 스트레스를 많이 받는다.

> **어휘** teuer [a.] 비싼 | das Angebot [n.] 제안 | der Stress [n.] 스트레스

3 때때로 _____

☒ⓐ 그는 규칙적으로 참가하는 참가자들을 위해서 그들의 집에서 요리를 만든다.

ⓑ 그는 고객들에게 완성된 음식을 배달한다.

ⓒ 그는 배달하는 것에 문제가 있다.

> **어휘** manchmal [adv.] 때때로 | der Teilnehmer [n.] 참가자 | liefern [v.] 배달하다 | die lieferung [n.] 배달, 제공

4 이 기사는 _____

ⓐ 다양한 도시에서의 다양한 요리 수업을 주제로 다룬다.

☒ⓑ 요리사의 새로운 직업 가능성을 주제로 다룬다.

ⓒ 한 요리사의 훌륭한 레스토랑을 주제로 다룬다.

> **어휘** handeln [v.] 주제로 다루다 | die Arbeitsmöglichkeit [n.] 직업의 기회, 직업 가능성 | als [cj.] ~으로서

5 그는 곧 _____

a 새로운 일자리를 찾고 싶어 한다.

b 유명한 요리사로서 무엇인가 좋은 일을 계획하고 싶다.

c 좋은 동료들과 함께 일하고 싶어 한다.

어휘 bald [adv.] 곧 ㅣ wieder [adv.] 다시 ㅣ der Kollege [n.] 동료

유형 2 ●●○○

당신은 한 서점의 재미있는 안내게시판을 읽게 됩니다.

6−10번의 과제와 본문을 읽어 보세요. 당신은 몇 층으로 가야 합니까?

a, b, c 중에서 정답을 고르세요.

Buchhandlung „Weltbild"	
3.Stock	Café: Kaffee / Tee Reise: Kurzreisen / Urlaubsreisen / Bahntickets / Flugtickets Toilette / Fundbüro / Service
2.Stock	Filme & DVDs: TV-Serien / DVD – Musik & Konzerte CDs / Hörbücher Foto & Camcorder: Digitalkameras / Speicherkarten / Zubehör / Kamerataschen
1.Stock	Sach- und Fachbücher: Geschichte / Politik und Gesellschaft / Medizin / Sport Sprachen / Schulbücher / Pädagogik / Unterrichtshilfen
EG	Roman von A bis Z / Taschenbücher / aktuelle Bestseller / Neuheiten / Kinder- und Jugendbücher / Haus- und Gartenbücher / fremdsprachige Literatur
UG	Schreibwaren / Bürotechnik / Büromöbel / Computer-Zubehör / Drucker / Festplatten / Lernsoftware / Betriebssysteme Kaffeemaschinen / Staubsauger / Regal / Lampe

🔍 해석

서점 "Weltbild"	
3층 (한국식 4층)	카페 : 커피 / 차 여행 : 단기 여행 / 휴가 여행 / 기차표 / 비행기 표 화장실 / 분실물 보관소 / 서비스
2층 (한국식 3층)	영화 & DVD : TV 시리즈 / DVD − 음악 & 콘서트 CD / 청취용 책 사진 & 캠코더 : 디지털카메라 / 메모리카드 / 부속품 / 카메라 케이스

1층 (한국식 2층)	실용 및 전공 서적: 역사 / 정치 및 사회 / 의학 / 스포츠 언어 / 교과서 / 교육학 / 참고서
EG (한국식 1층)	소설 A부터 Z까지 / 포켓북 / 최신 베스트셀러 / 신작 / 어린이 및 청소년 도서 / 집 및 정원 도서 / 외국 문학
UG 지하	문구류 / 사무실용 기술장비 / 사무실 가구 / 컴퓨터–부속품 / 프린터 / 하드디스크 / 교육용 소프트웨어 / 컴퓨터 운영체제 커피머신 / 진공청소기 / 선반 / 조명

예시

0   당신은 스웨덴 소설을 찾습니다.

    ⓧ 0층 (한국식 1층)

    b 1층 (한국식 2층)

    c 2층 (한국식 3층)

    어휘 suchen [v.] 찾다 ǀ schwedisch [a.] 스웨덴(어)의 ǀ der Roman [n.] 소설

6   당신은 작업실을 위한 볼펜과 공책을 찾습니다.

    a 2층 (한국식 3층)

    b 1층 (한국식 2층)

    ⓧ 다른 층

    어휘 der Kugelschreiber [n.] 볼펜 ǀ das Heft [n.] 공책 ǀ das Arbeitszimmer [n.] 작업실

7　당신의 지인은 자연을 사랑합니다. 당신은 원예에 관한 팁이 담긴 책을 그녀에게 선물하고
싶습니다.

　　a　2층 (한국식 3층)

　　b　1층 (한국식 2층)

　　☒　다른 층

> **어휘**　die Natur [n.] 자연 | die Gartenarbeit [n.] 정원 꾸미기, 원예

8　당신은 하나의 **DVD**를 샀습니다. 그것은 한 주 만에 이미 고장이 났습니다. 당신은 지금 그것을
환불하기 원합니다.

　　a　2층(한국식 3층)

　　☒　3층(한국식 4층)

　　c　다른 층

> **어휘**　haben...gekauft [v.] 샀다 (kaufen의 현재완료) | zurückgeben [v.] 돌려주다

9　당신은 2주 안에 새 집으로 이사를 가고, 그 집에 필요한 조명을 찾습니다.

　　a　1층 (한국식 2층)

　　b　0층 (한국식 1층)

　　☒　다른 층

> **어휘**　einziehen [v.] 이사하다 | die Wohnung [n.] 집, 방 | die Beleuchtung [n.] 조명

10　당신은 컴퓨터에 음악과 영화를 새로 정리하기를 원하고 그것을 위한 새로운 소프트웨어를 찾고
있습니다.

　　a　3층 (한국식 4층)

　　☒　지하

　　c　다른 층

> **어휘**　ordnen [v.] 정리하다, 분류하다 | die Software [n.] (컴퓨터) 소프트웨어 | dafür [adv.] 그것에 대하여,
> 그것에 관해서

유형 3 ●●●○

메일을 읽으세요.

11–15번 문제의 정답을 a, b, c 중에서 고르세요.

---

von: tanja99@dongyangbooks.com
an: supero@dongyangbooks.com

Liebe Christina und lieber Roman,
ich bin wieder zu Hause und zurück an meinem <u>Arbeitsplatz</u>. Ich denke noch jeden Tag an die Zeit in Italien und möchte so gerne wieder <u>zurückkehren</u>. Bei Frau Schmacher <u>haben</u> wir eine wirklich wunderschöne Zeit <u>verbracht</u>. Auch unsere Tochter spricht oft von euch allen. Ich hoffe, ihr seid auch wieder gut nach Hause gekommen und <u>müsst</u> nicht sofort anfangen zu arbeiten.

Bei mir hat die Arbeit gleich wieder angefangen. 40 Stunden in der Woche zu arbeiten ist sehr <u>anstrengend</u>. Aber alles <u>ist</u> teurer in Deutschland <u>geworden</u>. Vor allem die <u>Heiz-</u> und <u>die Stromkosten</u>. Daher hat man keine Zeit zum <u>Ausruhen</u>.

Ich <u>vermisse</u> euch sehr. Habt ihr Lust und Zeit, uns nächstes Jahr in Dresden zu besuchen? Zum Beispiel <u>während</u> den <u>Osterferien</u>. Wir könnten zusammen kleine Ausflüge <u>unternehmen</u>. Es gibt ja sehr viele günstige Flüge. Ihr könnt auch gern eure Tochter <u>mitbringen</u>. Wir haben genug Platz in unserer Wohnung. Ihr könnt <u>euch</u> hier <u>ausruhen</u>. Und ich werde euch jeden Tag was leckeres kochen.

Vor einer Woche hatten wir Besuch von 6 Freunden meiner Tochter. Wir hatten viel Spaß. Schreibt mir einfach! Ich <u>warte</u> auf eure Antwort. Lass uns in <u>Kontakt</u> bleiben.

Alles Liebe
Eure Tanja

어휘 der Arbeitsplatz [n.] 일터, 직장 | zurückkehren [v.] 돌아오다 | haben…verbracht [v.] (시간을) 보냈다 (verbringen의 현재완료) | müssen [m.v] ~해야만 한다 (화법조동사) | anstrengend [a.] 힘든, 스트레스 받는 | sein…geworden [v.] ~되었다 (werden의 현재완료) | die Heizkosten [n.] 난방요금 | die Stromkosten [n.] 전기요금 | das Ausruhen [n.] 휴식 | vermissen [v.] 그리워하다 | während [prp.] ~하는 동안에 | (pl.) die Osternferien [n.] 부활절 방학 | unternehmen [v.] 계획하다 | mitbringen [v.] 데리고 오다 | sich ausruhen [v.] 휴식을 취하다 | warten [v.] 기다리다 | der Kontakt [n.] 연락

🔍 **해석**

von: tanja99@dongyangbooks.com
an: supero@dongyangbooks.com

친애하는 Christina와 Roman,
나는 다시 집이야, 그리고 나의 직장으로 돌아왔어. 나는 아직도 이탈리아에서의 시간에 대해 매일 생각하고 정말 다시 돌아가고 싶어. Schmacher 부인 댁에서 우리는 정말 멋진 시간을 보냈어. 우리 딸도 자주 너희들 모두에 관해 이야기해. 나는 너희도 집에 무사히 도착했고, 곧바로 일을 시작하지는 않아도 되기를 바란다.
나의 경우, 일을 바로 시작했어. 일주일에 40시간 일하는 것은 매우 스트레스가 돼. 하지만 독일은 모든 것이 물가가 올랐어. 무엇보다도 난방 및 전기 비용이 매우 올랐어. 그렇기 때문에 휴식을 취할 시간이 없어.
나는 너희가 아주 그리워! 너희들이 내년에 드레스덴에 있는 우리를 방문할 흥미와 시간이 있니? 예를 들어 부활절 휴가 동안 말이야. 우리는 함께 작은 소풍을 계획 할 수도 있어. 저렴한 항공권들이 매우 많이 있어. 너희들도 너희 딸을 함께 데려올 수도 있어. 우리 집에는 충분한 공간이 있어. 너희들은 이곳에서 휴식을 취할 수 있어. 그리고 나는 너희에게 매일 맛있는 무언가를 요리해 줄 거야.
일주일 전에 내 딸 친구들 6명이 방문했었어. 우리는 매우 즐거운 시간을 보냈어. 나에게 간단히 답장을 써 줘! 나는 너희의 대답을 기다릴게. 우리 연락하고 지내자.

모든 사랑을 담아
너희의 Tanja

---

11 Tanja는 _____

[a] 이탈리아에서 다시 일을 시작했다.

[b] 이탈리아에서 Christina와 Roman을 알게 되었다.

[☒] 이탈리아에서 휴가를 보냈다.

> **어휘** kennenlernen [v.] 알게 되다, 아는 사이가 되다

12 Tanja는 _____

[☒] 이탈리아에서의 시간에 대해 아름다운 추억을 갖고 있다.

[b] 힘든 시간을 보냈었다.

[c] 그곳에서 난방, 전기요금을 지불했다.

> **어휘** die Erinnerung [n.] 추억, 기억 ┃ bezahlen [v.] 지불하다

13 **Christina와 Roman은** _____

[a] Tanja와 함께 독일에서 휴가를 가졌다.

[b] Tanja네 집에서 며칠 지내도록 초대받았다.

[c] 하지만 독일에 가고 싶어 하지 않는다.

어휘 einladen [v.] 초대하다

14 **Tanja의 딸은** _____

[a] 다시 이탈리아에 가고 싶어 한다.

[b] 여행에 함께하지 않았다.

[c] 그녀의 친구들을 초대했었다.

어휘 dabei sein [v.] 함께 하다 | die Reise [n.] 여행

15 **Tanja는** _____ **알고 싶어 한다.**

[a] 얼마나 많은 사람들이 그녀의 집에서 묵을 수 있는지

[b] Christina와 Roman이 딸을 데리고 올 것인지 아닌지

[c] Christina와 Roman이 내년 부활절에 독일에 올 수 있는지

어휘 wissen [v.] 알다 | übernachten [v.] 묵다, 숙박하다

유형 4 ● ● ● ●

6명의 사람이 인터넷에서 장소를 찾고 있습니다.

16~20번 문제를 읽고, a부터 f까지의 광고문을 읽어보세요. 어떤 광고가 누구와 연결 되나요?

6개의 질문 중 하나의 질문에는 해당하는 답이 없습니다. 해당하는 답이 없는 질문에는

X표시를 하세요.

예시의 광고는 더 이상 선택할 수 없습니다.

예시

0   **Günter**는 라인 강에 대해 알고 싶다. 그는 그곳을 배로 여행하는 것이 가장 적합하다고   b
생각한다.

16   **Mira**는 짧은 여행을 위한 저렴한 자전거를 찾고 있다.   a

17   **Andrea**는 독일 남부를 자전거로 여행하기를 원한다.   d

18   **Nadja**는 가족과 한 달 동안 머무를 수 있는 이탈리아에 있는 펜션을 찾고 있다.   f

19   **Dean**은 그의 4살짜리 딸과 함께 적당한 가격의 웰빙−단기 휴가를 가기 원한다.   c

20   **Jens**는 렌터카로 스위스 여행을 계획한다. 그는 저렴한 자동차를 찾고 있다.   X

어휘   das Schiff [n.] 배 ǀ sich eignen [v.] 적합하다 ǀ suchen [v.] 찾다 ǀ der Kurztrip [n.] 짧은 여행 ǀ billig [a.]
저렴한 ǀ das Fahrrad [n.] 자전거 ǀ das Rad [n.] 자전거 ǀ reisen [v.] 여행하다 ǀ die Ferienwohnung [n.]
펜션 ǀ vierjährig [a.] 4살인 ǀ planen [v.] 계획하다 ǀ der Mietwagen [n.] 렌터카

a

www.rad.de

Fahrräder, <u>Tourenräder</u>, <u>Mountainbikes</u>,
E-Bikes: die neuesten Modelle!
Wir haben alles, was Sie für eine <u>Radreise</u>
brauchen.

Sie können bei uns eine <u>Probefahrt</u> machen!
Alles zu <u>günstigen</u> <u>Preisen</u>.
Jetzt gibt es auch 50% Ermäßigung.

 해석

자전거, 투어 자전거, 등산 자전거,
전자 자전거: 가장 최신 상품!
우리는 당신이 자전거 여행에 필요한
모든 것을 갖추고 있습니다.

당신은 우리와 함께 시승해 볼 수 있습니다!
모든 것을 좋은 가격에 제공합니다.
지금 또한 50%의 할인이 있습니다.

어휘 **das Tourenrad** [n.] 투어 자전거 **das Mountainbike** [n.] 산악자전거 **die Radreise** [n.] 자전거 여행 **die Probefahrt** [n.] 시승 **günstig** [a.] 저렴한 **der Preis** [n.] 가격

b

www.reiserum.de

• Deutschland <u>erleben</u>!
• am Fluss (Rhein, Main, Donau)
• <u>Ferienhaus</u>
• Zug / Bus / Schiff / Mietwagen / <u>Mietwagen</u>
  mit Fahrer

- <u>Internationales</u> <u>Weltkulturerbe</u>
- Essen vom <u>Starkoch</u>

해석

• 독일을 경험하세요!
• 강가에서 (라인강, 마인강, 도나우강)
• 별장
• 기차 / 버스 / 배 / 렌터카 / 운전기사가
  있는 렌터카

– 국제적인 세계문화유산
– 스타 요리사의 음식

어휘 **erleben** [v.] 경험하다 **das Ferienhaus** [n.] 별장 **der Mietwagen** [n.] 렌터카 **international** [a.] 국제적인 **das Weltkulturerbe** [n.] 문화유산 **der Starkoch** [n.] 스타 요리사

c

www.hotel-donau.de

Last Minute:
<u>Kinderfreundliches</u> 4-Sterne Hotel in Donau.
Teilmassagen, <u>Vollpension</u> und <u>Wellness</u>.
Kostenlos für Kinder zu sechs Jahre.
Kostenlose Nutzung unseres
Wellnessbereiches (Handtücher,
<u>Badebekleidung</u> und <u>Bademantel</u> gegen
<u>Gebühr</u>).

Noch 5 freie Plätze!
3 <u>Übernachtungen</u> nur 400,-Euro!

 해석

마지막 순간:
어린이 친화적인 도나우에 있는 4성급 호텔.
부분 마사지, 3식 제공 숙박 그리고 웰빙.

6세 어린이까지 무료입니다.
웰빙 공간 무료 이용 (수건, 수영복 및 목욕
가운은 유료로 제공).

아직 5자리가 비어있어요!
3일 숙박에 단지 400유로입니다!

어휘 **kinderfreundlich** [a.] 어린이 친화적인 **die Vollpension** [n.] 세끼 제공되는 숙박 **das Wellness** [n.] 웰빙 **die Badebekleidung** [n.] 수영복 **der Bademantel** [n.] 목욕 가운 **die Gebühr** [n.] 사용료, 유료 **die Übernachtung** [n.] 숙박

d

www.rad-berg.de

„Mit dem Fahrrad durchs Land"
Billig reisen: mit dem Fahrrad in
Süddeutschland Kurzurlaub und Rundreisen.

Es ist möglich mit dem Rad zu reisen.
Bei uns können Sie alles ausleihen, was Sie für
die Radtour brauchen.

 해석

"전국을 자전거를 타고 여행"
저렴한 여행: 자전거를 타고 남부 독일에서의
짧은 휴가 그리고 일주 여행.

자전거로 여행이 가능합니다.
우리 회사에서 당신은 자전거 여행에 필요한
모든 것을 빌릴 수 있습니다.

어휘 billig [a.] 저렴한 | der Kurzurlaub [n.] 짧은 휴가 | die Rundreise [n.] 일주 여행 | möglich [a.] 가능한 |
ausleihen [v.] 대여하다 | die Radtour [n.] 자전거 여행

e

www.fernbus.de

Billig reisen: Online-Preisvergleich
Alle Anbieter für ganz Europa

Möchten Sie gern mit dem Fernbus
verreisen?
Dann finden Sie unter www.fernbus.de
unsere tolle Angebote zu Städtereisen.

Paris oder Amsterdam?
Prag oder Madrid?
Für jeden ist was dabei!

 해석

저렴한 여행 : 온라인 가격 비교
유럽 전역의 모든 제공 업체

당신은 장거리 버스를 타고 여행을 떠나기
원하시나요?
그렇다면 아래 www.fernbus.de에서 시가
여행에 관련된 우리들의 멋진 상품들을
발견하실 수 있습니다.

Paris 또는 Amsterdam?
Prag 또는 Madrid?
모두를 위한 무언가가 있습니다!

어휘 der Preisvergleich [n.] 가격 비교 | ganz [a.] 전체의 | verreisen [v.] 여행을 떠나다 | das Angebot [n.]
상품, 제안 | die Städtereise [n.] 시가 여행

f

www.Reiseinfo.de

Urlaub in Europa
• bis zu 6 Personen
• Für einen langen Zeitraum
• Ferienwohnungen und Ferienhäuser

Sofort online buchen!!
Es gibt auch einen EVENT:
Versuchen Sie jetzt Ihren Glück!

 해석

유럽에서의 휴가
• 6명까지
• 긴 기간을 위한
• 펜션과 별장

즉시 온라인에서 예약하세요!!
이벤트도 있습니다:
지금 행운을 잡으세요!

어휘 der Zeitraum [n.] 기간, 기한 | die Ferienwohnung [n.] 펜션 | das Ferienhaus [n.] 별장

유형 1 ●●●●

당신은 5개의 짧은 본문을 듣게 됩니다. 모든 본문은 두 번씩 듣게 됩니다.
1~5번까지 문제의 정답을 a, b, c에서 고르세요.

▶ **Aufgabe 1**

MP3 02_01

📄 **Skript**

Es ist 10 Uhr. Wie jeden Abend um diese Zeit findet unser Gewinnspiel statt. Heute fangen wir mit Urlaubsorten an. Wohin reisen die Deutschen am liebsten? Antwort Nummer 1, nach Italien. Antwort Nummer 2, nach Österreich oder Antwort Nummer 3, in die Schweiz. Rufen Sie uns an unter 123 24 24 und gewinnen Sie eine Reise für 2 Personen an die Ostsee. Und jetzt noch ein Geburtstagsgruß: Julia Bäcker hat heute Geburtstag. Julia wird heute 18 Jahre alt: Ja, mit 18 hat man noch viele Träume. Alles Gute und viel Glück wünschen dir deine Eltern und Geschwister und natürlich das gesamte Radio-Tenten-Team.

🔍 **해석**

10시입니다. 이 시간에는 매일 저녁마다 추첨이 시작됩니다. 오늘 우리는 휴양지로 시작합니다. 독일인이 가장 좋아하는 여행지는 어디일까요? 이탈리아는 1번, 오스트리아는 2번 또는 스위스는 3번으로 응답하세요. 123 24 24로 전화를 걸어 동해로 가는 2인 여행권을 받으세요. 그리고 이제 생일축하 인사말입니다: Julia Bäcker는 오늘 생일을 맞았습니다. Julia는 오늘 18살이 됩니다: 네, 18세에는 아직 많은 꿈이 있죠. 모든 일이 잘되기를 바라고 당신의 부모님 그리고 형제자매, 물론 라디오 Tenten-팀 전체가 기원합니다.

1　무엇을 얻을 수 있는가?

　ⓐ 북해로 가는 여행

　ⓑ 최대 4인까지를 위한 가족 여행

　☒ 2인을 위한 여행

🗨 **어휘** das Gewinnspiel [n.] 추첨 | stattfinden [v.] 열리다, 개최되다 | anfangen [v.] 시작하다 | (pl.) die Urlaubsorte [n.] 휴양지 | der Gruß [n.] 인사, 안부 | der Traum [n.] 꿈 | wünschen [v.] 기원하다 | gewinnen [v.] 얻다

▶ **Aufgabe 2**

MP3 02_02

📄 **Skript**

Und jetzt folgt das Wetter. Heute bleibt es tagsüber weiterhin schön. Aber gegen 9 Uhr abends wird es Gewitter geben. In den Alpen werden starke Gewitter erwartet. Da werden die Temperaturen fallen. Morgen wird es dann nass und kühler. Die Temperaturen fallen auf 8 Grad im Süden und auf 3 Grad im Norden. Am Wochenanfang wird es wieder wärmere Temperaturen geben, die bis auf 20 Grad gehen können. Allerdings ist mit Regen zu rechnen. Wir müssen leider noch auf den Frühling warten.

🔍 **해석**

다음은 날씨입니다. 오늘은 온종일 계속 맑은 날씨입니다. 그러나 저녁 9시경에는 뇌우가 있겠습니다. 알프스에서는 강한 뇌우가 예상됩니다. 그곳은 온도가 내려갈 것입니다. 내일은 습하고 더 시원할 것입니다. 남쪽에 온도는 8도로 북쪽은 3도로 내려갑니다. 한주가 시작할 때면 다시 따뜻한 기온으로 20도까지 될 것입니다. 물론 비가 올 것으로 예상됩니다. 우리는 유감스럽게도 아직 봄을 기다려야만 합니다.

---

2 내일 날씨는 어떻게 되는가?

ⓐ 비가 올 것입니다.

ⓑ 안개가 예상됩니다.

ⓒ 따뜻해집니다.

🔑 **어휘** folgen [v.] 뒤따르다 ┆ gegen [prp.] ~경에, 무렵에 ┆ **das Gewitter** [n.] 뇌우 ┆ **stark** [a.] 강한 ┆ **erwarten** [v.] 기대하다, 예상하다 ┆ **die Temperatur** [n.] 온도 ┆ **nass** [a.] 젖은, 습기 찬, 비가 많이 오는 ┆ **der Wochenbeginn** [n.] 한 주의 시작 ┆ **allerdings** [adv.] 물론, 틀림없이, 그렇지만 ┆ **der Frühling** [n.] 봄 ┆ **der Nebel** [n.] 안개

▶ **Aufgabe 3**　　　　　　　　　　　　　　　　　　　　(MP3 02_03)

 Skript

Jara, hier ist David. Was ist los? Ich habe dich schon drei Mal angerufen, aber ich konnte dich nicht erreichen. Eigentlich sind wir doch am Wochenende verabredet. Da muss ich leider noch länger arbeiten. Aber passt es dir vielleicht morgen? Es gibt ein Theaterstück „Die Königin des Sommers". Hast du Lust es zusammen zu sehen? Die Eintrittskarten kosten jeweils 30 Euro. Falls du damit einverstanden bist, werde ich die Karten Online kaufen und wir müssen es nur bis 19 Uhr an der Kasse abholen. Falls ich zu spät komme kannst du es dann machen, weil meine Arbeit um 19:30 Uhr endet. Danke und bis später.

🔍 **해석**

Jara야, 여기는 David이야. 너 무슨 일 있니? 나는 너에게 이미 세 번 전화했지만, 너와 연락이 되지 않았어. 원래 우리는 주말에 약속했었잖아. 안타깝게도 나는 좀 더 오래 일해야만 해. 하지만 너 혹시 내일 가능하니? 내일 "여름의 여왕"이라는 연극이 있어. 너는 그것을 함께 볼 흥미가 있니? 티켓은 각각 30유로야. 네가 그것에 동의한다면 내가 온라인으로 티켓을 구매하고 우리는 그것을 19시까지는 창구에서 수령하기만 하면 돼. 내가 너무 늦을 경우 네가 그것을 하면 돼, 왜냐하면 나는 19:30에 일이 끝나거든. 고마워 그럼 나중에 보자.

3　David는 왜 Jara에게 전화했는가?

　a　그는 약속을 연기하고 싶어 한다.

　b̶　그는 주말에 그녀를 만날 수 없다.

　c　그는 안타깝게도 내일 그녀를 만날 수 없다.

어휘 haben...angerufen [v.] 전화했다 (anrufen의 현재완료) ǀ konnten [m.v] ~할 수 없었다 (화법조동사 können의 과거) ǀ erreichen [v.] 연락이 되다 ǀ eigentlich [adv.] 원래, 사실 ǀ einverstanden [a.] 동의한 ǀ das Theaterstück [n.] 연극 ǀ die Lust [n.] 흥미, 재미 ǀ jeweils [adv.] 각각 ǀ enden [v.] 끝내다 ǀ die Verabredung [n.] 약속 ǀ verschieben [v.] 연기하다

▶ **Aufgabe 4**

(MP3 02_04)

> 📄 **Skript**
>
> Hallo Paul. Denk bitte an mein Kleid. Du kannst es doch aus der Reinigung abholen, oder? Sonst weiß ich nicht, was ich bei Leonies Konzert anziehen soll. Ich gehe jetzt zum Arzt, weil ich stark erkältet bin. Danach muss ich noch ein Geschenk besorgen. Aber das kann ich schaffen. Wenn du einen Vorschlag hast, was man kaufen könnte, dann gib mir Bescheid. Wir treffen uns später vor der Konzerthalle.
>
> 🔍 **해석**
>
> 안녕 Paul. 내 원피스를 잊지 말아줘. 너는 그것을 세탁소에서 찾아올 수 있지 안 그래? 그렇지 않으면 나는 내가 Leonie의 콘서트에 무엇을 입고 가야 할지 모르겠어. 나는 지금 병원에 가. 왜냐하면 나는 심한 감기에 걸렸거든. 그다음에 나는 또한 선물을 준비해야 해. 하지만 그건 내가 할 수 있어. 무엇을 살 수 있을지 네가 제안해 줄 것이 있으면, 나에게 연락 줘. 우리는 나중에 콘서트홀 앞에서 만나자.

4 **Paul**은 무엇을 잊어버리면 안 되는가?

ⓐ 그가 선물을 구매해야 한다는 것을.

☒ 그가 세탁소에서 무언가를 가지고 와야 한다는 것을.

ⓒ 그가 콘서트 티켓을 구매해야만 한다는 것을.

어휘 denken [v.] 생각하다 | das Kleid [n.] 원피스 | die Reinigung [n.] 세탁소 | abholen [v.] 찾아오다. 마중가다 | das Konzert [n.] 음악회 | besorgen [v.] 구입하다. 처리하다 | anziehen [v.] ~을 입다 | der Vorschlag [n.] 제안 | schaffen [v.] 해결하다 |

▶ **Aufgabe 5** (MP3 02_05)

 Skript

Guten Tag, Praxis Dr. Holzger hier, Sabine Peterson am Apparat. Frau Angelika, Sie waren vor drei Tagen zur Blutabnahme bei uns. Jetzt sind die Ergebnisse da und der Doktor würde gern noch mal kurz mit Ihnen sprechen. Bitte rufen Sie uns zurück, um einen neuen Termin zu vereinbaren. Die Nummer lautet 0080 72 92 82. Auf Wiederhören.

해석

안녕하세요. Holzger 의사 병원의 Sabine Peterson입니다. Angelika 씨, 당신은 3일 전 우리 병원에서 혈액 검사를 했습니다. 지금 그 결과가 나왔으며, 의사 선생님께서 당신과 잠깐 이야기 나누기를 원하십니다. 새로운 일정을 정하기 위해서 다시 전화 주세요. 번호는 0080 72 92 82입니다. 안녕히 계세요.

---

5 Angelika씨는 무엇을 해야 하는가?

ⓐ Holzger 의사에게 전화한다.

ⓑ 병원에 가야한다.

ⓧ 병원에 전화를 한다.

어휘 die Praxis [n.] 개인 병원 | die Blutabnahme [n.] 혈액 검사 | das Ergebnis [n.] 결과 | zurückrufen [v.] 다시 전화하다 | vereinbaren [v.] 협정하다, 협의하다

유형 2 ●●○○

당신은 하나의 대화를 듣게 됩니다. 본문은 한 번 듣게 됩니다. 누가 어떤 선물을 받나요?
6 – 10번까지 문제에 적합한 그림을 a–i에서 선택하세요. 각 알파벳은 단 한 번만 선택하세요.
이제 그림을 주의 깊게 보세요.

	0	6	7	8	9	10
사람	Frau Schiller	Herr Schiller	Nico	William	Nadine	Paula
답	a	i	g	d	h	c

▶ **Aufgabe 6 bis 10**

(MP3 02_06)

📄 **Skript**

Nico	Hallo Hannah. Kannst du dich noch daran erinnern, dass wir am Wochenende eine Geburtstagsparty organisieren. Hat die Planung schon begonnen?
Hannah	Ja, natürlich, aber es ist noch nicht alles erledigt. Diesmal haben viele von uns Geburtstag, deshalb müssen wir viele verschiedene Geschenke besorgen. Ich habe gestern Miriam getroffen und schon mit der Vorbereitung angefangen.
Nico	Oh, so viele Geschenke hast du schon gekauft?
Hannah	Ja, aber ich bin mir noch nicht ganz sicher, was Frau Schiller gefallen würde.
Nico	Ich weiß, dass sie gern Bücher liest. Über ein Buch würde sie sich bestimmt freuen.
Hannah	Oh, das hört sich gut an. Kennst du dich mit Herrn Schiller gut aus?
Nico	Nein, aber so weit ich es in Erinnerung habe, trinkt er gern Wein. Wir können ihm einen Wein schenken.
Hannah	Das ist aber eine gute Idee. Wie findest du die Tasche hier?
Nico	Sie ist fantastisch!
Hannah	Rate mal, für wen ich das gekauft habe.
Nico	Vielleicht für Isabella?
Hannah	Nein, das ist für Nadine. Vor einer Woche sind wir zusammen shoppen gegangen. Sie fand die Tasche ganz schön und wollte sie unbedingt haben. Hier gehe ich nur einkaufen, wenn gerade Schlussverkauf ist.
Nico	Das ist doch wunderbar. Ich kann mir schon gut das Gesicht von Nadine vorstellen. Was für ein Geschenk hast du denn für William und Paula?
Hannah	William hört gern Musik. Deshalb habe ich CDs geholt. Und Paula mag Blumen. Deswegen habe ich ihr Tulpen gekauft.

Nico	Also, deine Idee finde ich echt toll!
Hannah	Und das hier ist für dich! Du hast doch auch bald Geburtstag, oder? Ich <u>dachte</u>, dass der Hut dir gut <u>stehen</u> würde. Setz ihn mal auf! Es wird dir bestimmt gefallen.
Nico	Wow, ich <u>habe</u> gar nicht <u>gewusst</u>, dass du auch für mich etwas <u>besorgt hast</u>. Ich finde den super. Vielen Dank!
Hannah	Gern! Lass uns dann nur einen <u>Kuchen</u> kaufen und dann sind wir mit der <u>Vorbereitung</u> fertig.
Nico	Das wird sicher eine große <u>Überraschung</u> werden.

🔍 해석

Nico	안녕. 너 우리가 주말에 생일파티를 준비해야 한다는 것을 기억하고 있니? 계획은 이미 시작했니?
Hannah	응, 당연하지. 하지만 아직 모든 것이 해결되지는 않았어. 이번에는 우리 중 많은 사람이 생일을 맞이했기 때문에 다양한 선물들을 준비해야만 해. 나는 어제 Miriam을 만나서 벌써 구매를 시작했어.
Nico	오, 너는 벌써 그렇게 많은 선물을 구매한 거야?
Hannah	응. 그런데 나는 Schiller 부인이 어떤 선물을 마음에 들어 할지 아직 확신이 없어.
Nico	나는 그녀가 책을 즐겨 읽는다는 것을 알고 있어. 책이라면 그녀가 확실히 기뻐할 거야.
Hannah	그거 잘됐다. 너는 Schiller 씨를 잘 아니?
Nico	아니. 하지만 내 기억에 그는 와인을 마시는 걸 좋아해. 우리는 그에게 와인 한 병을 선물할 수 있을 거야.
Hannah	좋은 생각이야. 여기 있는 이 가방 어떻게 생각해?
Nico	멋있네!
Hannah	누구를 위해 이 가방을 샀는지 맞혀봐.
Nico	아마도 Isabella를 위해서?
Hannah	아니, 그건 Nadine을 위한 거야. 일주일 전에 우리는 함께 쇼핑하러 갔었어. 그녀는 이 가방을 꽤 마음에 들어 했고 이것을 꼭 가지고 싶어 했어. 나는 이곳에 재고 정리 세일을 하는 기간에만 들어가.
Nico	그것은 멋지네. 나는 이미 Nadine의 얼굴을 상상할 수 있어. 그럼 너는 William과 Paula를 위해서는 어떤 선물을 가지고 있니?
Hannah	William은 음악을 듣는 것을 좋아해. 그래서 내가 CD를 가져왔어. 그리고 Paula는 꽃을 좋아해. 그래서 나는 튤립을 샀어.
Nico	그래, 나는 너의 아이디어가 정말 좋은 것 같아!
Hannah	그리고 이건 너를 위한 거야! 너도 곧 생일을 맞이하잖아, 그렇지? 나는 이 모자가 너한테 어울리리라 생각했어. 그것을 한번 써봐! 이것은 분명히 너의 마음에 들 거야.
Nico	와, 나는 네가 나를 위해 무언가를 마련했을 줄은 전혀 몰랐어. 이거 정말 멋지다. 정말 고마워!
Hannah	천만에! 그럼 우리 케이크는 하나만 사자. 그러면 우리는 모든 준비가 끝나!
Nico	그것은 분명 큰 뜻밖의 선물이 될 거야.

어휘 sich erinnern [v.] 기억하다 | organisieren [v.] ~를 준비하다, 계획하다 | haben...begonnen [v.] 시작했다 (beginnen의 현재완료) | die Planung [n.] 계획 | erledigt [a.] 끝난, 해결된 | verschieden [a.] 다양한 | die Vorbereitung [n.] 준비 | gefallen [v.] ~에게 맘에 들다 | bestimmt [adv.] 확실히 | sich auskennen [v.] 잘 알고 있다 | die Erinnerung [n.] 기억 | der Schlussverkauf [n.] 재고 정리 세일 | die Tulpe [n.] 튤립 | sich vorstellen [v.] 상상하다, 소개하다 | stehen [v.] (옷 따위가) 어울리다 | dachte [v.] 생각했다 (denken의 과거) | haben...gewusst [v.] 알았다 (wissen의 현재완료) | haben...besorgt [v.] 마련했다 (besorgen의 현재완료) | der Kuchen [n.] 케이크 | die Vorbereitung [n.] 준비 | die Überraschung [n.] 뜻밖의 선물

유형 3 ●●●●

당신은 5개의 짧은 대화를 듣게 됩니다. 각 본문을 한 번씩 듣게 됩니다.
11~15번까지의 대화를 듣고 정답을 a, b, c 중에서 고르세요.

▶ **Aufgabe 11**   〔MP3 02_07〕

📄 **Skript**

Mann	Guten Tag, Frau Schildkamp. Lange nicht mehr gesehen. Hatten Sie viel zu tun im Restaurant?
Frau	Ja, zurzeit kommen sehr viele Leute. Sind Sie jetzt frei?
Mann	Sicher, nehmen Sie Platz. Wie machen wir es heute? So wie immer?
Frau	Hmmm... Meine Haarfarbe gefällt mir nicht mehr. Ich hätte sie gern ein wenig heller.
Mann	Was halten Sie davon, wenn wir es blond machen? Ich zeige Ihnen das mal im Katalog.
Frau	Gute Idee.
Mann	Erstens werde ich Sie kämmen.
Frau	Nur ein paar Zentimeter schneiden. Ich will sie wachsen lassen.
Mann	So machen wir es.

🔍 **해석**

Mann	안녕하세요, Schildkamp 부인. 오랫동안 보지 못했네요. 식당 일이 아주 바빴나요?
Frau	네, 요즘 매우 많은 사람이 옵니다. 당신은 지금 시간이 있나요?
Mann	그럼요, 자리에 앉으세요. 우리 오늘은 어떻게 할까요? 언제나처럼 그렇게 할까요?
Frau	음... 저의 머리 색상은 더 이상 제 맘에 들지 않아요. 저는 조금 더 밝게 하고 싶어요.
Mann	금발로 하는 것은 어떻게 생각하세요? 제가 카탈로그로 한번 보여드릴게요.
Frau	좋은 생각이에요.
Mann	먼저 머리를 빗을게요.
Frau	단지 몇 센치만 자를게요. 저는 머리를 기르고 싶어요.
Mann	그렇게 할게요.

---

11 장소는 어디인가?

> **어휘** hatten viel zu tun 할 일이 많았다 | Platz nehmen [v.] 앉다, 자리 잡다 | die Haarfarbe [n.] 머리 색상 | halten [v.] ~으로 생각하다 | blond [a.] 금발의 | wachsen [v.] 자라다

▶ **Aufgabe 12**

 MP3 02_08

📄 Skript

Frau	Hallo, Martin. Ich brauche deine Hilfe.
Mann	Was ist denn los? Hast du wieder Probleme mit dem Computer?
Frau	Nein, dank deiner Hilfe ist alles einwandfrei. Aber mein Drucker funktioniert nicht mehr. Kann ich kurz zu dir kommen, um etwas auszudrucken?
Mann	Warum nicht, aber ich muss gleich losfahren. Ruf mich auf meinem Handy in 2 Stunden wieder an. Dann bis nachher!

🔍 해석

여자	안녕. Martin. 나는 너의 도움이 필요해.
남자	무슨 일이야? 너는 컴퓨터에 다시 문제가 생겼니?
여자	아니, 고마워 너의 도움으로 모든 것이 오류 없이 잘 돌아가. 그런데 내 프린터가 더 이상 작동하지 않아. 잠깐 인쇄하러 너의 집에 가도 될까?
남자	왜 안 되겠니. 그런데 나는 바로 나가야 해. 내 휴대폰으로 2시간 안에 다시 전화해. 그럼 나중에 보자!

12 무엇이 고장이 났는가?

a 　　　b 　　　c

> **어휘** funktionieren [v.] 작동하다 | mehr [adv.] 더 이상 | einwandfrei [a.] 오류가 없는 | der Drucker [n.] 프린터 | ausdrucken [v.] 인쇄하다 | gleich [adv.] 곧, 바로 | nachher [adv.] 나중에

▶ **Aufgabe 13**　　　　　　　　　　　　　　　　　　　　　　　MP3 02_09

📄 Skript

Mann　Hallo Frau Wenekamp, lange nicht gesehen! Wie geht's denn so?

Frau　Im Moment nicht so gut. Ich habe immer starke Kopfschmerzen.

Mann　Ach. Das tut mir aber leid. Sind Sie krank?

Frau　Nein. Aber Ihre Musik ist seit einer Woche wieder so laut. Ich glaube es liegt daran.

Mann　Tatsächlich? Eigentlich bin ich meistens nicht zu Hause. Aber meine Kinder sind oft da. Es kommen auch ab und zu ihre Freunde vorbei.

Frau　Da ich oft Kopfschmerzen habe, bitte ich Sie darum, abends die Musik auszumachen.

Mann　Das ist doch vollkommen klar. Ich spreche gleich mal mit meinen Kindern.

🔍 해석

남자　Wenekamp 부인 안녕하세요. 오랜만이에요! 잘 지내셨어요?

여자　요즘은 별로 좋지 않아요. 저는 항상 심한 두통도 있어요.

남자　아, 유감이에요. 당신은 아프신가요?

여자　이니요. 하지만 당신의 음악이 일주일 전부터 다시 너무 시끄러워요. 제 생각에는 그것 때문인 것 같아요.

남자　정말요? 저는 사실 거의 집에 없어요. 그러나 저의 아이들이 자주 있지요. 아이들의 친구들도 가끔 방문해요.

여자　제가 자주 두통이 있기 때문에 저녁에는 음악을 꺼 주시길 부탁드려요.

남자　당연히 그래야죠. 제가 바로 저의 아이들과 이야기할게요.

13　그녀는 무엇에 대해 이야기를 했었는가?

a 　　b 　　c

어휘　die Kopfschmerzen [n.] 두통 ┃ tatsächlich [a.] 실제의, 사실의 ┃ eigentlich [adv.] 원래 ┃ meistens [adv.] 대부분 ┃ ab und zu 가끔, 때때로 ┃ ausmachen [v.] 끄다 ┃ vollkommen [a.] 전적인, 완전한

▶ **Aufgabe 14**

(MP3 02_10)

📄 **Skript**

Mann	Frau Schulz, Ihr Mietvertrag ist fertig. Die monatliche Miete muss immer am ersten Tag des Monats bezahlt werden.
Frau	Das mache ich. Ich würde die Wohnung gerne noch einmal sehen, allerdings müsste ich vorher wissen, ob ich die Wohnung etwas später mieten könnte.
Mann	Ja, natürlich, wann Sie möchten. Sie könnten auch nächste Woche einziehen. Aber auf dem Vertrag fehlt noch Ihre Unterschrift.
Frau	Ach, das werde ich machen.
Mann	Gut, passt es Ihnen am Samstagvormittag?
Frau	Ja gut, so gegen 10 Uhr? Wie ist denn die Adresse?
Mann	Hohe Eich Straße 3. Gut, bis Samstag, 10 Uhr. Auf Wiederhören.
Frau	Auf Wiederhören.

🔍 **해석**

남자	Schulz 부인, 당신의 집 계약이 완료되었습니다. 월세는 항상 그달의 1일에 지급되어야만 합니다.
여자	그렇게 할게요. 저는 집을 다시 한번 보고 싶습니다만, 그 전에 제가 어느 정도 조금 지난 후에 집을 임대를 할 수 있는지를 알아야만 합니다.
남자	네, 당연하죠, 당신이 원하는 때에 하실 수 있습니다. 당신은 다음 주에도 이사하실 수 있습니다. 하지만 계약서에는 당신의 서명이 아직 빠져있어요.
여자	아, 그것은 제가 하겠습니다.
남자	좋아요, 당신은 토요일 오전에 괜찮은가요?
여자	네 좋아요, 10시쯤이요? 그런데 주소는 어떻게 되나요?
남자	Hohe Eich 거리 3번지예요. 좋아요, 토요일 10시에 뵐게요. 안녕히 계세요.
여자	안녕히 계세요.

---

14 집 계약에 무엇이 부족한가?

a		c

🔹 **어휘** der Mietvertrag [n.] 집 계약 | monatlich [a.] 매달의 | die Wohnung [n.] 집 | einziehen [v.] 이사 들어오다 | der Vertrag [n.] 계약 | fehlen [v.] 부족하다 | die Unterschrift [n.] 서명 | vorbeikommen [v.] 들르다 | jeder Zeit 언제든지 | vereinbaren [v.] 협정하다, 약속하다

▶ **Aufgabe 15**　　　　　　　　　　　　　　　　　　　　　　

Mann　Entschuldigung, Ich bin neu hier. Wie komme ich zum Rathaus?

Frau　Gehen Sie zuerst geradeaus und biegen Sie dann bei der nächsten Kreuzung links ab. Danach gehen Sie noch 50 Meter geradeaus und dann sehen Sie schon das Rathaus.

Mann　Es ist ein bisschen kompliziert. Wie heißt die Straße hier? Könnten Sie mir bitte den Weg mit einer Zeichnung erklären?

Frau　Hier ist Königstraße 13. Ich werde mal kurz den Weg zeichnen.

Mann　Vielen Dank.

🔍 **해석**

남자　실례합니다. 저는 이곳이 처음입니다. 시청은 어떻게 가야 하나요?

여자　당신은 먼저 직진하시고 그다음 교차로에서 좌측으로 꺾으세요. 그다음에 50m를 더 직진하시면 시청이 벌써 보이실 거예요.

남자　그것은 조금 복잡하네요. 이곳 거리 이름이 무엇인가요? 저에게 그림으로 길을 설명해 주실 수 있나요?

여자　이곳은 König거리 13입니다. 제가 잠시 길을 그려 볼게요.

남자　매우 감사합니다.

15　그는 어떻게 가야 하는가?

ⓐ　　ⓑ　　☒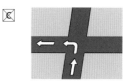

🔊 **어휘**　das Rathaus [n.] 시청 ｜ zuerst [adv.] 우선, 먼저 ｜ abbiegen [v.] 옆으로 굽다, 방향이 바뀌다 ｜ die Kreuzung [n.] 교차로 ｜ kompliziert [a.] 복잡한 ｜ erklären [v.] 설명하다 ｜ zeichnen [v.] 스케치하다

유형 4 ••••

당신은 하나의 인터뷰를 듣게 됩니다. 본문은 두 번 듣게 됩니다.
16–20번까지의 문제가 옳은지 또는 틀렸는지 선택하세요. 이제 문제를 들어 봅시다.

예시

0	Miriam은 TV 프로그램에 출연중이다.	Ja	~~Nein~~

16	Miriam은 국제 관광 대학교의 학생이었다.	~~Ja~~	Nein

17	그녀는 과한 스트레스 때문에 그녀의 첫 직장을 그만 두었다.	Ja	~~Nein~~

18	그녀는 즉시 그녀의 두 번째 일을 찾았다.	Ja	~~Nein~~

19	심사숙고 후 그녀는 요리사로서 일하는 것을 결정하였다.	Ja	~~Nein~~

20	그녀는 일에 만족한다.	~~Ja~~	Nein

> **어휘** die Internazionallen Tourismus Uni [n.] 국제 관광 대학교 | **haben...aufgehört** [v.] 그만두었다
> (aufhören의 현재완료) | **haben...gefunden** [v.] 발견했다 (finden의 현재완료) | **die Überlegung** [n.]
> 심사숙고 | **sich haben entschieden** [v.] 결정했다 (entscheiden의 현재완료) | **zufrieden** [a.] 만족한

▶ **Aufgabe 16 bis 20** (MP3 02_12)

📄 Skript

Moderator	Guten Tag Miriam. Willkommen zu unserer <u>Radiosendung</u> „Wie kann ich einen Job finden?", nehmen Sie Platz.
Miriam	Guten Tag! Ich freue mich hier zu sein.
Moderator	Dann, sprechen wir ein bisschen über Sie. Was haben Sie studiert und wo haben Sie gearbeitet?
Miriam	Ich bin eine <u>Absolventin</u> der <u>Internationallen Tourismus Uni</u> und habe für zwei Jahre in einer <u>Tourismusagentur</u> gearbeitet.

Moderator	Was waren Ihre Aufgaben dort?
Miriam	Ich war Tourismusagent, die Schnittstelle zwischen der Firma und den Klienten, die dort kamen. Ich sollte ihnen die Ferienangebote vorstellen und sie beraten. Ich hatte aber dabei zu viel Stress. Und etwas ist mit der Firma passiert.
Moderator	Was ist denn mit der Firma passiert?
Miriam	Die Firma ging Bankrott aufgrund der Wirtschaftskrise. Ich musste was anderes finden.
Moderator	Ach so. Erzählen Sie weiter über Ihre Erfahrungen. Wie haben Sie Ihre neue Arbeit gefunden?
Miriam	Ich war lange <u>arbeitslos</u>. Ich <u>hatte mich bemüht</u>, einen Job zu finden. Aber ich hatte kein Glück gehabt. Obwohl ich im Internet bei vielen <u>Jobbörsen nachgeschaut habe</u>, gab es keinen Job für mich. Manchmal habe ich auch in der <u>Zeitung</u> oder im Supermarkt <u>am schwarzen Brett</u> nachgesehen. Dort habe ich oft eine <u>Stellenanzeige</u> für eine <u>Kellnerin</u> gesehen.
Moderator	<u>Haben</u> Sie <u>sich</u> dafür <u>beworben</u>?
Miriam	Nein, ich wollte lieber das machen, was mir Spaß macht. Daher <u>habe</u> ich <u>mich entschieden</u>, nicht als Kellnerin, sondern als Köchin zu arbeiten. Es hat 2 Jahre gedauert aber ich <u>habe es geschafft</u>.
Moderator	Und wie ist die Arbeit? Gefällt es Ihnen?
Miriam	Anfangs war es schwierig, weil ich keine <u>Erfahrungen</u> als Köchin hatte. Deswegen habe ich erst als <u>Aushilfe</u> gearbeitet. Meinem Chef <u>habe</u> ich zunächst bei einfachen Sachen <u>geholfen</u>. Jetzt kann ich viel besser kochen. Ich arbeite von 10 bis 21 Uhr. Das Wichtigste ist, dass es Spaß macht.
Moderator	Das heißt, Sie sind mit der neuen Arbeit <u>zufrieden</u>?
Miriam	Ja, ich bin sehr zufrieden.
Moderator	Miriam, ich danke Ihnen für das interessante Gespräch..

🔍 해석

사회자	안녕하세요, Miriam씨 우리의 라디오 방송 "어떻게 제가 일자리를 찾을 수 있을까요?"에 오신 것을 환영합니다. 자리에 앉으세요.
Miriam	안녕하세요! 이곳에 있을 수 있음에 기쁘네요.
사회자	그럼, 우리 당신에 대해서 조금 이야기해볼게요. 당신은 어떤 공부를 하셨나요 그리고 어디에서 일하셨나요?
Miriam	저는 국제관광대학을 졸업하고 2년 동안 관광청에서 일했습니다.
사회자	그곳에서의 당신의 책임은 무엇이었나요?
Miriam	저는 그곳으로 오는 회사와 고객 사이를 연결해주는 여행중개사였습니다. 저는 그들에게 휴가 정보를 소개하고, 그들에게 조언을 해주었습니다. 저는 하지만 매우 많은 스트레스가 있었습니다. 그리고 회사에 어떤 일이 일어났습니다.

사회자	회사에 무슨 일이 일어났습니까?
Miriam	회사가 경제위기로 파산했습니다. 저는 무언가 다른 직업을 찾아야만 했습니다.
사회자	그렇군요. 당신의 경험에 대하여 계속해서 이야기해 주세요. 당신은 어떻게 새로운 직업을 찾으셨나요?
Miriam	저는 오랫동안 실업 상태였어요. 저는 일자리를 찾으려고 노력했습니다. 그러나 저는 운이 없었어요. 인터넷에서 많은 채용 공고를 찾아보았음에도 불구하고 저를 위한 직업은 없었습니다. 때때로 저는 신문도 보고 슈퍼마켓 게시판 벽보를 확인하기도 했어요. 그곳에서 저는 자주 웨이터에 대한 구인광고를 보았어요.
사회자	당신은 그럼 그곳에 지원했나요?
Miriam	아니요, 저는 차라리 저에게 재미있는 일을 하고 싶었어요. 그런 이유로 저는 웨이터가 아닌 요리사로서 일하기로 결정했어요. 2년이 걸렸지만 저는 해냈습니다.
사회자	그래서 일은 어때요? 당신의 마음에 드나요?
Miriam	처음에는 요리사로서 경험이 없었기 때문에 어려웠어요. 그래서 처음에는 임시 직원으로 일했어요. 처음에 저는 저의 요리사 옆에서 쉬운 일들을 도왔어요. 지금은 훨씬 더 요리를 잘할 수 있어요. 저는 10시부터 21시까지 일해요. 가장 중요한 것은 그것이 저에게 즐겁다는 것입니다.
사회자	그 말은, 당신은 새로운 일에 만족한다는 거네요?
Miriam	네, 저는 아주 만족해요.
사회자	Miriam, 저는 당신에게 흥미로운 인터뷰에 대하여 감사드려요.

어휘 die Radiosendung [n.] 라디오 방송 | die Absolventin [n.] (여)졸업생 | die Internazionallen Tourismus Uni 국제관광 대학교 | die Tourismusagentur [n.] 여행중개소(여행사) | der Tourismusagent [n.] 여행중개사 | arbeitslos [a.] 실직 중인 | sich hatten...bemüht [v.] 애를 썼다 (bemühen의 과거완료) | die Jobbörse [n.] 채용 공고 | haben...nachgeschaut [v.] 점검했다, 확인했다 (nachschauen의 현재완료) | die Zeitung [n.] 신문 | am schwarzen Brett 게시판에서 | die Stellenanzeige [n.] 채용공고, 게시 | die Kellerin [n.] (여)웨이터 | sich haben...beworben [v.] 지원했다 (bewerben의 현재완료) | sich haben...entschieden [v.] 결정했다 (entscheiden의 현재완료) | die Köchin [n.] (여)요리사 | haben...geschafft [v.] 해냈다 (schaffen의 현재완료) | die Erfahrung [n.] 경험 | die Aushilfe [n.] 임시 고용인, 보조 도우미 | haben...geholfen [v.] 도와주었다 (helfen의 현재완료) | zufrieden [a.] 만족한, 행복한

🔑 실전모의고사 ┊ **제2회** SCHREIBEN

유형 1 • • • •

Sie sind in einer halben Stunde mit Ihrer Arbeit fertig und schreiben eine SMS an Ihren Freund Thomas.

– Schreiben Sie, dass Sie ihn treffen möchten.

– Schreiben Sie, warum.

– Nennen Sie einen Treffpunkt und eine Uhrzeit.

Schreiben Sie 20-30 Wörter.
Schreiben Sie zu allen drei Punkten.

당신은 30분 안에 일을 마치고 당신의 친구 Thomas에게 SMS를 씁니다.

– 당신이 그를 만나고 싶어 한다고 쓰세요.
– 이유를 적으세요.
– 장소와 시간을 알려주세요.

20-30개의 단어로 적으세요.
3개의 모든 관점에 대하여 적으세요.

예시 답안

Hallo Thomas! Ich bin in 30 Minuten mit meiner Arbeit fertig. Ich habe mit dir etwas zu besprechen, deshalb will ich dich treffen. Also passt es dir um halb sieben im Cafe „Brench"? Bis gleich! ☺

해석

안녕 Thomas! 나는 30분 안에 일이 끝나. 나는 너와 함께 의논할 일이 있어. 그래서 너를 만나고 싶어. 그럼 6:30에 카페 "Brench"에서 괜찮아? 곧 보자! ☺

어휘 besprechen [v.] 의논하다 | sich treffen [v.] 만나다 | passen [v.] 좋다

유형 2 ●●●●

Sie haben einen Führerschein gemacht. Ihr Fahrlehrer, Herr Widmer hat Ihnen eine kleine Tour vorgeschlagen. Schreiben Sie Herrn Widmer eine E-Mail.

– Sagen Sie, wie Sie die Idee finden und dass Sie mitmachen wollen.

– Informieren Sie sich, ob noch jemand mitkommt.

– Fragen Sie nach dem Zielort und nach der Uhrzeit.

Schreiben Sie 30-40 Wörter.
Schreiben Sie zu allen drei Punkten.

당신은 면허증을 땄습니다. 당신의 운전 교사 Widmer 씨는 당신에게 단거리 주행을
제안하였습니다. Widmer 씨에게 메일을 적으세요.

– 당신이 그 아이디어에 대하여 어떻게 생각하는지 이야기하고 함께 하기를 원한다고 말하세요.
– 누군가가 더 오는지 정보를 알아보세요.
– 목적지와 만나는 시간에 대하여 물어보세요.

30–40개의 단어로 적으세요.
3개의 모든 관점에 대하여 적으세요.

💬 **예시 답안**

Lieber Herr Widmer,
vielen Dank für die Mail! Eine Tour ist wirklich ein toller Vorschlag! Ich will auch mitmachen.
Kommen auch noch andere Leute mit? Ich hätte am Wochenende Zeit. Und wo und wann
treffen wir uns am besten?

Liebe Grüße
Emmi Myer

🔍 **해석**

친애하는 Widmer씨,
메일을 보내주셔서 매우 감사드립니다! 단거리 주행을 하는 것은 실제로 좋은 제안인 것 같아요! 저도 함께
하고 싶어요. 다른 사람들도 함께 오나요? 저는 주말에 시간이 있어요. 그리고 우리는 어디서 그리고 언제
만나는 것이 가장 좋을까요?

사랑과 안부를 담아
Emmi Myer

◀ **어휘** **wirklich** [adv.] 실제로 | **der Vorschlag** [n.] 제안 | **mitkommen** [v.] 함께 오다

유형 1 ● ● ● ●

당신은 4개의 카드를 받습니다. 카드에 적힌 주제를 가지고 4개의 질문을 만들고, 파트너에게
질문하고, 대답하는 시험 유형입니다.

시험 카드는 다음과 같은 모양입니다.

샘플 영상 보기▶

참가자 A

MP3 02_13

| GOETHE-ZERTIFIKAT A2   Sprechen Teil 1 |
| Fragen zur Person |
| **Kinder?** |

| GOETHE-ZERTIFIKAT A2   Sprechen Teil 1 |
| Fragen zur Person |
| **Lieblingsessen?** |

| GOETHE-ZERTIFIKAT A2   Sprechen Teil 1 |
| Fragen zur Person |
| **Alter?** |

| GOETHE-ZERTIFIKAT A2   Sprechen Teil 1 |
| Fragen zur Person |
| **Reisen?** |

Kinder 아이들

예시 답안

A　Haben Sie Kinder?
B　Ich habe drei Kinder. Zwei Töchter und einen Sohn.

해석

A　당신은 아이들이 있나요?
B　저는 3명의 아이가 있습니다. 두 명의 딸과 한 명의 아들이 있습니다.

Lieblingsessen 가장 좋아하는 음식

예시 답안

A　Was essen Sie am liebsten?
B　Mein Lieblingsessen ist Pizza.

해석

A　당신은 무엇을 가장 즐겨먹나요?
B　내가 가장 좋아하는 음식은 피자입니다.

어휘 das Lieblingsessen [n.] 가장 좋아하는 음식 | essen [v.] 먹다 | am liebsten 가장 좋아하는 (gern의 최상급)

Alter 나이

예시 답안

A   Wie alt bist du?

B   Ich bin 30 Jahre alt. Das Alter gefällt mir, da ich endlich nicht mehr lernen muss.

해석

A   너는 몇 살이니?

B   나는 30살이야. 나는 이 나이가 마음에 들어. 왜냐하면 내가 마침내 더 이상 공부하지 않아도 되거든.

어휘   das Alter [n.] 나이 | gefallen [v.] 누구의 마음에 들다 | endlich [adv.] 마침내 | müssen [v.] ~해야만 한다 (화법조동사) | lernen [v.] 공부하다, 배우다

Reisen 여행

예시 답안

A   Welche Reise war deine schönste Reise?

B   Das war die Reise nach Frankreich. Letztes Jahr bin ich mit meiner Familie dort gewesen. Dort haben wir viele Sehenswürdigkeiten gesehen.

해석

A   어떤 여행이 너의 가장 아름다운 여행이었니?

B   그건 프랑스로 갔던 여행이야. 작년에 나는 가족과 함께 그곳에 있었어. 그곳에서 우리들은 많은 명소들을 보았어.

어휘   die Reise [n.] 여행 | sein...gewesen [v.] ~에 있었다 (sein의 현재완료) | haben...gesehen [v.] 보았다 (sehen의 현재완료) | die Sehenswürdigkeit [n.] 명소

참가자 B

MP3 02_14

GOETHE-ZERTIFIKAT A2 Sprechen Teil 1
Fragen zur Person
Musik?

GOETHE-ZERTIFIKAT A2 Sprechen Teil 1
Fragen zur Person
Internet?

GOETHE-ZERTIFIKAT A2 Sprechen Teil 1
Fragen zur Person
Ferien?

GOETHE-ZERTIFIKAT A2 Sprechen Teil 1
Fragen zur Person
Ausland?

Musik 음악

예시 답안

A Welche Musik hörst du am liebsten?
B Meine Lieblingsmusik ist klassische Musik.

해석

A 너는 어떤 음악을 가장 즐겨 듣니?
B 내가 가장 좋아하는 음악은 클래식 음악이야.

어휘 die Lieblingsmusik [n.] 가장 좋아하는 음악 | klassische Musik [n.] 클래식 음악

Internet 인터넷

예시 답안

A Wie lange nutzt du das Internet am Tag?
B Ich nutze das Internet circa zwei Stunden am Tag.

해석

A 너는 매일 얼마나 오래 인터넷을 사용하니?
B 나는 매일 대략 두 시간 정도 인터넷을 사용해.

어휘 nutzen [v.] 사용하다 | am Tag 하루에

Ferien 휴가

예시 답안

A Wohin fahren Sie in den Ferien? / Wo verbringen Sie die Ferien?

B Ich fahre nach Konstanz. Ich werde die Ferien am Bodensee verbringen.

해석

A 당신은 어디로 휴가를 갑니까? / 당신은 어디에서 휴가를 보냅니까?

B 저는 Konstanz로 갑니다. 저는 Bodensee에서 휴가를 보낼 거예요.

어휘 **Konstanz** (고유명사) 도시 이름 | **verbringen** [v.] (시간을) 보내다 | **der Bodensee** [n.] (고유명사) 독일과 스위스 경계에 있는 호수 이름

Ausland 외국

예시 답안

A Machst du manchmal Urlaub im Ausland?

B Ja, ich war letztes Jahr in Prag, um mich zu erholen.

해석

A 너는 가끔 외국에서 휴가를 보내니?

B 응, 나는 작년에 휴식을 취하기 위해서 프라하에 있었어.

어휘 **manchmal** [adv.] 가끔, 때때로 | **sich erholen** [v.] 휴양하다, (원래대로) 회복하다

유형 2 ●●●○

Aufgabenkarte A

Sie bekommen eine Karte und erzählen etwas über Ihr Leben.

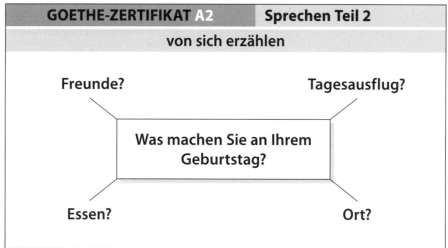

▶ Freunde?

▶ Tagesausflug?

▶ Essen?

▶ Ort?

과제카드 A

(MP3 02_15)

당신은 카드를 받게 되고 당신 삶에 대해 설명해야 합니다.

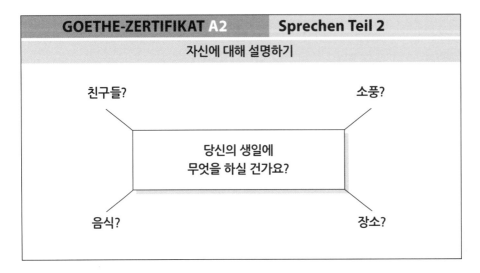

GOETHE-ZERTIFIKAT A2	Sprechen Teil 2

자신에 대해 설명하기

친구들?   소풍?

**당신의 생일에
무엇을 하실 건가요?**

음식?   장소?

💬 예시 답안

Frage 1: Freunde?

Antwort A   Ich und meine Freunde lieben es an Geburtstagen Bowling spielen zu gehen. Wir bilden da immer zwei Gruppen und spielen gegeneinander. Das macht besonders viel Spaß!

Antwort B   Meine Freundin macht oft Kostüm-Partys, wo jeder was Besonderes anziehen muss, sonst kann man nicht an der Party teilnehmen.

Frage 2: Tagesausflug?

Antwort A   Manchmal besuchen wir verschiedene Städte, die beieinander liegen und nicht so weit entfernt sind. Dort besuchen wir mehrere berühmte Orte und machen viele Erinnerungsfotos. Natürlich essen wir zum Schluss ein Stück Kuchen.

Antwort B   Wenn ich Geburtstag habe, gehe ich ab und zu mit meiner Familie zum Campen, wo wir eine Grillhütte mieten. Es wird den ganzen Tag gegrillt.

Frage 3: Essen?

Antwort A   An meinen Geburtstag bereite ich meistens viele verschiedene Gerichte mit meiner Mutter vor. Morgens beginnen wir mit den Vorbereitungen.

Antwort B   Meistens bestelle ich Pizza und besorge die Getränke schon einen Tag vorher. Natürlich darf Alkohol nicht fehlen.

Frage 4: Ort?

Antwort A Ich feiere meistens meinen Geburtstag zu Hause. Da werden alle meine engen Freunde nach Hause eingeladen. Und wir feiern bis spät in die Nacht.

Antwort B Wenn ich Geburtstag habe treffe ich meine Freunde in Gangnam oder in Itaewon. Da gibt es die unterschiedlichsten Restaurants und Cafés.

🔍 해석

질문 1. 친구들?

대답 A 저와 제 친구들은 생일날 볼링 게임을 하러 가는 것을 좋아합니다. 우리는 항상 두 개의 그룹을 만들고 서로 대결합니다. 그것은 특별히 아주 재있습니다.

대답 B 제 여자 친구는 모든 사람이 뭐가 특별한 것을 입어야 하는 의상 파티를 자주 합니다. 그렇지 않으면 그 파티에 참석할 수 없습니다.

질문 2. 당일 소풍?

대답 A 우리는 가끔 너무 멀리 있지 않고, 나란히 위치한 여러 도시를 방문합니다. 그곳에서 우리는 더 많은 장소를 방문하고 많은 추억 사진을 찍습니다. 당연히 마지막에는 케이크 한 조각을 먹습니다.

대답 B 저는 생일이면 가끔 우리 가족들과 <u>바비큐를 할 수 있는 장소를 빌릴 수 있는</u> 곳으로 캠핑을 하러 갑니다. 온종일 바비큐를 하게 됩니다.

질문 3. 음식?

대답 A 저는 생일날 대부분 저의 엄마와 함께 여러 가지의 많은 음식을 준비합니다. 우리는 아침에 준비를 시작합니다.

대답 B 주로 저는 피자를 주문하고 음료는 하루 전에 준비합니다. 당연히 술이 빠지면 안 됩니다.

질문 4. 장소?

대답 A 저는 저의 생일을 거의 집에서 파티를 합니다. 그때 저의 모든 친한 친구들을 집으로 초대됩니다. 그리고 우리는 늦은 저녁까지 파티를 합니다.

대답 B 저는 생일날 강남 혹은 이태원에서 저의 친구들을 만납니다. 그 곳에는 가장 다양한 식당과 카페가 있습니다.

어휘 das Bowling [n.] 볼링 | bilden [v.] 조직하다 | gegeneinander [adv.] 서로서로 | anziehen [v.] 입다 | teilnehmen [v.] 참가하다, 참석하다 | beieinander [a.] 나란히 | das Erinnerungsfoto [n.] 추억 사진 | werden...gegrillt [v.] 바베큐를 하게 되다 (grillen의 수동태) | die Vorbereitung [n.] 준비 | besorgen [v.] 마련하다 | fehlen [v.] ~이 없다 | werden...eingeladen [v.] 초대되다 (einladen의 수동태) | unterschiedlich [a.] 여러 가지의, 다양한

| 참고 | 시험관의 예상 질문

예시 질문

1. Was für ein Kostüm muss man für die Party anziehen?

2. In welcher Stadt befindet sich der Campingplatz?

3. Was machen Sie in den Ferien?

4. Wie lange feiern Sie normalerweise?

예시 답안

1. Letztes Mal war es ein Dirndl. Das Thema war Deutschland.
2. Es gibt viele Orte, z.B. Paju oder in Yangpyung.
3. Wir hören sehr laut Musik und spielen Gemeinschaftsspiele.
4. Wir fangen gegen 7 Uhr an und feiern bis 11 oder 12 Uhr.

해석

1. 파티를 위해 어떤 의상을 입어야 합니까?
   → 지난번에는 독일 전통 소녀 옷차림을 했었습니다. 주제는 독일이었습니다.

2. 어느 도시에 캠핑할 수 있는 장소가 있습니까?
   → 많은 장소가 있습니다. 예를 들어 파주 또는 양평이 있습니다.

3. 당신은 휴가 기간에 무엇을 합니까?
   → 우리는 음악을 크게 듣고 단체 게임을 합니다.

4. 당신은 보통 얼마나 오래 축제를 합니까?
   → 우리는 7시쯤에 시작해서 11시나 12시까지 축제를 합니다.

그 외 질문

Beschweren sich Ihre Nachbarn nicht, wenn Sie zu Hause feiern?
Was bringen Ihre Freunde mit?

해석

집에서 파티하면 이웃들이 불만을 호소하지 않나요?
당신의 친구들은 무엇을 가지고 오나요?

어휘 das Dirndl [n.] 독일 전통 의상 | Gemeinschaftsspiele [n.] 단체 게임 | sich beschweren [v.] 불만을 호소하다 | mitbringen [v.] 가지고 오다

유형 2 ●●●●

Aufgabenkarte B

Sie bekommen eine Karte und erzählen etwas über Ihr Leben.

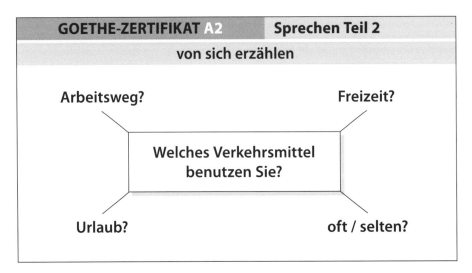

▶ Arbeitsweg?

▶ Freizeit?

▶ Urlaub?

▶ oft / selten?

과제카드 B

MP3 02_16

당신은 카드를 받게 되고 당신 삶에 대해 설명해야 합니다.

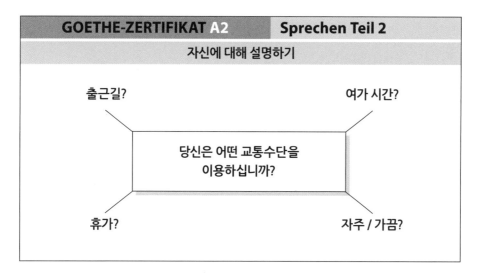

| GOETHE-ZERTIFIKAT A2 | Sprechen Teil 2 |

자신에 대해 설명하기

출근길?

여가 시간?

당신은 어떤 교통수단을
이용하십니까?

휴가?

자주 / 가끔?

예시 답안

Frage 1: Arbeitsweg?

Antwort A   Wenn ich zur Arbeit fahre, brauche ich ungefähr 40 Minuten. Normalerweise fahre ich mit meinem Auto, weil ich oft viele Sachen mitnehmen muss. Und ich muss oft Kunden besuchen. Das geht ohne Auto nicht.

Antwort B   Zur Arbeit fahre ich mit der Bahn. Aber ich fahre manchmal mit dem Auto, wenn es regnet, weil sonst die Fahrt zu lang dauert.

Frage 2: Freizeit?

Antwort A   In der Freizeit fahre ich nicht oft mit dem Auto. Ich fahre wochentags zu viel Auto. Deshalb nehme ich mein Fahrrad oder hier in der Stadt fahre ich manchmal mit dem Bus.

Antwort B   Ich fahre meistens mit der U-Bahn, weil es schneller geht, als mit dem Bus, der länger braucht und ab und zu unbequem ist.

Frage 3: Urlaub?

Antwort A   Letztes Jahr bin ich mit dem Flugzeug nach Europa gereist. Busreisen mag ich nicht, weil es länger dauert.

Antwort B   Im Urlaub nehme ich manchmal den Zug oder das Auto. Aber ich fahre lieber mit dem Auto, weil ich im Urlaub viele Dinge brauche. Wenn ich ins Ausland fliege, nehme ich das Flugzeug. Meine letzte Reise war nach Paris.

Frage 4: oft / selten?

Antwort A Oft fahre ich mit dem Taxi. Jetzt kann man auch ein Taxi mit dem Smartphone rufen. Das ist sehr bequem. Sehr selten fahre ich auch mit dem Zug.

Antwort B Ich fahre sehr oft mit dem Zug. Das dauert zwar länger, aber ist günstiger als ein Taxi. Die Züge fahren jede Stunde und es gibt Gruppen- und Studentenermäßigungen.

해석

질문 1. 출근길?

대답 A 제가 일을 하러 갈 때면, 대략 40분이 필요합니다. 보통 저는 저의 자동차를 타고 갑니다. 왜냐하면 저는 자주 많은 물건을 가지고 다녀야 하기 때문입니다. 그리고 저는 자주 손님을 방문해야 합니다. 그것은 자동차가 없이는 가능하지 않습니다.

대답 B 저는 일하러 갈 때는 지하철을 이용합니다. 하지만 비가 오는 날에는, 가끔 자동차를 탑니다. 그렇지 않으면 운행이 너무 길어지기 때문입니다.

질문 2. 여가 시간?

대답 A 저는 여가시간에는 자동차를 자주 타지 않습니다. 저는 평일에 자동차를 너무 많이 탑니다. 그래서 자전거를 타거나 이곳 시내에서는 가끔 버스를 탑니다.

대답 B 저는 대부분 지하철을 탑니다. 왜냐하면 버스를 탔을 때 보다 좀 더 일찍 도착할 수 있습니다. 그리고 버스는 가끔 불편합니다.

질문 3. 휴가?

대답 A 저는 작년에 비행기로 유럽으로 여행을 갔습니다. 저는 버스 여행을 좋아하지 않습니다, 왜냐하면 시간이 더 오래 걸리기 때문입니다.

대답 B 저는 휴가 때에는 가끔 기차를 이용하거나, 자동차를 이용합니다. 하지만 저는 자동차를 이용하는 것을 더 즐깁니다. 왜냐하면 휴가 때에는 많은 물건이 필요하기 때문입니다. 제가 외국으로 갈 때는 비행기를 이용합니다. 저의 마지막 여행은 파리로 간 여행이었습니다.

질문 4. 자주 / 가끔?

대답 A 저는 자주 택시를 이용합니다. 요즘은 택시를 스마트폰으로 부를 수 있습니다. 그것은 정말 편안합니다. 제가 멀리 가야 할 때면, 저도 아주 가끔은 기차를 탑니다.

대답 B 저는 매우 자주 기차를 탑니다. 그것은 비록 오래 걸리지만 택시보다 저렴합니다. 기차들은 시간마다 탈 수 있으며 그룹이나 학생 할인도 있습니다.

어휘 zur Arbeit 일하러 | mitnehmen [v.] 가지고 가다 | dauern [v.] (시간이) 걸리다 | normalerweise [adv.] 보통, 일반적으로 | oft [adv.] 자주 | der Kunde [n.] 손님 | manchmal [adv.] 가끔 | wochentags [adv.] 평일에 | unbequem [a.] 불편한 | sein...gereist [v.] 여행했다 (reisen의 현재완료) | bequem [a.] 편안한, 편리한 | selten [adv.] 드물게, 극히 | das Flugzeug [n.] 비행기 | länger [a.] 더 오래 (lang의 비교급) | die Studentenermäßigung [n.] 학생 할인

| 참고 | 시험관의 예상 질문

예시 질문

1. Womit fahren Sie zur Arbeit?

2. Fahren Sie nie mit dem Zug?

3. Mit welchem Verkehrsmittel fahren Sie am liebsten?

4. Welches Land gefällt Ihnen am besten?

예시 답안

1. Ich fahre meistens mit dem Auto.
2. Nein, ich fahre lieber mit dem Fahrrad, aber manchmal nehme ich auch den Zug.
3. Ich nehme am liebsten ein Taxi, weil es sehr bequem ist.
4. England. Dort konnte ich viele Musicals besuchen.

해석

1. 당신은 무엇을 타고 출근하세요?
   → 저는 대부분 자동차로 출근합니다.

2. 당신은 기차는 전혀 타지 않으시나요?
   → 아니요, 저는 자전거를 더 즐겨 탑니다. 하지만 가끔은 기차를 타요.

3. 당신은 어떤 교통수단을 가장 즐겨 이용하세요?
   → 저는 택시를 가장 즐겨 탑니다, 왜냐하면 그것은 매우 편리하기 때문입니다.

4. 당신에게 어느 나라가 가장 맘에 들었나요?
   → 영국이요. 그곳에서 저는 많은 뮤지컬을 방문할 수 있었습니다.

그 외 질문

Fahren Sie mit dem Bus oder mit der U-Bahn?
Welche Verkehrsmittel benutzen Sie im Urlaub?

해석

당신은 버스를 타나요, 아니면 지하철을 타나요?
당신은 휴가 중에 어떤 교통수단을 이용합니까?

어휘 meistens [adv.] 거의 | nie [adv.] 전혀 | am liebsten 가장 좋아하는 | bequem [a.] 편안한 | fanden [v.] 느꼈다, 생각했다 (finden의 과거) | am besten 가장 좋은 | konnten [v.] ~을 할 수 있었다 (können의 과거) | das Musical [n.] 뮤지컬

유형 3 ●●●●

Eine gemeinsame Aktivität aushandeln.

Ihre Freunde Melissa und Lukas heiraten. Sie möchten ein Geschenk für die beiden kaufen. Finden Sie einen Termin.

A

Mittwoch	
7:00	
8:00	Frühstück
9:00	
10:00	Auto von Werkstatt abholen
11:00	
12:00	am Computer arbeiten
13:00	
14:00	
15:00	
16:00	
17:00	Konzertprobe
18:00	
19:00	
20:00	mit Markus ausgehen
21:00	

B

Mittwoch	
7:00	
8:00	
9:00	im Garten arbeiten
10:00	
11:00	
12:00	
13:00	Zahnarzt
14:00	
15:00	Deutschkurs
16:00	
17:00	
18:00	
19:00	Essen mit Eltern
20:00	
21:00	

공동의 활동에 대한 협상하기

MP3 02_17

당신의 친구들인 Melissa와 Lukas는 결혼을 합니다.

당신은 그 두 사람을 위해 선물을 구매하려고 합니다. 약속 시간을 찾으세요.

A

수요일	
7:00	
8:00	아침 식사
9:00	
10:00	정비소에서 자동차 가져오기
11:00	
12:00	컴퓨터로 일하기
13:00	
14:00	
15:00	
16:00	
17:00	콘서트 리허설
18:00	
19:00	
20:00	Markus와 외출
21:00	

B

수요일	
7:00	
8:00	
9:00	정원에서 일하기
10:00	
11:00	
12:00	
13:00	치과
14:00	독일어 수업
15:00	
16:00	
17:00	
18:00	
19:00	부모님과 식사
20:00	
21:00	

🔍 예시 답안

A Bald findet die Hochzeit von Melissa und Lukas statt. Wir wollten doch für die beiden ein besonderes Geschenk besorgen. Welches für sie unvergesslich wird. Wollen wir heute zusammen ein Geschenk kaufen gehen?

B Ja, stimmt. Hast du vielleicht einen Vorschlag? Was könnten wir zusammen kaufen?

A Hmm... Ich habe keine Ahnung. Ich denke, es ist am besten, wenn wir ins Kaufhaus gehen. Dort finden wir sicher ein tolles Geschenk.

B Das ist eine hervorragende Idee. Oder wir können zusammen im Internet surfen und ein preiswertes Geschenk bestellen. Wann hättest du Zeit?

A Warte mal. Hättest du um 11 Uhr Zeit?

B Nein, das geht leider nicht. Da muss ich Gartenarbeit machen. Mein Vater kann es nicht alleine erledigen, deshalb möchte ich ihm ab 9 Uhr helfen. Wie wäre es um 12 Uhr?

A Schade, da muss ich leider arbeiten. Ich muss meinen Bericht bis nächsten Montag fertigstellen und auf unserer Firmenhomepage hochladen. Passt es dir vielleicht um 13 Uhr?

B Das passt mir auch nicht. Da habe ich einen Termin beim Zahnarzt. Es gab diese Woche nur noch diesen Termin. Zurzeit sind meine Schmerzen zu groß geworden, deswegen muss ich sie so schnell wie möglich behandeln lassen. Kannst du vielleicht um 17 Uhr?

A Diesmal geht es auch nicht. Um 17 Uhr habe ich leider eine Konzertprobe für das Konzert nächste Woche. Ich muss unbedingt vor dem Konzert noch ein paar mal üben. Es dauert eine Stunde. Geht es bei dir am Abend um 19 Uhr?

B Das sieht wieder nicht gut aus. Um 19 Uhr muss ich bei meinen Eltern sein und ich muss mit ihnen zusammen essen. Aber danach bin ich verfügbar. Kannst du auch?

A An dem Tag habe ich um 20 Uhr eine Verabredung mit meinem Freund Markus. Aber ab 21 Uhr habe ich Zeit für dich.

B Das ist super! Lass uns dann um 21 Uhr treffen. Bis dann!

🔍 해석

A 곧 Melissa와 Lukas의 결혼식이 열려. 우리는 그 두 사람을 위해서 특별한 선물을 사고 싶어 했잖아. 그들에게 잊을 수 없는 것으로 말이야. 우리 오늘 함께 선물을 사러 갈래?

B 응, 맞아. 너는 혹시 제안할 것이 있니? 우리가 무엇을 함께 살 수 있을까?

A 흠... 나는 모르겠어. 우리가 백화점으로 가는 것이 가장 좋을 것 같아. 그곳에서 우리는 분명히 좋은 선물을 발견할 수 있을 거야.

B 그것은 뛰어난 생각이야. 아니면 우리 함께 인터넷에서 검색하고 가격이 적당한 선물을 주문할 수 있을 거야. 너는 언제 시간이 있을 것 같아?

A 기다려 봐. 너 11시에 시간이 있니?

B 아니, 그때는 유감스럽게도 가능하지 않아. 나는 그때 정원에서 일해야 하거든. 나의 아버지가 그것을 혼자 해결하실 수가 없어. 그래서 나는 9시부터 그를 돕고 싶어. 12시는 어때?

A 아쉽게도 그때는 내가 일을 해야 해. 나는 나의 보고서를 다음 주 월요일까지 끝내고, 우리 회사 홈페이지에 업로드 해야 해. 혹시 너는 13시에 가능하니?

B 그때도 알맞지 않아. 그때 나는 치과에 예약이 있어. 이번 주에는 단지 이 일정만이 가능했어. 요즘 나의 통증은 너무 커져서, 나는 되도록 빨리 치료 받고 싶어. 너는 혹시 17시에 가능하니?

A 이번에도 다시 가능하지 않아. 17시에 나는 유감스럽게도 다음 주 콘서트를 위한 연습이 있어. 나는 꼭 콘서트 전에 몇 번 연습을 해야 해. 그것은 한 시간이 걸려. 너는 저녁 19시에 가능하니?

B 그것은 다시 좋아 보이지 않네. 19시에 나는 나의 부모님 댁에 있어야 하고 나는 부모님과 함께 식사해야 해. 하지만 그 이후에는 시간이 있어. 너도 가능하니?

A 나는 그날 20시에 내 친구 Markus와 약속이 있어. 하지만 21시부터는 너를 위한 시간이 있어.

B 좋다! 그럼 우리 21시에 만나자. 그때 보자!

어휘 wollten [m.v.] 하고 싶었다 (wollen의 과거) ｜ unvergesslich [adv.] 잊을 수 없는 ｜ der Vorschlag [v.] 제안, 건의 ｜ hervorragend [adv.] 뛰어난, 탁월한 ｜ erledigen [v.] 처리하다, 해결하다 ｜ der Bericht [n.] 보고서, 보고문 ｜ fertigstellen [v.] 완성하다, 끝마치다 ｜ hochladen [v.] 업로드하다, 저장하다 ｜ der Schmerz [n.] 고통, 통증 (pl. Schmerzen) ｜ so schnell wie möglich 가능한 한 빨리 ｜ behandeln [v.] 치료하다, 다루다 ｜ die Konzertprobe [n.] 콘서트 리허설 ｜ unbedingt [adv.] 무조건, 절대적으로 ｜ üben [v.] 연습하다 ｜ verfügbar [a.] 마음대로 할 수 있는, 이용 가능한 ｜ die Verabredung [n.] 약속

제3회

실전모의고사
정답 및 해설

A2

유형 1 ● ● ● ●

당신은 신문에 있는 기사를 읽게 됩니다.
1~5번의 문제의 정답을 a, b, c 중에서 고르세요.

Der Musiker Daniel Günter

   Der deutsch-polnische Musiker Daniel Günter hat einen Sohn adoptiert.
Heiraten wollte er nicht, aber er wollte seit langem ein Kind haben. Daniel Günter wurde
1972 in Deutschland geboren. Seine Mutter ist eine Polin und sein Vater ist Deutscher.
Beide haben sich in Polen kennengelernt.
   Heute ist Daniel einer der bekanntesten Musiker Deutschlands. Seine Karriere als Musiker
begann er 1998. Damals hatte er einen Preis bekommen, aber danach wollte er nicht nur
als Musiker arbeiten, sondern auch als Schauspieler tätig sein. Obwohl er schon bekannt
und beliebt war, hat er angefangen, Schauspielerei zu studieren. Danach hatte er in sehr
vielen Kinofilmen mitgespielt. Und für seine Schauspielkunst hat er auch einen Preis
bekommen.
   Er hat viele verschiedene Musikstücke für seine Filme komponiert. 2014 bekam er dafür
einen Musikpreis. Sein Sohn hat auch angefangen, Musik zu machen. Er will seinem Sohn
dabei helfen und mit ihm eine schöne Zeit verbringen.

aus einem deutschen Magazin

어휘 **haben...adoptiert** [v.] 입양했다 (adoptieren의 현재완료) | **wurden...geboren** [v.] 태어났다 | **Pole/-in** [n.]
폴란드 사람 (남)/(여) | **beide** [prn.] 둘 다, 양쪽의 | **die Karriere** [n.] 경력 | **begann** [v.] 시작했다 (beginnen의
과거) | **hatten...bekommen** [v.] 받았었다 (bekommen의 과거완료) | **tätig** [a.] 활동하고 있는 | **obwohl**
[cj.] 그럼에도 불구하고 | **beliebt** [a.] 호평 받는. 인기 있는 | **haben...angefangen** [v.] 시작했다 (anfangen의
현재완료) | **studieren** [v.] 대학에서 배우다 | **hatten...mitgespielt** [v.] 공연. 연기했었다 (mitspielen의
과거완료) | **verschieden** [a.] 다양한 | **haben...komponiert** [v.] 작곡했다 (komponieren의 현재완료) |
bekam [v.] 받았다 수상했다 (bekommen의 과거) | **verbringen** [v.] (시간을) 보내다

해석

음악가 Daniel Günter

독일–폴란드 음악가 Daniel Günter는 아들을 입양했습니다. 그는 결혼하고 싶어 하지 않았지만 그는 오래 전부터 아이를 갖고 싶어 했습니다. Daniel Günter는 1972년 독일에서 태어났습니다. 그의 어머니는 폴란드인이고, 그의 아버지는 독일인입니다. 두 사람은 폴란드에서 서로를 알게 되었습니다.

오늘날 Daniel은 독일에서 가장 유명한 음악가 중 한 명입니다. 그의 음악가로서의 경력은 1998년에 시작되었습니다. 그 당시 그는 상을 받았으나, 그 후 그는 음악가로서만 일하기를 원했을 뿐만 아니라, 배우로서도 활동하고자 했습니다. 비록 그는 이미 유명하고 사랑받고 있었음에도 불구하고, 그는 연기를 공부하기 시작했습니다. 그 이후 그는 매우 많은 영화에서 활약하였습니다. 그리고 그는 연기로 또한 상까지 받았습니다.

그는 자신의 영화를 위해 다양한 음악 작품을 작곡했습니다. 그는 2014년에 그것에 대하여 음악상을 받았습니다. 그의 아들 역시 음악을 시작했습니다. 그는 자기 아들을 도우며 그와 함께 좋은 시간을 보내기를 원합니다.

독일 매거진에서

예시

0   Daniel Günter 씨는 _____

 a 가족이 없다.

 b 아직도 미혼이다.

 c 한 명의 아들을 입양하고 싶다.

   어휘 der Sohn [n.] 아들 | ledig [a.] 미혼의

1   그는 _____

 a 이미 예전에 부인이 있었으나, 아이들은 없었다.

 b 아이를 갖고 싶어 했으나, 결혼을 하고 싶어 하지 않았다.

 c 아이를 가질 수 없었지만, 아이를 갖고 싶어 했다.

   어휘 heiraten [v.] 결혼하다

2 그의 아버지는 _____

    ⓐ 폴란드에서 태어났다.

    ⓑ̶ 그의 엄마를 폴란드에서 알게 되었다.

    ⓒ 독일 여권을 가지고 있을 뿐만 아니라 폴란드 여권도 가지고 있다.

    어휘 nicht nur A, sondern auch B [cj.] A 뿐만 아니라 B도 | der Pass [n.] 여권

3 그는 음악가로서 일했을 뿐만 아니라 _____

    ⓐ 아버지로서도 할 일이 매우 많다.

    ⓑ 대학에서도 수업했다.

    ⓒ̶ 배우로서도 일했다.

    어휘 nicht nur A, sondern (auch) B [cj.] A 뿐만 아니라 B도 | als [adv.] ~으로서 | die Hochschule [n.] 대학 | der Schauspieler [n.] 배우

4 독일에서 _____

    ⓐ 그는 아직 어떤 상도 받지 못했다.

    ⓑ 그는 1998년에 상을 한 번 받았다.

    ⓒ̶ 그는 그의 음악과 영화로 상을 받았다.

    어휘 der Preis [n.] 상 | bekommen [v.] 받다, 수상하다

5 이 기사는 _____에 대한 정보를 제공한다.

    ⓐ̶ 예술가로서의 삶

    ⓑ 폴란드 출신의 음악가

    ⓒ 유명한 연극배우

    어휘 das Leben [n.] 삶 | der Künstler [n.] 예술가 | der Theaterschauspieler [n.] 연극배우

정답 및 해설

유형 2 ●●●●

당신은 쇼핑을 갑니다.

6–10번의 과제와 본문을 읽어 보세요. 당신은 몇 층으로 가야 하나요?

a, b, c 중에서 정답을 고르세요.

Kaufhaus „Limberg" Ihr Wegweiser	
4.Stock	Restaurant / Betten / Matratzen / Tischwaren / Schreibwaren / Bücher Toilette / Fundbüro / Schlüsseldienst / Kartenvorverkauf
3.Stock	Computer / Technik / Software / Foto / Optiker CD / DVD / Video / Radio / TV / Autozubehör / Fahrräder / Sportartikel / Strandmode
2.Stock	Herrenbekleidung / Damen- und Herrenschuhe / Frottierwaren / Gardinen / Dekostoffe / Spielwaren / Kinderwagen / Kinderbekleidung
1.Stock	Damenbekleidung / Pelze / Nachtwäsche / Alles für die Küche / Glas / Porzellan / Beleuchtung / Elektroartikel
EG	Garderobe / Lebensmittel / Bürowaren / Uhren / Putz- und Waschmittel / Wechselkasse / Tax-Free Service / Friseursalon

🔍 해석

백화점 "Limberg" 안내표	
4층 (한국식 5층)	레스토랑 / 침대 / 매트리스 / 책상류 / 문구류 / 책 화장실 / 분실물 보관소 / 열쇠 서비스 / 티켓 예매
3층 (한국식 4층)	컴퓨터 / 기술 장비 / 소프트웨어 / 사진 / 안경점 CD / DVD / 비디오 / 라디오 / TV / 자동차 부품 / 자전거 / 스포츠용품 / 비치웨어
2층 (한국식 3층)	남성복 / 숙녀 및 남성 신발 / 목욕용품 / 커튼 / 데코용품 / 장난감 / 어린이용품 / 아동복

실전모의고사 제3회 정답 및 해설 119

1층 (한국식 2층)	여성복 / 모피 / 잠옷 / 주방용품 / 유리잔 / 도자기 그릇 / 조명 / 전기용품
0층 (한국식 1층)	의류 보관소 / 식료품 / 사무용품 / 시계 / 청소 및 세제용품 / 환전소 / 텍스리펀 서비스 / 미용실

예시

0 당신은 어제 백화점에서 지갑을 잃어버렸습니다. 당신은 그것을 다시 찾기를 원합니다.

   ⓐ 2층 (한국식 3층)

   ⓑ 3층 (한국식 4층)

   ☒ 다른 층

> **어휘** gestern [adv.] 어제 ┊ das Kaufhaus [n.] 상점, 백화점 ┊ die Geldbörse [n.] 지갑 ┊ haben... verloren [v.] 분실된 (verlieren의 현재완료)

6 당신은 콘서트를 위한 입장권을 구매하기 원합니다.

   ☒ 4층 (한국식 5층)

   ⓑ 3층 (한국식 4층)

   ⓒ 다른 층

> **어휘** die Eintrittskarte [n.] 입장권

7 당신은 새로운 수영복을 사고 싶습니다.

   ⓐ 0층 (한국식 1층)

   ⓑ 2층 (한국식 3층)

   ☒ 다른 층

> **어휘** der Badeanzug [n.] 수영복

8 당신은 당신의 집 입구를 위해 새로운 전등이 필요하다.

a 0층(한국식 1층)

b 3층(한국식 4층)

☒ 다른 층

어휘 brauchen [v.] 필요로 하다 | die Brille [n.] 안경

9 당신은 휴가에서 읽을 무언가를 찾습니다.

a 0층 (한국식 1층)

b 3층 (한국식 4층)

☒ 다른 층

어휘 der Urlaub [n.] 휴가

10 당신은 5살짜리 딸을 위해 원피스를 사고 싶습니다.

a 0층 (한국식 4층)

☒ 2층 (한국식 3층)

c 다른 층

어휘 das Kleid [n.] 원피스

유형 3 ●●●●

메일을 읽으세요.

11-15번 문제의 정답을 a, b, c 중에서 고르세요.

---

von: catherin7@dongyangbooks.com
an: michaelbb@dongyangbooks.com

Lieber Michael,

du glaubst nicht, wie toll mein Geburtstag war! Schade, dass du nicht dabei warst.

Ich habe ein Flugticket nach Madrid von meiner Familie bekommen. Im August möchte ich <u>fliegen</u>. Magst du mitkommen? Am besten <u>buchst</u> du <u>früh</u> ein Ticket, <u>sonst</u> wird es <u>zu teuer</u>.

An meinem Geburtstag-vormittag war ich mit meiner Freundin Lisa in meinem Lieblingscafé. Wir <u>haben</u> Apfelkuchen <u>gegessen</u>, uns sehr viel <u>erzählt</u> und <u>gelacht</u>. Natürlich <u>haben</u> wir uns dann auch noch ein paar Geschäfte <u>angeschaut</u>. Auch wenn wir nichts kaufen, macht es immer Spaß, <u>shoppen</u> zu <u>gehen</u>. Am Abend <u>haben</u> wir dann ein richtiges Fest <u>gefeiert</u>. Du wirst mir nicht glauben, aber es waren 13 Leute in meinem Zimmer. Ich hatte nicht erwartet, dass so viele Leute kommen würden. Alle <u>haben</u> etwas zu trinken oder zu essen <u>mitgebracht</u>. Mein Zimmer <u>sah</u> sehr <u>chaotisch</u> aus. Aber <u>die Stimmung</u> war schön. Danach <u>haben</u> wir alle <u>getanzt</u>. Es war <u>wirklich</u> wunderbar! <u>Vielleicht</u> waren wir etwas laut. <u>Plötzlich</u> kam meine <u>Nachbarin</u> und <u>bat</u> uns leise zu sein. Wir <u>wollten</u> eigentlich noch lange <u>feiern</u>, aber da <u>brachen</u> wir die Party <u>ab</u>. Weißt du, wie viel Uhr es dann war? Es war schon 2 Uhr. Ich bin gleich ins Bett gegangen.

Heute Morgen war ich natürlich <u>ziemlich</u> müde. Na ja, ich muss <u>unbedingt</u> mit dir sprechen. Wann <u>können</u> wir <u>uns treffen</u>? <u>Schreib</u> mir, wann du kommst, ich <u>hole</u> dich dann <u>ab</u>.

Bis bald!

Viele Grüße
Deine Catherin

🔖 **어휘** **fliegen** [v.] 비행기로 ~에 가다 ∣ **buchen** [v.] 예약하다 ∣ **früh** [adv.] 일찍 ∣ **sonst** [adv.] 그렇지 않으면 ∣ **zu teuer** 너무 비싼 ∣ **haben...gegessen** [v.] 먹었다 (essen의 현재완료) ∣ **der Apfelkuchen** [n.] 사과 케이크 ∣ **haben...erzählt** [v.] 이야기했다 (erzählen의 현재완료) ∣ **haben...gelacht** [v.] 웃었다 (lachen의 현재완료) ∣ **haben...angeschaut** [v.] 보았다 (anschauen의 현재완료) ∣ **shoppen gehen** [v.] 쇼핑 가다 ∣ **haben...gefeiert** [v.] 축하했다 (feiern의 현재완료) ∣ **haben...mitgebracht** [v.] 가지고 왔다 (mitbringen의 현재완료) ∣ **sah...aus** [v.] ~처럼 보였다 (aussehen의 과거) ∣ **chaotisch** [a.] 혼란한 ∣ **die Stimmung** [n.] 기분, 분위기 ∣ **haben...getanzt** [v.] 춤췄다 (tanzen의 현재완료) ∣ **wirklich** [adv.] 실제로, 진짜로 ∣ **vielleicht** [adv.] 아마도 ∣ **plötzlich** [a.] 갑자기, 돌연 ∣ **die Nachbarin** [n.] (여성) 이웃 ∣ **bat** [v.] 부탁했다 (bitten의 과거)

| **wollten** [v.] ～하고 싶었다 (wollen의 과거) | **feiern** [v.] 축하하다. 파티를 벌리다 | **brach…ab** [v.] 멈췄다. 그만뒀다 (abbrechen의 과거) | **ziemlich** [a.] 매우, 꽤 | **unbedingt** [adv.] 무조건 | **können** [m.v] 할 수 있다 | **sich treffen** [v.] 만나다 | **schreiben** [v.] 쓰다 | **abholen** [v.] 마중나가다

 해석

von: catherin7@dongyangbooks.com
an: michaelbb@dongyangbooks.com

친애하는 Michael에게,
너는 내 생일파티가 얼마나 멋졌는지 믿지 못할 거야! 네가 함께하지 못했다는 것이 아쉬워. 나는 내 가족으로부터 마드리드행 비행기 표를 받았어. 나는 8월에 가고 싶어. 너도 함께 갈래? 가장 좋은 것은 네가 표를 빨리 예약하는 거야, 그렇지 않으면 너무 비싸질 거야.
내 생일날 오전에 나는 내 여자 친구 Lisa와 내가 제일 좋아하는 카페에 있었어. 우리는 사과 케이크를 먹었고 정말 많은 이야기를 나누고 웃었어. 물론 우리는 그다음에 몇몇 상점들을 둘러봤어. 우리가 아무것도 구매하지 않아도, 쇼핑하러 가는 것은 항상 즐거워. 우리는 저녁에 제대로 된 파티를 했어. 너는 내 말을 믿을 수 없겠지만 내 방에는 13명의 사람이 있었어. 나는 이렇게 많은 사람이 오게 될 것이라고 기대하지 않았어. 모두는 마실 것 또는 음식을 가지고 왔어. 내 방은 매우 혼란스러워 보였어. 하지만 분위기는 좋았어. 그러고 나서 우리는 모두 춤을 췄어. 그건 정말로 멋졌어! 아마도 우리가 조금 시끄러웠을 거야. 갑자기 나의 이웃이 와서 우리에게 조용히 해 달라고 부탁했어. 우리는 원래 조금 더 오래 파티하기를 원했지만, 우리는 거기에서 멈췄어. 너는 그게 몇 시였는지 아니? 벌써 2시였어. 나는 곧바로 자러 갔어. 당연히
나는 오늘 아침에 꽤 피곤했어. 음, 나는 너랑 꼭 이야기해야 해. 우리가 언제 만날 수 있을까? 네가 언제 올건지 답장해줘, 내가 그럼 너를 데리러 갈게.
그 때 보자!

친절한 안부를 담아
너의 Catherin

11 Catherin은 _____

[a] Michael을 위한 항공권을 준비했다.

[b] 그녀의 여자 형제와 카페에 갔다.

[☒] 흥미진진한 생일파티를 했다.

어휘 die Schwester [n.] 여자 형제 | feiern [v.] 축하하다. 축제를 열다

12 Catherin은 그에게 _____ 묻고 싶다.

　　ⓐ Michael이 그녀의 생일파티에 올 수 있는지를

　　ⓑ̶ Michael이 마드리드에 같이 갈 것인지를

　　ⓒ 그가 그녀를 위해 항공권을 예매해 줄 수 있는지를

　　어휘 fragen [v.] 질문하다 ｜ reservieren [v.] 예약하다

13 Michael이 마드리드로 같이 가고 싶다면, _____

　　ⓐ 그는 그녀의 파티에 오는 것이 좋다.

　　ⓑ 그는 지금 의사를 밝혀야 한다.

　　ⓒ̶ 그는 빨리 티켓을 구매하는 것이 좋다.

　　어휘 der Bescheid [n.] 결정, 회답 ｜ besorgen [v.] 구입하다

14 Catherin은 _____

　　ⓐ̶ 그녀의 친구와 좋은 시간을 보냈다.

　　ⓑ 상점에서 장을 조금 보았다.

　　ⓒ 낮에 그녀의 친구를 방문했다.

　　어휘 haben...verbracht [v.] 시간을 보냈다 (verbringen의 현재완료) ｜ das Geschäft [n.] 상점 ｜ einkaufen [v.] 구매하다 ｜ besuchen [v.] 방문하다

15 Catherin은 사람들과 2시까지 파티를 했다. 왜냐하면 _____

　　ⓐ̶ 그녀의 이웃이 불만을 호소했기 때문에

　　ⓑ 모두 이미 피곤했기 때문에

　　ⓒ 모두 집으로 돌아가야 했기 때문에

　　어휘 der Nachbar [n.] 이웃 ｜ sich beschweren [v.] 불만을 호소하다

유형 4 ••••

6명의 사람이 인터넷에서 장소를 찾고 있습니다.

16~20번 문제를 읽고, a부터 f까지의 광고문을 읽어보세요. 어떤 광고가 누구와 연결되나요?

6개의 질문 중 하나의 질문에는 해당하는 답이 없습니다. 해당하는 답이 없는 질문에는

X 표시를 하세요.

예시의 광고는 더 이상 선택할 수 없습니다.

예시

0   **Marianne**는 요리사이며 일자리를 찾고 있다. | b |

16   **Thomas**는 미용사이며 시간제 직원이다. 그는 새로운 일자리를 찾는다. | c |

17   **Gerhard**는 호텔에서 직업 교육을 받기를 원한다. | e |

18   **Karsten**은 전기공학을 대학에서 전공하였고 인턴십 장소를 찾고 있다. | d |

19   **Herbert**는 요리사로서의 실습 장소를 찾고 있지만, 주말에만 시간이 있다. | f |

20   **Karin**은 요리사가 되고 싶고, 요리 수업을 하고 싶어 한다. | X |

어휘   der Friseur [n.] 미용사 | der Teilzeitarbeiter [n.] 시간제 직원 | die Ausbildung [n.] 직업 교육 | die Elektrotechnik [n.] 전기공학 | haben...studiert [v.] 전공했다 (studieren의 현재완료) | suchen [v.] 찾다 | der Praktikumsplatz [n.] 인턴십 장소 | die Ausbildungsstelle [n.] 실습 장소 | der Kochkurs [n.] 요리 강습

a

www.job-deutschland.de

Ab sofort Koch / Köchin mit Erfahrung
gesucht. Sind Sie bereit, auch am
Wochenende zu arbeiten?

Haben Sie Erfahrung im
Produktmanagement?
Zahlen bereiten Ihnen keine Probleme? Dann
schreiben Sie zu uns!

 해석

지금부터 경력이 있는 (남)/(여) 요리사를
찾습니다. 당신은 주말에도 일할 준비가 되어
있나요?

당신은 제품을 관리해 본 경험이 있습니까?
계산을 준비하는 것도 당신에게 문제가 되지
않습니까?
그렇다면 우리에게 지원서를 적어 주세요!

어휘 **die Erfahrung** [n.] 경험 | **gesucht** [a.] 구하는 | **bereit** [a.] 준비된 | **das Produktmanagement** [n.] 제품
관리

b

www.weiterbildung.de

Krankenhaus sucht seriöse Mitarbeiter, die
flexibel einsetzbar sind.

Wir – das sind tolle Kollegen – suchen für
unseren Team in der Küche noch einen Koch
und eine Küchenhilfe.
Bitte senden Sie uns so schnell wie möglich
Ihre Bewerbungsunterlagen.

 해석

병원에서 유동성 있게 일할 수 있는 성실한
직원을 찾고 있습니다.

우리는 멋진 동료입니다 – 우리 팀을 위한
주방의 요리사와 주방 도우미를 아직
찾고 있습니다.

우리에게 가능한 한 빠르게 당신의
지원 서류를 보내 주세요.

어휘 **das Krankenhaus** [n.] 병원 | **seriös** [a.] 성실한, 진지한 | **flexibel** [a.] 유연한 | **einsetzbar** [a.] 정할 수 있는 |
so schnell wie möglich 가능한 빨리 | **die Bewerbungsunterlage** [n.] 지원 서류

c

www.auraaura.de

Haarstudio „Hair Aura"
sucht eine nette Mitarbeiter in Vollzeit.
Sie können die Arbeitszeit selbst bestimmen.

Zuerst vereinbaren Sie telefonisch einen
Vorstellungstermin bei Frau Kauker.

Schicken Sie Ihre Bewerbung mit Zeugnissen
und Lebenslauf bitte an: hair.aura@com

 해석

헤어 스튜디오 "Hair Aura"

친절한 풀타임 직원을 찾고 있습니다.
당신은 근무 시간을 직접 결정할 수 있습니다.

먼저 Kauker 부인과 전화로 면접 시간을
약속을 잡으세요.

당신의 신청서 및 자격증, 이력서를
hair.aura@com으로 보내세요.

어휘 **nett** [a.] 친절한 | **der Mitarbeiter** [n.] 직원 | **die Vollzeit** [n.] 풀타임 근무 | **bestimmen** [v.] 결정하다
| **der Vorstellungstermin** [n.] 면접 일정 | **die Bewerbung** [n.] 지원 | **das Zeugnis** [n.] 증명서 | **der
Lebenslauf** [n.] 이력서

d

www.abbu.de

Unser Unternehmen bietet einen Praktikumsplatz für einen Diplom-Ingenieur / Bachelor der Elektrotechnik.

Ideal für junge Menschen, die neu in der Berufswelt sind.

Zu den wichtigsten Voraussetzungen gehört perfektes Englisch in Wort und Schrift. Das Gehalt ist am Anfang nicht so viel, aber nach der Probe Zeit wird das Gehalt erhöht.

Bewerben Sie sich noch heute bei uns!

🔍 해석

우리 회사는 학위를 가진–기술자 / 전기공학 학사 졸업자를 위한 인턴십 장소를 제공합니다.

직업 세계에 새롭게 입문한 젊은 사람들에게 이상적입니다.

가장 중요한 전제 조건으로는 완벽하게 영어를 구사하고 집필하는 능력입니다. 처음에는 봉급이 그렇게 많지 않지만, 견습 기간 후에는 봉급이 오릅니다. 오늘 우리에게 지원하세요!

어휘 das Unternehmen [n.] 기업 ┃ bieten [v.] 제공하다 ┃ der Praktikumsplatz [n.] 인턴십 장소 ┃ das Diplom [n.] 디플롬 학위(석사학위) ┃ der Ingenieur [n.] 기술자 ┃ die Elektrotechnik [n.] 전기공학 ┃ die Voraussetzung [n.] 전제 조건, 요구 사항 ┃ der Gehalt [n.] 봉급, 급료 ┃ die Probe [n.] 견습, 사전 연습 ┃ sich bewerben [v.] 지원하다

e

www.sonnehotel.de

Wir bilden aus: Rezeptionist/in, Zimmermädchen, Koch / Köchin.

Sie können zuerst in einem zweiwöchigen Praktikum sehen, ob Ihnen der Beruf gefällt, und dann die Ausbildung beginnen.

Auf Sie warten gute Karrierechancen.

🔍 해석

우리는 교육 합니다: (남)/(여) 프런트 직원, (여) 객실 메이드, (남)/(여) 요리사.

당신은 먼저 2주 동안의 인턴 기간 동안 이 직업이 당신의 마음에 드는지 보고 실습을 시작할 수 있습니다.

좋은 경력의 기회가 당신을 기다립니다.

어휘 ausbilden [v.] 양성하다 ┃ der Rezeptionist/die Rezeptionistin [n.] (남)/(여) 프런트 직원 ┃ das Zimmermädchen [n.] 객실 메이드 ┃ der Koch/die Köchin [n.] (남)/(여) 요리사 ┃ zweiwöchig [a.] 2주간의 ┃ das Praktikum [n.] 인턴십 ┃ beginnen [v.] 시작하다 ┃ die Karrierechance [n.] 경력의 기회

f

www.zur-violette.de

Restaurant „Violette"

Wir bieten Ihnen einen <u>Ausbildungsplatz</u> als <u>Koch / Köchin</u>. Sind Sie mindestens 18 Jahre alt?

Sie können auf <u>Teilzeit</u> bzw. am Wochenende arbeiten.

Ab dem 01.05. oder später möglich.
Über Ihre <u>Bewerbung</u> freuen wir uns!
Hotel Sommer, Herr Schneider, Limgasse. 1, 79189 Koblenz

 해석

레스토랑 "Violette"

우리는 (남) / (여) 요리사로서 실습 장소를 제공합니다. 당신은 최소한 18세인가요?

당신은 파트타임이나 주말에도 일할 수 있습니다.

5월 1일 또는 그 후부터 가능합니다.
우리는 당신의 지원을 기뻐합니다!

Sommer호텔, Mr. Schneider, Limgasse. 1, 79189 Koblenz

어휘 **der Ausbildungsplatz** [n.] 실습 장소 │ **der Koch / die Köchin** [n.] 요리사 남/여 │ **die Teilzeit** [n.] 파트타임 │ **die Bewerbung** [n.] 지원, 원서

유형 1 ● ● ● ●

당신은 5개의 짧은 본문을 듣게 됩니다. 모든 본문은 두 번씩 듣게 됩니다.
1~5번까지 문제의 정답을 a, b, c에서 고르세요.

▶ **Aufgabe 1**

MP3 03_01

📄 Skript

Herzlich willkommen bei unserer Kundenberatung. Dieser Anruf ist für Sie kostenfrei. Wenn Sie mit unserem automatischen Bestellservice verbunden werden möchten, drücken Sie bitte die Taste 1. Für Umtausch drücken Sie bitte die Taste 2. Wenn Sie mit einem Mitarbeiter sprechen möchten, drücken Sie einfach die Null. Mit der Stern-Taste gehen Sie zurück.

🔍 해석

고객 서비스에 오신 것을 진심으로 환영합니다. 이 통화는 당신을 위한 무료 전화입니다. 자동 주문 서비스에 연결되기를 원하시면 1번을 누르십시오. 교환을 원하시면 2번을 누르십시오. 당신이 상담원과 이야기하고 싶다면, 간단히 0번을 누르십시오. 별표 버튼은 처음으로 돌아갑니다.

---

1 당신은 무언가를 주문하고 싶습니다. 당신은 무엇을 해야 하는가?

[a] 직원에게 이야기한다.

[b̶] 1번 버튼을 누른다.

[c] 0번 버튼을 선택한다.

> **어휘** die Kundenberatung [n.] 고객 상담, 고객 서비스 ┆ kostenfrei [a.] 무료의 ┆ automatisch [a.] 자동의 ┆ werden...verbunden [v.] 연결되다 (verbinden의 수동태) ┆ drücken [v.] 누르다 ┆ die Taste [n.] 버튼 ┆ der Umtausch [n.] 교환 ┆ zurückgehen [v.] 돌아가다 ┆ bestellen [v.] 주문하다

▶ **Aufgabe 2**

(MP3 03_02)

📄 Skript

Haben Sie die Wettervorhersage für dieses Wochenende gesehen? Am Sonntag kommt es im Norden Deutschlands wiederholt zu Regenfällen. Im Süden werden viele Wolken die Sonne verdecken. Es wird mit Höchstwerten von 3 bis 4 Grad gerechnet. Das ist für die Jahreszeit kalt.

🔍 해석

이번 주 주말 일기 예보를 확인하셨나요? 일요일에 독일의 북부 지방에는 반복적으로 강우가 내립니다. 남부 지방은 많은 구름이 태양을 덮을 것입니다. 최고 3~4도까지 예상됩니다. 계절보다 추운 날씨입니다.

2   남부 독일의 날씨는 어떻게 됩니까?

  a 해가 비친다.

  b 비가 온다.

  ☒ 서늘하다.

어휘 **die Wettervorhersage** [n.] 일기 예보 ǀ **haben...gesehen** [v.] 보았다 (sehen의 현재완료) ǀ **wiederholen** [v.] 반복하다 ǀ **der Regenfall** [n.] 강우 ǀ **die Wolke** [n.] 구름 ǀ **verdecken** [v.] 덮다 ǀ **der Höchstwert** [n.] 최고, 최고 가치 ǀ **werden...gerechnet** [v.] 기대되다 (rechnen의 수동태) ǀ **die Jahreszeit** [n.] 계절, 철

▶ **Aufgabe 3**   `MP3 03_03`

 Skript

Der Ticket-Countdown für das internationale Filmfestival vom 28. bis 30. Mai in Cannes läuft! Radio Petitfranc hat für seine Hörer zwei Gratiskarten für das Festival! Nähere Informationen zum Programm gibt es unter www.film-cannes.de.
Wählen Sie jetzt die 0180/33 77 22 und gewinnen Sie mit ein bisschen Glück zwei Tickets für das internationale Filmfestival!

🔍 **해석**

5월 28일부터 30일까지 칸 국제 영화제를 위한 티켓의 카운트다운이 시작되었습니다! 라디오 쁘띠프랑에는 청취자를 위해 두 장의 무료 영화제 티켓이 있습니다!
프로그램에 대한 자세한 정보는 www.film-cannes.de에서 확인할 수 있습니다. 지금 0180/33 77 22를 누르시고 국제 영화제 티켓 2장의 행운을 획득하세요!

3   티켓을 어떻게 받는가

[a] 5월 28일까지 편지를 보낸다.

[b] 웹 사이트에서 신청한다.

[☒] 프로그램으로 전화한다.

어휘 international [a.] 국제적인 ┃ laufen [v.] 진행되다 ┃ die Gratiskarte [n.] 무료 티켓 ┃ wählen [v.] 선택하다, 고르다 ┃ der Brief [n.] 편지 ┃ schicken [v.] 보내다 ┃ anmelden [v.] 등록하다, 신청하다

▶ **Aufgabe 4**

(MP3 03_04)

📄 Skript

Guten Tag, dies ist der automatische Anrufbeantworter der Praxis Dr. Martin Fischer, Facharzt für Sportmedizin und Chirotherapie. Wegen Urlaub haben wir bis zum 11. 7. geschlossen. In dringenden Fällen wenden Sie sich bitte an unsere Vertretung, Dr. Meyer, Rüttengasse 12, Telefon 37 954 02. Vielen Dank und auf Wiederhören.

🔍 해석

안녕하세요, 이것은 전문의 Martin Fischer의 스포츠 의학 및 물리치료 병원의 자동 응답기입니다. 우리는 휴가로 인하여 7월 11일까지 문을 닫습니다. 긴급한 경우에는 Rüttengasse 12에 있는 우리의 대리인 Dr. Meyer에게 도움을 청하십시오. 전화번호는 37 954 02 입니다. 감사합니다 그리고 안녕히 계세요.

---

4 당신은 빠른 병원 예약이 필요하다. 당신은 무엇을 해야 하는가?

ⓐ 7월 11일까지 기다려야 한다.

ⓑ 다른 의사에게 전화해야 한다.

ⓒ 나중에 다시 전화해야 한다.

어휘 automatisch [a.] 자동의 | der Anrufbeantworter [n.] 자동 응답기 | der Facharzt [n.] 전문의 | das Sportmedizin [n.] 스포츠 의학 | die Chirotherapie [n.] 척추 치료 | wegen [prp.] ~때문에 | geschlossen [a.] 닫힌 | dringend [p.a] 긴급한 | sich wenden [v.] ~에게 도움을 청하다 | die Vertretung [n.] 대리인

▶ **Aufgabe 5**　　　　　　　　　　　　　　　　　　　　　　(MP3 03_05)

 Skript

Guten Tag Frau Witkovska, Brunner von der Fachhochschule. Es geht um Ihren Antrag. Ich brauche noch eine Verdienstbescheinigung von Ihrem Mann. Außerdem fehlt noch eine Meldebestätigung Ihrer neuen Wohnung. Ohne die können wir den Antrag nicht weiter bearbeiten. Die Formulare können Sie bei uns im Büro im zweiten Stock bekommen. Bitte kommen Sie zu unserer Sprechstunde und bringen Sie die Unterlagen mit. Vielen Dank und auf Wiederhören.

🔍 **해석**

안녕하세요, Witkovska 부인, 전문대학의 Brunner입니다. 당신의 신청에 관한 것입니다. 저는 아직 당신 남편의 소득 증명서가 필요합니다. 그 밖에도 당신의 새 집에 대한 전입 확인서가 아직 누락되어 있습니다. 이것들이 없으면 신청서를 처리할 수 없습니다. 양식들은 2층(한국식 3층)에 있는 사무실에서 받을 수 있습니다. 우리의 면담 시간에 오시고 그 서류들을 가지고 오세요. 감사하고 다음에 다시 통화해요.

5　Witkovska 부인은 무엇을 해야 하는가?

　[a] 인내심을 가져야 한다.

　[b] 여권을 지참해야 한다.

　[c̶] 누락된 서류를 지참해야 한다.

어휘　die Fachhochschule [n.] 전문대학 ｜ der Antrag [n.] 신청 ｜ die Verdienstbescheinigung [n.] 소득 증명서 ｜ außerdem [adv.] 그 밖에 ｜ die Meldebestätigung [n.] 전입 확인서 ｜ bearbeiten [v.] 처리하다 ｜ die Sprechstunde [n.] 면담 시간 ｜ die Unterlagen [n.] 서류 ｜ die Geduld [n.] 인내, 참을성 ｜ der Pass [n.] 여권

유형 2 ● ● ● ●

당신은 하나의 대화를 듣게 됩니다. 본문은 한 번 듣게 됩니다. 누가 어떤 선물을 받나요?
6 – 10번까지 문제에 적합한 그림을 a–i에서 선택하세요. 각 알파벳은 단 한 번만 선택하세요.
이제 그림을 주의 깊게 보세요.

[예시]

0   어디에서 이 사람들을 찾을 수 있습니까?

	0	6	7	8	9	10
Wen?	Chef	Leiterin Expert	Tochter vom Chef	Herr Schneider	Praktikantin	Sekretär
Wo?	a	i	e	c	g	h

▶ **Aufgabe 6 bis 10** ⬚ MP3 03_06

📄 **Skript**

Herr Breisch	Da ist ja unsere neue Praktikantin. Frau Julia. Guten Morgen, mein Name ist Breisch. Nehmen Sie bitte Platz.
Praktikantin	Danke. Guten Morgen.
Herr Breisch	Ich bin Geschäftsführer hier und ich begrüße Sie herzlich. Sie haben sich bei uns beworben, weil Sie einen Nachweis für eine Praktikantenstelle für Ihr Studium brauchen?
Praktikantin	Ja, richtig.
Herr Breisch	Ich denke, ich zeige Ihnen erst einmal die Firma und erzähle Ihnen, was alles auf Sie zukommt und am Ende reden wir noch einmal. Danach können Sie Fragen stellen. Ist das ok?
Praktikantin	Ja, gut.
Herr Breisch	Am besten gehen wir erst mal hier durch. Ich stelle Ihnen die Kolleginnen und Kollegen vor. Wundern Sie sich aber nicht über die Unordnung. Das hier ist unser Büro. Ich arbeite hier im zweiten Stock in diesem Zimmer. Ich weiß nicht genau, ob Frau Hauschka schon da ist. Nein, noch nicht. Sie ist die Leiterin der Transportabteilung. Sie sitzt hier gleich gegenüber von meinem Büro.
Praktikantin	Ich kann ja später noch einmal vorbeikommen.

Herr Breisch	Ja, das ist kein Problem. Dann gehen wir mal hinunter. Oh da ist meine Tochter. Sie wird Ihnen helfen. Fragen Sie sie einfach, wenn Sie etwas nicht wissen oder eine Frage haben. Sie ist meistens am Empfang.
Praktikantin	Ja, danke. Das ist ja ein richtiger Familienbetrieb.
Herr Breisch	Ja, das kann man so sagen. Meine Tochter lernt aber auch wie Sie gerade alle Abteilungen kennen. Übrigens ist hier die Küche. Hier neben der Küche ist der Kopierraum.
Praktikantin	Dieser Drucker scheint defekt zu sein.
Herr Breisch	Wirklich? Dann benutzen Sie den Drucker auf der linken Seite.
Praktikantin	Ok. Ich werde es so machen.
Herr Breisch	Leider ist unser Techniker Herr Schneider seit einer Woche krank. Ich werde Sie ihm vorstellen. Sie finden ihn normalerweise in der Werkstatt. Er überprüft normalerweise, ob alles gut im Büro läuft. Wenn Sie also etwas brauchen, sagen Sie ihm Bescheid. Er hilft Ihnen bestimmt gern, wenn er wieder fit ist.
Praktikantin	Ja, und wo werde ich arbeiten?
Herr Breisch	Unsere Praktikanten sitzen immer im Computerraum. Der Computerraum ist im zweiten Stock. Das ist ein schöner Raum. Im Keller gibt es eine Bibliothek. Sie können dort Magazine und Fachliteratur lesen. Wir gehen gleich einmal hinunter.
Praktikantin	Im Keller eine Bibliothek? Das ist doch eine großartige Idee!
Herr Breisch	Das war eine Idee, von meinem Vater, der die Firma aufgebaut hat. Zum Schluss stelle ich Ihnen noch kurz meine Sekretärin Frau Bernstein vor. Sie sitzt im Moment nicht bei mir oben, sondern dort gegenüber vom Computerraum 343, weil ihr Raum gerade renoviert wird.

🔍 해석

Breisch씨	여기 우리의 새로운 인턴이네요. Julia씨, 안녕하세요, 제 이름은 Breisch입니다. 자리에 앉으세요.
실습생	감사합니다. 안녕하세요.
Breisch씨	나는 이곳의 대표 이사입니다. 우리 회사에 오신 것을 진심으로 환영합니다. 당신은 당신의 대학에 인턴십 실습을 위한 증명서가 필요하기 때문에 우리 회사에 지원하셨죠?
Praktikantin	네, 맞습니다.
Breisch씨	제 생각에는, 제가 당신에게 먼저 회사를 보여주고, 당신이 무엇을 할지 이야기하고 마지막에 다시 한 번 이야기 하도록 합시다. 그다음에 당신은 질문하실 수 있습니다. 그것이 괜찮으신가요?
실습생	네, 좋습니다.
Breisch씨	가장 좋은 것은 먼저 이곳을 지나갑시다. 당신에게 동료들을 소개하겠습니다. 하지만 혼란스러운 것에 대하여 놀라지 마세요. 이쪽은 우리의 사무실입니다. 저는 여기 2층 (한국식 3층) 방에서 근무합니다. Hauschka 부인이 이미 그곳에 있는지 모르겠습니다. 아니, 아직 안 계시네요. 그녀는 운송 부서의 팀장입니다. 그녀는 내 사무실 바로 건너편에 앉아 있습니다.

실습생	제가 나중에 다시 잠시 들를 수 있습니다.
Breisch씨	네, 그건 문제가 되지 않습니다. 그럼 우리 내려가 봅시다. 오, 저곳에 나의 딸이 있네요. 그녀가 당신을 도울 것입니다. 모르는 것이 있거나 질문이 있을 때 그녀에게 편히 물어보세요. 그녀는 대부분 프런트에 있습니다.
실습생	네, 고맙습니다. 이곳은 제대로 된 가족 회사네요.
Breisch씨	네, 그렇게 말할 수 있습니다. 그러나 제 딸 또한 당신과 같이 모든 부서에 대하여 알아가는 것을 배우고 있습니다. 그건 그렇고 여기가 부엌입니다. 여기 부엌 근처에 복사실이 있습니다.
실습생	이 프린터는 고장 난 것처럼 보여요.
Breisch씨	그래요? 그렇다면 좌측의 큰 프린터를 사용하시면 됩니다.
실습생	네, 그렇게 하겠습니다.
Breisch씨	유감스럽게도 우리의 기술자 Schneider씨는 일주일 전부터 아픕니다. 제가 당신을 그에게 소개할게요. 당신은 보통 작업실에서 그를 발견할 수 있습니다. 그는 보통 사무실에 모든 것들이 잘 작동하는지를 점검합니다. 만약 당신이 뭔가 필요한 것이 있다면 그에게 알려주세요. 그가 다시 컨디션이 좋아지면 당신을 기꺼이 도와줄 것입니다.
실습생	네 그리고 저는 어디에서 일하게 되나요?
Breisch씨	우리의 인턴들은 항상 컴퓨터실에 앉아 있습니다. 컴퓨터실은 2층(한국식 3층)에 있어요. 그곳은 멋진 방입니다. 지하에는 도서관이 있습니다. 당신은 그곳에서 매거진과 전문 서적을 읽을 수 있습니다. 우리 바로 한 번 내려가 봅시다.
실습생	지하실에 도서관이요? 이것은 정말 멋진 생각이네요!
Breisch씨	이 회사를 설립하신 저의 아버지의 아이디어였습니다. 마지막으로 나는 당신에게 나의 비서 Bernstein씨를 잠시 소개할게요. 마침 그녀의 방이 수리되고 있기 때문에 그녀는 지금은 나와 함께 위층에 앉아 있지 않고, 컴퓨터실 343호 맞은편에 앉아 있습니다.

어휘 die Praktikantin [n.] (여)실습생, 인턴 | der Geschäftsführer [n.] 대표 이사 | begrüßen [v.] 인사하다, 환영하다 | die Leiterin [n.] (여)관리자, 지휘자 | die Transportabteilung [n.] 운송 부서 | gegenüber [prp.] 맞은편에, 마주보고 | vorbeikommen [v.] 잠시 방문하다 | meistens [adv.] 대부분 | der Empfang [v.] 프런트, 리셉션 | der Familienbetrieb [n.] 가족 회사 | die Abteilung [n.] 분야, 부서 | übrigens [adv.] 그건 그렇고, 그런데 | benutzen [v.] 사용하다, 이용하다 | der Drucker [n.] 프린터, 인쇄기 | scheinen [v.] ~로 보이다 | defekt [a.] 고장 난 | normalerweise [adv.] 보통, 일반적으로 | die Werkstatt [n.] 작업실, 스튜디오 | überprüfen [v.] 검사하다 | der Bescheid [n.] 소식 | bestimmt [adv.] 확실히, 틀림없이 | fit [a.] 건강한, 컨디션이 좋은 | der Keller [n.] 지하실 | die Bibliothek [n.] 도서관 | haben...aufgebaut [v.] 창립했다, 설치했다 (aufbauen의 현재완료) | im Moment 지금은, 잠시 동안 | werden...renoviert [v.] 수리되다 (renovieren의 수동태) | der Kopierraum [n.] 복사실

유형 3 ● ● ● ●

당신은 5개의 짧은 대화를 듣게 됩니다. 각 본문을 한 번씩 듣게 됩니다.

11~15번까지의 대화를 듣고 정답을 a, b, c 중에서 고르세요.

▶ **Aufgabe 11**

MP3 03_07

📄 Skript

Frau	Hallo Klaus. Was hast du am Freitag vor?
Mann	Ich gehe am Vormittag zum Tanzkurs. Danach habe ich frei.
Frau	Gut. Ich rufe wegen der Reise nach Paris an.
Mann	Dann lass es uns besprechen. Am Freitagnachmittag habe ich Zeit. Lass uns am Freitag irgendwo treffen und die Reise planen.
Frau	Ein ruhiges Restaurant wäre gut. Hast du schon eine Idee, wo wir essen gehen sollen?
Mann	Hmmm. Dann gehen wir mal ins Restaurant „Laluce". Dort ist es sehr ruhig und sie verwenden nur natürliche Zutaten.
Frau	Ja, gut. Dann bis Freitag!

🔍 해석

남자	안녕 Klaus. 너는 금요일에 무엇을 계획하고 있니?
여자	나는 오전에 댄스 수업에 갈 거야. 그다음엔 자유로워.
남자	좋아. 나는 파리 여행 때문에 전화했어.
여자	그러면 우리 이야기해 보자. 나는 금요일 오후에 시간이 있어. 우리 금요일에 어딘가에서 만나서 여행을 계획하자. 그런 다음 여행을 계획해 보자.
남자	조용한 레스토랑이면 좋겠어. 우리가 어디로 식사하러 가면 좋을지 생각해 놓은 식당이 있니?
여자	음. 그럼 우리 레스토랑 "Laluce"에 가 보자. 그곳은 아주 조용하고 그들은 천연 재료만 사용해.
남자	그래 좋아. 그럼 금요일에 만나!

11 Klaus와 Tanja는 무엇에 대해 이야기하려고 하는가?

ⓐ 　　ⓑ 　　ⓒ

> **어휘**　irgendwo [adv.] 어딘가에서 | frei [a.] 자유로운, 비어 있는 | besprechen [v.] 의논하다 | weiter [adv.]
> 계속해서, 이어서 | verwenden [v.] 사용하다 | die Zutat [n.] 재료

▶ **Aufgabe 12**

(MP3 03_08)

📄 Skript

Frau	Guten Tag, was darf ich Ihnen bringen?
Mann	Ich habe riesigen Hunger. Würden Sie mir bitte etwas empfehlen?
Frau	Bei uns gibt es eine leckere Auswahl an warmen und kalten Speisen. Heute ist unsere Spezialität Schnitzel mit hausgemachter Soße.
Mann	Ich möchte lieber kein frittiertes Gerichte.
Frau	Oder Sie können gebratenes Rindfleisch nehmen. Das schmeckt mit Weizenbier am besten.
Mann	Oh, dann nehme ich das, aber ohne Bier bitte. Ich muss noch fahren.
Frau	Ja, gern.

🔍 해석

여자	안녕하세요, 제가 당신에게 무엇을 가져다 드릴까요?
남자	저는 대단히 배가 고파요. 저에게 무엇인가 추천할 만한 것이 있으신가요?
여자	우리 식당에서는 맛있는 따뜻한 요리와 차가운 요리 중 맛있는 것을 선택하실 수 있습니다. 오늘 우리의 명물은 집에서 만든 소스를 곁들인 돈가스입니다.
남자	저는 차라리 기름에 튀겨지지 않은 요리를 선택할래요.
여자	그렇다면 구운 소고기를 드실 수 있습니다. 이것은 밀 맥주와 가장 잘 어울립니다.
남자	오, 그럼 저는 그걸로 할게요. 하지만 맥주 없이 부탁드립니다. 저는 운전을 해야만 합니다.
여자	네, 알겠습니다.

12 남자는 무엇을 주문하는가?

 a

b

c

> **어휘** bringen [v.] 가져오다 | riesig [adj.] 대단히 | empfehlen [v.] 추천하다, 권하다 | **die Auswahl** [n.] 선택 | die Spezialität [n.] 명물 | hausgemacht [a.] 가정에서 손수 만든, 직접 만든 | die Soße [n.] 소스 | frittiert [a.] 기름에 튀겨진 | das Gericht [n.] 음식, 요리 | gebraten [a.] 구운 | das Rindfleisch [n.] 소고기 | schmecken [v.] ~한 맛이 나다, 입맛에 맞다 | fahren [v.] 운전하다

▶ **Aufgabe 13** MP3 03_09

> 📄 **Skript**
>
> | | |
> |---|---|
> | **Mann** | Hallo, Jasmin. Wir wollten ja wie immer zusammen Urlaub machen. Wohin fahren wir diesmal? |
> | **Frau** | Ich möchte nicht in die Berge fahren. Können wir lieber aufs Land oder an einen See fahren? |
> | **Mann** | Wie wäre es am Meer? |
> | **Frau** | Die Sommerferien haben begonnen. Allerdings waren wir letztes Jahr schon dort. |
> | **Mann** | Ja, das stimmt. Dann fahren wir an einen kleinen See, damit wir uns ausruhen können. |
>
> 🔍 **해석**
>
> | | |
> |---|---|
> | **남자** | 안녕, Jasmin. 우리는 언제나 그랬듯이 함께 휴가를 보내고 싶어 했잖아. 이번엔 우리 어디로 갈까? |
> | **여자** | 나는 산으로는 가고 싶지 않아. 우리 차라리 시골이나 호수로 가는 것이 낫지 않을까? |
> | **남자** | 바다는 어때? |
> | **여자** | 여름휴가 시즌이 시작되었어. 어쨌든 우리는 작년에 이미 그곳에 있었잖아. |
> | **남자** | 그래, 맞아. 그러면 우리가 휴식을 취할 수 있도록 작은 호수로 가자. |

13 사람들은 어디에서 휴가를 보내고 싶어 하는가?

◀ **어휘** der Urlaub [n.] 휴가 ǀ der Berg [n.] 산 ǀ das Meer [n.] 바다 ǀ der See [n.] 호수 ǀ die Sommerferien [n.] 여름방학 ǀ sich ausruhen [v.] 쉬다

▶ **Aufgabe 14**

(MP3 03_10)

📄 Skript

Mann Roth.

Frau Guten Tag, Herr Roth, Werner am Apparat. Ich bin die Klassenlehrerin Ihres Sohnes Jan.

Mann Ah, guten Tag, Frau Werner.

Frau Ich wollte Sie oder Ihre Frau bitten, zum Gespräch zu kommen. Jan kommt im Moment überhaupt nicht mehr mit.

Mann Davon wusste ich gar nichts.

Frau Das besprechen wir am besten am Donnerstag in der Sprechstunde. Wann hätten Sie Zeit? Für mich wäre zwischen 12 Uhr und 15 Uhr gut.

Mann Um 13 Uhr kann meine Frau kommen. Ich habe leider keine Zeit.

Frau Das ist in Ordnung. Dann sagen Sie bitte Ihrer Frau Bescheid.

Mann Ja, auf Wiederhören!

🔍 해석

남자 Roth입니다.

여자 안녕하세요, Roth 씨. Werner입니다. 저는 당신의 아들 Jan의 담임 교사입니다.

남자 아, 안녕하세요, Werner 부인.

여자 저는 당신 혹은 당신의 부인에게 상담을 오시기를 부탁했습니다. Jan은 요즘 전혀 잘 따라오지 못합니다.

남자 저는 그것에 대해 전혀 몰랐습니다.

여자 그것에 대하여 우리는 목요일에 상담하는 것이 가장 좋은 것 같습니다. 당신은 언제 시간이 괜찮으신가요? 저는 12시와 15시 사이가 좋습니다.

남자 13시에 제 아내가 갈 수 있습니다. 저는 유감스럽게도 시간이 없습니다.

여자 괜찮습니다. 그렇다면 부인께 알려주시길 바랍니다.

남자 네. 다음에 뵙겠습니다.

14 면담 시간은 언제인가?

 a   b   c

어휘 **der Klassenlehrer** [n.] 담임 교사 | **das Gespräch** [n.] 대화, 논의 | **überhaupt** [adv.] 결코 | **mitkommen** [v.] (수업을) 따라가다, 보조를 맞추다 | **davon** [adv.] 그것에 관하여 | **wussten** [v.] 알았다 (wissen의 과거) | **besprechen** [v.] 상담하다 | **die Sprechstunde** [n.] 면담 시간

▶ **Aufgabe 15**　　　　　　　　　　　　　　　　　　　　MP3 03_11

📄 Skript

Frau　Guten Tag, Herr Strauß, ich habe einen Termin um 10 Uhr.

Mann　Guten Tag, Frau Brümel. Vor Ihnen ist nur noch ein Patient.

Frau　Dann muss ich nicht so lange warten.

Mann　Ihren Attest habe ich schon fertig gestellt. Sie können es gleich nach der Untersuchung abholen.

Frau　Muss ich dafür etwas bezahlen?

Mann　Sie müssen nur eine Gebühr von 5 Euro bezahlen. Sie können jetzt auch schon direkt rein gehen.

🔍 해석

여자　안녕하세요, Strauß 씨, 저는 10시에 약속이 있습니다.

남자　안녕하세요, Brümel 부인, 당신 앞에는 한 명의 환자만이 더 있습니다.

여자　그럼 저는 그렇게 오래 기다릴 필요가 없네요.

남자　당신의 진단서는 이미 완료되었습니다. 당신은 검사 후에 바로 받으실 수 있습니다.

여자　제가 그것에 대하여 지불해야만 하나요?

남자　당신은 5유로의 요금만 지불하면 됩니다. 당신은 지금 바로 들어가실 수 있습니다.

15　여자는 어디로 가야 하는가?

 ⓐ 　　　ⓑ 　　　ⓒ

> **어휘**　der Termin [n.] 약속 | der Patient [n.] 환자 | der Attest [n.] 진단서 | die Untersuchung [n.] 검사 | die Gebühr [n.] 요금

유형 4 ••••

당신은 하나의 인터뷰를 듣게 됩니다. 본문은 두 번 듣게 됩니다.
16-20번까지의 문제가 옳은지 또는 틀렸는지 선택하세요. 이제 문제를 들어 봅시다.

예시

		Ja	Nein
0	두 사람은 지금 수학여행에 대해 이야기 한다.	~~Ja~~	Nein
16	Brunner 씨도 역시 수학여행에 참여하기를 원한다.	Ja	~~Nein~~
17	Bäcker 부인은 파리나 런던 중 한 곳이 수학여행으로 좋다고 생각한다.	~~Ja~~	Nein
18	많은 학생들은 그들이 어디로 가고 싶은지 전혀 모른다.	Ja	~~Nein~~
19	Brunner 씨는 수학여행 중에 꼭 영어나 프랑스어를 사용해야 한다고 생각한다.	Ja	~~Nein~~
20	Viki는 작년에 이미 런던에서 수학여행을 참가했다.	Ja	~~Nein~~

어휘 die Klassenfahrt [n.] 수학여행, 학급 여행 | **sich unterhalten** [v.] 이야기하다 | **teilnehmen** [v.] 참가하다 | **entweder A oder B** [cj.] A, B 둘 중 하나를 택하다 | **haben...teilgenommen** [v.] 참가했다 (teilnehmen의 현재완료)

▶ **Aufgabe 16 bis 20**

 MP3 03_12

📄 Skript

Frau Bäcker   Guten Tag, Herr Brunner.

Herr Brunner   Guten Tag, Frau Bäcker. Ich bin Vikis Vater. Ich weiss, dass Sie <u>angefangen haben</u>, mit den Schülern zusammen <u>die Klassenfahrt</u> zu <u>planen</u>.

Frau Bäcker   Ganz richtig.

Herr Brunner   Viki hat mir <u>erzählt</u>, dass Sie nach Österreich reisen wollen, wo man <u>bequem</u> mit dem Zug <u>hinfahren</u> und vielleicht <u>sogar</u> eine <u>Radtour</u> machen kann.

Frau Bäcker	Ja, aber da <u>haben</u> wir <u>uns</u> noch nicht <u>entschieden</u>. Wir sind noch am Überlegen. Die Schüler <u>haben</u> schon viele interessante Ideen <u>vorgeschlagen</u>.
Herr Brunner	Können Sie mir sagen, was Viki vorgeschlagen hat?
Frau Bäcker	Viki möchte gern nach Paris. Und viele Schüler möchten das auch. Aber es steht ja noch nicht <u>endgültig</u> fest wohin wir fahren. Wenn wir in eine Großstadt fahren, werden wir den Bus nehmen, aber für eine Reise in eine Kleinstadt werden wir das Rad nehmen.
Herr Brunner	Aber das ist doch die letzte Klassenfahrt. Und für alle sind doch Englisch und Französisch <u>Pflicht</u>. Wäre es da nicht besser mit der Klasse nach Paris oder London zu fahren?
Frau Bäcker	Das stimmt. Paris oder London wäre nicht schlecht, aber viele waren schon mal dort.
Herr Brunner	Ja, da haben Sie recht. Wir waren auch letztes Jahr mit Viki in London. Sie war <u>begeistert</u>. Es gibt dort viele <u>Sehenswürdigkeiten</u>.
Frau Bäcker	Ja, aber <u>außerdem</u> müssen wir auch an das Geld denken.
Herr Brunner	Ja, aber es wird bestimmt eine schöne Reise. Und für die letzte Klassenfahrt <u>lohnt</u> es <u>sich</u>, Geld <u>auszugeben</u>. Können Sie mir Bescheid geben, wenn Sie sich entschieden haben?
Frau Bäcker	Ja, das mache ich. Ich wünsche Ihnen noch einen schönen Tag!

🔍 해석

Bäcker 부인	Brunner 씨, 안녕하세요.
Brunner 씨	안녕하세요, Bäcker부인, 저는 Viki의 아빠예요. 저는 당신이 학생들과 함께 수학여행을 계획한다고 알고 있어요.
Bäcker 부인	네, 맞습니다.
Brunner 씨	Viki는 저에게 당신이 기차를 타고 가기 편하고 게다가 자전거 여행을 할 수 있는 오스트리아로 여행 가고 싶어 한다고 말했어요.
Bäcker 부인	네, 하지만 우리는 아직 결정하지 않았어요. 우리는 여전히 심사숙고하고 있어요. 학생들은 이미 많은 흥미로운 아이디어들을 제안했어요.
Brunner 씨	Viki가 무엇을 제안했는지 말해 주실 수 있나요?
Bäcker 부인	Viki는 파리에 가고 싶어 해요. 그리고 많은 학생도 그것을 원했어요. 하지만 우리가 가는 곳은 아직 최종적으로 결정되지는 않았어요. 우리가 큰 도시로 간다면 우리는 버스를 탈 것이지만, 작은 마을에서는 자전거를 탈 거예요.
Brunner 씨	하지만 이건 마지막 수학여행이에요. 그리고 영어와 프랑스어는 모두를 위해 필수이고요. 파리나 런던으로 가는 것이 분명히 더 도움이 되지 않나요?
Bäcker 부인	네, 맞아요. 파리나 런던은 나쁘지는 않을 거예요. 그러나 많은 학생이 이미 그곳에 다녀왔어요.
Brunner 씨	네, 그건 당신이 옳아요. 우리는 작년에도 Viki와 함께 런던에 있었어요. 그녀는 감격했어요. 그곳에는 많은 볼거리가 있으니까요.
Bäcker 부인	네, 하지만 그 밖에도 우리는 돈에 대해서도 생각을 해야 해요.

Brunner 씨	맞아요, 하지만 틀림없이 좋은 여행이 될 거예요. 그리고 마지막 수학여행을 위해서는 돈을 지불할 가치가 있어요. 결정된다면, 저에게 말씀해 주실 수 있나요?
Bäcker 부인	네, 그렇게 하겠습니다. 좋은 하루 보내세요!

어휘 haben...angefangen [v.] 시작했다 (anfangen의 현재완료) | die Klassenfahrt [n.] 수학여행 | planen [v.] 계획하다 | erzählen [v.] 이야기하다, 말하다 | bequem [a.] 쾌적한, 편안한, 편리한 | hinfahren [v.] ~을 타고 가다 | sogar [adv.] 게다가 | die Radtour [n.] 자전거 여행 | sich haben...entschieden [v.] 결정했다 (entscheiden의 현재완료) | haben...vorgeschlagen [v.] 제안했다 (vorschlagen의 현재완료) | endgültig [a.] 최종적인 | die Pflicht [n.] 의무 | begeistert [a.] 감격한 | die Sehenswürdigkeit [n.] 볼거리 | außerdem [adv.] 그 밖에, 그렇지 않으면 | sich lohnen [v.] 보람이 있다 | ausgeben [v.] 지출하다

유형 1 ● ● ● ●

Sie sind unterwegs in die Stadt und schreiben eine SMS an Ihren Freund Andy.

– Entschuldigen Sie sich, dass Sie zu spät kommen.

– Schreiben Sie warum.

– Nennen Sie einen neuen Ort und eine neue Uhrzeit für das Treffen.

Schreiben Sie 20-30 Wörter.
Schreiben Sie zu allen drei Punkten.

당신은 시내로 가는 길이고 당신의 친구 Andy에게 SMS를 씁니다.

– 당신이 늦게 오는 것에 대하여 사과의 말을 전하세요.
– 이유를 적으세요.
– 새로운 장소와 시간에 대하여 언급하세요.

20–30개의 단어로 적으세요.
3개의 모든 관점에 대하여 적으세요.

ⓠ 예시 답안

Es tut mir leid, dass ich zu spät ankomme. Ich habe ein Kind gesehen, das seinen Vater verloren hat. Ich war bei der Polizei. Sehen wir uns vor der Post um 7 Uhr.

🔎 해석

내가 너무 늦게 도착해서 미안해. 나는 아버지를 잃어버린 한 아이를 보았어. 나는 경찰서에 갔었어. 우리 우체국 앞에서 7시에 만나자.

◀ **어휘** haben...gesehen [v.] 보았다 (sehen의 현재완료) ┊ haben...verloren [v.] 잃어버렸다 (verlieren의 현재완료)

유형 2 ●●●○

Sie studieren an der Universität und müssen Ihrem Professor Herrn Wagner bis morgen eine Hausarbeit schicken. Leider sind Sie krank und können den Termin nicht einhalten. Schreiben Sie Herrn Wagner eine E-Mail.

– Entschuldigen Sie sich höflich.

– Geben Sie den Grund an.

– Machen Sie einen Vorschlag für einen späteren Abgabetermin.

Schreiben Sie 30-40 Wörter.
Schreiben Sie zu allen drei Punkten.

당신은 대학에서 공부를 하고 있으며 당신의 교수님인 Wagner 씨에게 내일까지 레포트를 보내야 합니다. 유감스럽게도 당신은 아프고 그 약속을 지킬 수 없습니다. Wagner 씨에게 메일을 적으세요.

– 정중하게 사과하세요.
– 이유를 적으세요.
– 연기된 제출 기간을 제안하세요.

30–40개의 단어로 적으세요.
3개의 모든 관점에 대하여 적으세요.

예시 답안

Sehr geehrter Herr Professor Wagner,
entschuldigen Sie mich bitte, aber ich kann Ihnen meine Hausarbeit leider nicht bis morgen abgeben. Ich hatte einen Unfall und liege im Krankenhaus. Ist es möglich, die Arbeit bis Ende nächster Woche abzugeben?

Mit freundlichen Grüßen
Caroline Frisch

해석

존경하는 Wagner 교수님께,
죄송합니다. 하지만 저는 유감스럽게도 당신에게 리포트를 내일까지 제출할 수가 없습니다. 저는 사고가 있었고 병원에 누워 있습니다. 제가 리포트를 다음 주 주말까지 제출해도 될까요?

친절한 안부를 담아
Caroline Frisch

어휘 der Professor [n.] 교수 | sich entschuldigen [v.] 사과하다 | die Hausarbeit [n.] 레포트 | der Unfall [n.] 사고 | abgeben [v.] 제출하다

유형 1 ● ○ ○ ○

당신은 4개의 카드를 받습니다. 카드에 적힌 주제를 가지고 4개의 질문을 만들고, 파트너에게 질문하고, 대답하는 시험 유형입니다.

시험 카드는 다음과 같은 모양입니다.

샘플 영상 보기 ▶

참가자 A

MP3 03_13

GOETHE-ZERTIFIKAT A2 Sprechen Teil 1
Fragen zur Person
Freizeit?

GOETHE-ZERTIFIKAT A2 Sprechen Teil 1
Fragen zur Person
Arbeitszeit?

GOETHE-ZERTIFIKAT A2 Sprechen Teil 1
Fragen zur Person
Soziale Netzwerke?

GOETHE-ZERTIFIKAT A2 Sprechen Teil 1
Fragen zur Person
Einkaufen?

Freizeit 여가시간

예시 답안

A Was machst du in deiner Freizeit?
B Wenn ich Zeit habe, gehe ich gern ins Kino.

해석

A 너는 여가시간에 무엇을 하니?
B 나는 시간이 있으면, 영화관에 즐겨 가.

어휘 die Freizeit 여가시간 | das Kino [n.] 영화관 | wenn [cj.] ~하면

Arbeitszeit 업무시간

예시 답안

A Wie viele Stunden arbeitest du am Tag?
B Ich arbeite wochentags acht Stunden.

해석

A 너는 하루에 몇 시간 일하니?
B 나는 평일에 8시간 일해.

어휘 die Stunde [n.] 시간 | wochentags [adv.] 평일에, 근무일에

Soziale Netzwerke 소셜 네트워크

🗨 예시 답안

A Was hälst du von Sozialen Netzwerken?

B Die finde ich gut. Ich denke positiv darüber. Man kann Kontakt zu vielen Menschen haben und man kann schnell Informationen herrausfinden.

🔍 해석

A 너 SNS(소셜 네트워크 서비스)에 대해서 어떻게 생각해?

B 나는 그것이 좋다고 생각해. 나는 그것에 대해 긍정적으로 생각해. 많은 사람과 교류 할 수 있고 정보들을 빠르게 찾아낼 수 있으니까.

어휘 die Sozialen Netzwerke [n.] SNS(소셜 네트워크 서비스) ┃ der Kontakt [n.] 관계, 교제 ┃ schnell [a.] 빠르게 ┃ fragen [v.] 질문하다

Einkaufen (일상용품을) 구매하기

🗨 예시 답안

A Was kaufst du oft ein?

B Ich kaufe oft Lebensmittel ein. Jeden Morgen gehe ich zum Bäcker und kaufe Brot. Ich liebe frisches Brot!

🔍 해석

A 너는 무엇을 주로 구매하니?

B 나는 주로 식료품을 주로 구매해. 매일 아침에 빵집에 가서 빵을 사. 나는 신선한 빵을 사랑해!

어휘 (pl.) Lebensmittel [v.] 식료품 das Brot [n.] 빵

참가자 B

MP3 03_14

GOETHE-ZERTIFIKAT A2	Sprechen Teil 1
Fragen zur Person	

Familie?

GOETHE-ZERTIFIKAT A2	Sprechen Teil 1
Fragen zur Person	

Ausflug?

GOETHE-ZERTIFIKAT A2	Sprechen Teil 1
Fragen zur Person	

Freunde?

GOETHE-ZERTIFIKAT A2	Sprechen Teil 1
Fragen zur Person	

Bücher?

Familie 가족

예시 답안

A Wie viele Personen gibt es in Ihrer Familie? (= Aus wie vielen Personen besteht Ihre Familie?)

B Meine Familie besteht aus 4 Personen.

해석

A 당신의 가족은 몇 명입니까?

B 저의 가족의 구성원은 4명입니다.

어휘 die Person [n.] 사람, 인물 | bestehen [v.] ~로 구성되다

Ausflug 소풍

예시 답안

A Wohin machen Sie oft einen Ausflug?

B Ich fahre gern nach Busan. / Ich verreise gerne nach Busan.

해석

A 당신은 어디로 자주 소풍을 갑니까?

B 저는 부산으로 가는 것을 좋아합니다. / 저는 부산으로 여행 가는 것을 좋아합니다.

어휘 der Ausflug [n.] 소풍 | verreisen [v.] 여행을 떠나다

Freunde 친구

💬 **예시 답안**

A Wie oft treffen Sie sich mit Ihrem Freund?
B Wir treffen uns einmal pro Woche.

🔍 **해석**

A 당신은 얼마나 자주 당신의 친구를 만납니까?
B 우리는 매주 한 번 만납니다.

어휘 oft [adv.] 자주 ┊ sich treffen [v.] 만나다

Bücher 책들

💬 **예시 답안**

A Welche Bücher lesen Sie gern? / Welche Bücher lesen Sie am liebsten?
B Ich lese gern Krimis und Biografien.

🔍 **해석**

A 당신은 어떤 책을 즐겨 읽으시나요? / 당신은 어떤 책을 가장 즐겨 읽으시나요?
B 저는 추리소설이나 전기를 읽는 것을 좋아합니다.

어휘 der Krimi [n.] 추리소설 ┊ die Biografie [n.] 전기

유형 2 ●●●●

Aufgabenkarte A

Sie bekommen eine Karte und erzählen etwas über Ihr Leben.

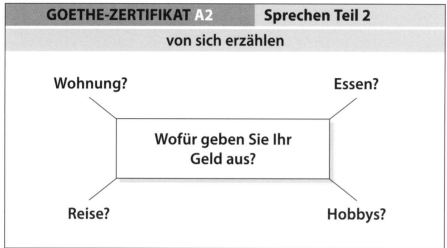

▶ Wohnung?

▶ Essen?

▶ Reise?

▶ Hobbys?

과제카드 A

MP3 03_15

당신은 카드를 받게 되고 당신 삶에 대해 설명해야 합니다.

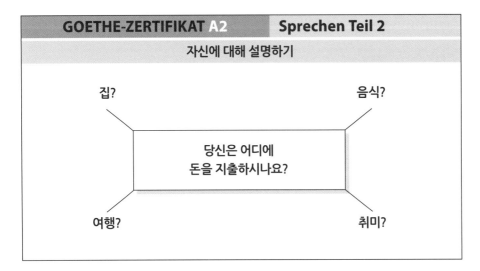

GOETHE-ZERTIFIKAT **A2**	**Sprechen Teil 2**

자신에 대해 설명하기

집?   음식?

당신은 어디에
돈을 지출하시나요?

여행?   취미?

💬 **예시 답안**

Frage 1: Wohnung?

Antwort A   Ich wohne jetzt bei meinen Eltern, daher bezahle ich keine Miete. Mein Bruder wohnt nicht mehr bei uns. Er muss jeden Monat über 300 Euro Miete bezahlen.

Antwort B   Na ja, wir müssen 600 Euro Miete für unsere Wohnung bezahlen. Es liegt im Zentrum. Das ist zwar viel, aber ich habe keine andere Möglichkeit.

Frage 2: Essen?

Antwort A   Ich gehe oft mit meiner Mutter zum Supermarkt. Wir kaufen dort Essen und Getränke. Ich kaufe gern gesunde Sache ein, aber die sind nicht billig.

Antwort B   Ich kaufe oft Lebensmittel ein. Ich lebe mit einer Freundin, deswegen brauchen wir viele Sachen. Zum Beispiel Kosmetik, Toilettenapapier und etwas zu essen.

Frage 3: Reise?

Antwort A   Jedes Jahr, wenn ich Urlaub habe, fahre ich auf die Insel Jeju. Dort wohnt meine Großmutter. Die Insel Jeju ist nicht so groß, es ist dort sehr schön. Dort gibt es schöne Orte, die man besuchen kann. Das Essen ist besonders lecker.

Antwort B   Ich reise gern. Wenn ich Geld habe, plane ich eine Reise. Ich möchte diesmal nach Japan, weil ich eine neue Kultur und Sprache kennenlernen will.

Frage 4: Hobbys?

Antwort A   Ich liebe Kleidung. Täglich schaue ich nach neuer Mode im Internet. Ich kaufe auch viel im Internet ein. Aber wenn ich die Kleider anprobieren möchte, gehe ich in ein Geschäft.

Antwort B   Ich verabrede mich gerne mit meinem Freund. Jedes Mal schauen wir uns einen Film an und danach gehen wir in einem berühmten Restaurant essen.

🔍 해석

질문 1. 집?

대답 A   저는 지금 부모님과 살고 있습니다. 그래서 집세를 지불하지 않습니다. 저의 형은 더 이상 우리와 함께 살지 않습니다. 그는 매달 300유로 이상의 집세를 지불해야 합니다.

대답 B   글쎄요, 우리는 600유로의 월세를 집을 위해서 지급해야 합니다. 그것은 시내에 위치합니다. 그것에 비록 꽤 많은 돈이 들어가지만, 저는 다른 방법이 없습니다.

질문 2. 음식?

대답 A   저는 저의 엄마와 함께 자주 슈퍼마켓에 갑니다. 우리는 그곳에서 음식과 음료를 구매합니다. 저는 건강에 좋은 것들을 즐겨 구매하지만, 그것들은 저렴하지 않습니다.

대답 B   저는 자주 식료품을 삽니다. 저는 친구와 살고 있습니다, 그렇기 때문에 많은 물건이 필요합니다. 예를 들어 화장품, 휴지, 그리고 무엇인가 먹을 것을요.

질문 3. 여행?

대답 A   저는 매년 휴가를 제주도로 갑니다. 그곳에는 저의 할머니가 살고 있습니다. 제주도는 그렇게 크지 않습니다, 하지만 그곳은 매우 아름답습니다. 그곳에는 방문할 만한 아름다운 장소들이 있습니다. 음식이 특별히 맛있습니다.

대답 B   저는 여행을 즐겨합니다. 저는 돈이 있으면, 여행을 계획합니다. 저는 이번에는 일본으로 가고 싶습니다, 왜냐하면 저는 새로운 문화와 언어를 알고 싶기 때문입니다.

질문 4. 취미?

대답 A   저는 옷을 좋아합니다. 매일 인터넷으로 새로운 유행에 대하여 봅니다. 저는 또한 인터넷에서 많은 구매를 합니다. 하지만 제가 옷들을 입어 보기를 원할 때는 가게로 갑니다.

대답 B   저는 남자친구와 함께 데이트를 즐겨 합니다. 우리는 매번 영화를 보고 그다음에 우리는 유명한 레스토랑으로 식사를 하러 갑니다.

어휘   **bezahlen** [v.] 지불하다 | **kein** ~않다 | **die Miete** [n.] 집세 | **wohnen** [v.] 살다 | **nicht mehr** 더 이상~아니다 | **oft** [adv.] 자주 | **zum Supermarkt** 슈퍼마켓으로 | **einkaufen** [v.] 구입하다, 사다 | **natürlich** [a.] 당연히 | **das Essen** [n.] 음식 | **das Getränk** [n.] 음료 | **gesunde Sachen** 건강한 것 | **billig** [a.] 저렴한 | **der Urlaub** [n.] 휴가 | **die Insel** [n.] | **der Ort** [n.] 장소, 지점 | **besuchen** [v.] 방문하다 | **besonders** [adv.] 특별히 | **lecker** [a.] 맛있는 | **lieben** [v.] 사랑하다 | **täglich** [a.] 매일의 | **im Internet** 인터넷에서 | **anprobieren** [v.] 입어 보다 | **gehen** [v.] 가다 | **das Geschäft** [n.] 가게

| 참고 | 시험관의 예상 질문

예시 질문

1. Gibt es noch etwas, wofür Sie gern Geld ausgeben?

2. Wie oft gehen Sie zum Supermarkt?

3. Können Sie mir ein Gericht der Jeju-Insel empfehlen?

4. Kaufen Sie im Internet ein? Oder lieber im Geschäft?

예시 답안

1. Ja, für meine Katze. Ich liebe Haustiere.
2. Einmal pro Woche gehe ich zum Supermarkt.
3. Man sollte in Insel Jeju Meeresfrüchte essen.
4. Ich kaufe meistens im Internet ein.

해석

1. 그 밖에 당신이 돈을 기꺼이 지출하는 다른 것이 또 있나요?
   → 네, 저의 고양이를 위해서요. 저는 애완동물들을 좋아해요.

2. 당신은 얼마나 자주 슈퍼마켓에 가나요?
   → 저는 일주일에 한 번 정도 슈퍼마켓에 갑니다.

3. 당신은 저에게 제주도의 요리 하나를 추천해 주실 수 있나요?
   → 제주도에서는 해산물을 먹어야 해요.

4. 당신은 인터넷 쇼핑을 좋아하나요? 아니면 가게에 가서 사는 것을 더 좋아하세요?
   → 저는 대부분 인터넷에서 구매해요.

❓ 그 외 질문

Nun erzählen Sie. Wann geben Sie für die Wohnung Geld aus?
Wo kaufen Sie oft Lebensmittel ein?
Mit wem gehen Sie in den Urlaub?
Mögen Sie Kleidung?

🔍 해석

이제 이야기해 보세요. 당신은 언제 주거를 위하여 돈을 지불합니까?
당신은 어디에서 자주 식료품을 구매하십니까?
당신은 누구와 함께 휴가를 가십니까?
당신은 옷을 좋아합니까?

유형 2 ●●●○

Aufgabenkarte B

Sie bekommen eine Karte und erzählen etwas über Ihr Leben.

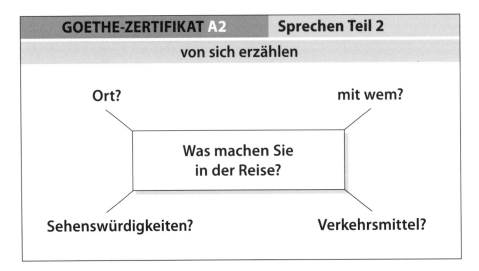

GOETHE-ZERTIFIKAT A2 | Sprechen Teil 2

von sich erzählen

Ort?

mit wem?

Was machen Sie in der Reise?

Sehenswürdigkeiten?

Verkehrsmittel?

▶ Ort?

▶ Mit wem?

▶ Sehenswürdigkeiten?

▶ Verkehrsmittel?

과제카드 B

MP3 03_16

당신은 카드를 받게 되고 당신 삶에 대해 설명해야 합니다.

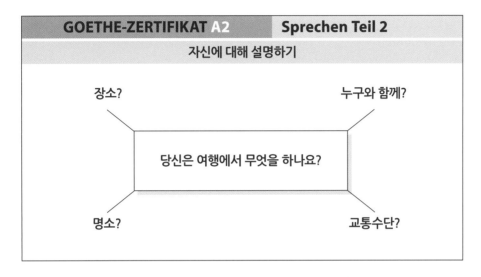

GOETHE-ZERTIFIKAT A2　　**Sprechen Teil 2**

자신에 대해 설명하기

장소?　　　　　　　　　　　　누구와 함께?

당신은 여행에서 무엇을 하나요?

명소?　　　　　　　　　　　　교통수단?

예시 답안

Frage 1: Ort

Antwort A　Manchmal gehe ich in die Berge oder ans Meer. Wenn das Wetter schön ist, fahren wir mit dem Auto auf einen Campingplatz in Busan. Der Campingplatz ist am Meer. Dort gibt es manchmal Veranstaltungen.

Antwort B　Ich besuche immer Venedig in Italien, wenn ich nach Europa reise. Dort besuche ich die Venice Biennale. Das ist immer super. Nächstes Mal möchte ich mit meiner Mutter dort hingehen. Außerdem möchte ich verschiedene Biersorten ausprobieren.

Frage 2: Mit wem?

Antwort A　Am liebsten fahre ich mit meiner Familie weg. Ich reise besonders gern mit meiner Schwester. Sie ist eine gute Reisepartnerin. Wir machen immer im Sommer Urlaub.

Antwort B　Ich reise oft allein. So kann Ich allein die Zeit genießen. Das finde ich auch nicht schlecht, aber manchmal habe ich mich einsam gefühlt. Deshalb will ich dieses Mal mit meinem Freund reisen.

Frage 3: Sehenswürdigkeiten?

Antwort A　Wenn ich reise, vergnüge ich mich nicht nur, sondern ich schaue mir auch gern Sehenswürdigkeiten, wie z.B. Museen, Kirchen oder die Altstädte an. Dabei informiere ich mich über die Geschichte dieser Orte.

Antwort B   Auf der Reise ist vieles neu und interessant. Ich schaue mir oft Ausstellungen an und besuche gerne schöne Dörfer. Aber ich gehe nicht gerne zu den sehr bekannten Sehenswürdigkeiten. Dort sind zu viele Leute.

Frage 4: Verkehrsmittel?

Antwort A   Meistens fahre ich mit dem Zug. Manchmal auch mit dem Auto. Wir fahren keine weiten Strecken, weil meine Eltern das nicht mögen. Letztes Jahr habe ich meinen Führerschein gemacht. Jetzt kann ich auch Auto fahren!

Antwort B   Jedes Land hat verschiedene Verkehrsmittel. Ich probiere meistens alle aus. Das ist interessant und es macht mir Spaß! Aber ich fahre nicht gern Taxi. Das ist teurer als die U-Bahn oder der Bus. Auf der Reise wandere ich viel, wenn es möglich ist.

🔍 해석

질문 1. 장소?

대답 A   저는 가끔 산이나 바다에 갑니다. 날씨가 좋으면 우리는 자동차를 타고 부산에 있는 캠핑장으로 갑니다. 캠핑장은 바다에 있습니다. 그곳에는 가끔 행사들도 있습니다.

대답 B   저는 유럽을 여행할 때, 이탈리아에 있는 베네치아를 방문합니다. 그곳에서 저는 베네치아 국제영화제를 항상 방문합니다. 그것은 항상 멋집니다. 다음번에는 어머니와 함께 그곳에 가고 싶습니다. 그 밖에도 저는 여러 가지 종류의 맥주를 먹어 보고 싶습니다.

질문 2. 누구와 함께?

대답 A   저는 가족과 함께 떠나는 것을 가장 좋아합니다. 저는 저의 여동생과 함께 여행하는 것을 특별히 좋아합니다. 그녀는 좋은 여행 파트너입니다. 우리는 항상 여름에 휴가를 갑니다.

대답 B   저는 자주 혼자 여행을 갑니다. 그러면 저는 혼자만의 시간을 즐길 수 있습니다. 저는 그것이 나쁘지 않다고 생각해요. 하지만 가끔 저는 외롭다는 생각을 했습니다. 그래서 이번에는 남자 친구와 함께 여행할 것입니다.

질문 3. 명소?

대답 A   저는 여행을 할 때, 즐기기만 할 뿐 아니라, 박물관, 교회 혹은 구시가지 같은 명소들을 구경합니다. 그것과 함께 저는 장소의 역사에 대한 정보를 알 수 있습니다.

대답 B   여행에서는 모든 것이 새롭고 흥미롭습니다. 저는 많은 전시회를 자주 보고 아름다운 시골 마을을 방문하는 것을 좋아합니다. 하지만 저는 유명한 명소들을 가는 것을 즐기지 않습니다. 그곳은 너무 많은 사람이 있습니다.

질문 4. 교통수단?

대답 A   저는 대부분 기차를 타고 갑니다. 가끔 자동차를 탈 때도 있습니다. 우리는 멀리 가지는 않습니다, 왜냐하면 저의 부모님이 그것을 좋아하지 않기 때문입니다. 저는 작년에 운전면허를 땄습니다. 이제는 저도 자동차를 운전할 수 있습니다.

대답 B　나라마다 다양한 교통수단이 있습니다. 저는 대부분의 것들을 시도해 봅니다. 그것은 흥미롭고 저에게 즐거움을 줍니다! 하지만 저는 택시 타는 것은 좋아하지 않습니다. 그것은 지하철 혹은 버스보다 비쌉니다. 여행을 할 때 저는 가능하다면 많이 걸어 다닙니다.

어휘　in die Berge 산으로 | der Campingplatz [n.] 캠핑장 | am Meer 바닷가에 | (pl.) die Sehenswürdigkeiten [n.] 명소 | das Museum [n.] 박물관 | Venedig [n.] 베네치아(지명) | Venice Biennale [n.] 베네치아 국제 영화제 | der Dom [n.] 성당 | die Altstadt [n.] 구시가지 | weit [a.] 먼 | weg [adv.] 떨어져있는 | meistens [adv.] 흔히, 대부분 | der Führerschein [n.] 운전면허증 | warm [a.] 따뜻한 | sich habe...gefühlt [v.] 느꼈다 (fühlen의 현재완료)

| 참고 | 시험관의 예상 질문

예시 질문

1. Was machen Sie davon am liebsten?

2. Waren Sie in Köln?

3. Fahren Sie auch gern mit dem Bus?

4. Machen Sie im Winter keinen Urlaub?

예시 답안

1. Ich mag Camping am liebsten.
2. Ja, ich habe dort den Dom gesehen. Das war fantastisch.
3. Ja, natürlich. Manchmal nehme ich den auch.
4. Doch, aber wir machen lieber im Sommer Urlaub.

해석

1. 그중에서 무엇을 가장 좋아하시나요?
   → 저는 캠핑하는 것을 가장 좋아합니다.

2. 당신은 Köln에 가봤습니까?
   → 네, 저는 그곳에서 그 성당을 보았습니다. 그것은 정말 멋졌습니다.

3. 당신은 버스도 즐겨 타시나요?
   → 네, 당연히요. 가끔은 버스도 탑니다.

4. 겨울에는 휴가를 안 가시나요?
   → 가요, 하지만 우리는 여름에 가는 것을 더 좋아해요.

정답 및 해설

 그 외 질문

Wie oft haben Sie Venice besucht?
Warum machen Sie Urlaub lieber im Sommer?

 해석

얼마나 자주 Venice를 방문하셨나요?
왜 여름에 휴가를 가는 것을 더 즐기시나요?

어휘 das Camping [n.] 캠핑 | am liebsten 가장 즐겨 하는 | fantastisch [a.] 경이로운, 훌륭한 | natürlich [a.] 당연히 | Venice [n.] (고유명사) 베니스 | haben...besucht [v.] 방문했다 (besuchen의 현재완료)

유형 3 ●●●●

Eine gemeinsame Aktivität aushandeln.

Sie vorbereiten einen Workshop mit Ihren Kollegen. Wann haben Sie beide Zeit?
Finden Sie einen Termin.

A

Samstag.01.Mai	
7:00	
8:00	
9:00	Frühstück mit Großvater
10:00	
11:00	Fußball-Training
12:00	
13:00	Friseur
14:00	
15:00	
16:00	Termin beim Bürgerarmt
17:00	
18:00	
19:00	
20:00	mit Klaus treffen
21:00	

B

Samstag.01.Mai	
7:00	schlafen
8:00	
9:00	
10:00	Joggen
11:00	
12:00	
13:00	Klavierunterricht
14:00	
15:00	
16:00	
17:00	
18:00	Kochkurs
19:00	
20:00	ins Konzert gehen
21:00	

공동의 활동에 대한 협상하기

MP3 03_17

당신은 당신의 동료와 함께 워크샵을 준비합니다.

언제 두 사람 모두 시간이 있습니까? 약속 시간을 찾아 보세요.

A

토요일. 5월 1일

시간	
7:00	
8:00	
9:00	할아버지와 아침 식사
10:00	
11:00	축구 훈련
12:00	
13:00	미용실
14:00	
15:00	
16:00	관공서 예약
17:00	
18:00	
19:00	
20:00	Klaus 만나기
21:00	

B

토요일. 5월 1일

시간	
7:00	
8:00	학자기
9:00	
10:00	조깅
11:00	
12:00	
13:00	피아노 수업
14:00	
15:00	
16:00	
17:00	
18:00	요리 수업
19:00	
20:00	콘서트 가기
21:00	

예시 답안

A Ich möchte mit dir zusammen einen Workshop vorbereiten, weil es viel Zeit in Anspruch nimmt. Hast du um 7 Uhr Zeit?

B Um 7 Uhr? So früh am Morgen? Da kann ich bestimmt nicht aufstehen. Weil ich sehr spät ins Bett gehe. Aber um 9 Uhr kann ich es schaffen.

A Das passt mir leider nicht. Da frühstücke ich jeden Tag mit meinem Großvater, damit ich etwas Zeit mit ihm verbringen kann. Diese Gelegenheit möchte ich nicht verpassen. Wollen wir uns um 10 Uhr treffen?

B Das geht nicht, da will ich joggen. In letzter Zeit habe ich viel zugenommen und aus gesundheitlichen Gründen muss ich abnehmen. Deswegen mache ich regelmäßig Sport. Vielleicht passt es dir um 12 Uhr?

A Das geht leider nicht. Da habe ich Fußballtraining. Diese Woche muss ich viel nachholen, weil ich letzte Woche eine Stunde verpasst habe. Und danach muss ich zum Friseur. Wie wäre es um 14 Uhr?

B Leider passt es da nicht. Da habe ich Klavierunterricht. Da muss ich einer Musikstudentin Nachhilfe geben. Meine Schülerin kann schon gut spielen, aber sie muss regelmäßig üben. Kannst du um 16 Uhr?

A Es tut mir leid. Ich habe einen Termin beim Bürgeramt, weil ich meinen Wohnsitz ummelden muss. Wie du ja weißt, ziehe ich nächste Woche um. Daher muss ich es rechtzeitig erledigen. Hast du um 18 Uhr Zeit?

B Das passt mir nicht. Ich habe eine Stunde Kochkurs. Ich bin gerade dabei Backen zu lernen. Damit ich meinem Freund was backen kann. Treffen wir uns um 19 Uhr.

A Dein Terminkalender ist ja voll. Ich habe von 19 Uhr bis 20 Uhr Zeit. Aber danach treffe ich mich um 20 Uhr mit Klaus. Sollen wir alle zusammen den Workshop vorbereiten?

B Schade, aber ich habe da ein Ticket für ein Konzert und der fängt um 20 Uhr an. Lass uns erst eine Stunde unterhalten und das nächste Mal es weiter besprechen.

A Gut. Lass uns es so machen.

해석

A 나는 너와 함께 워크숍을 준비하고 싶어. 왜냐하면 많은 시간이 많이 요구되잖아. 너는 7시에 시간이 있니?

B 7시에? 그렇게 아침 일찍? 나는 분명히 일어날 수 없을 거야. 왜냐하면 나는 늦게 자러 가거든. 하지만 나는 9시에는 해낼 수 있어.

A 그것은 유감스럽게도 나에게 맞지 않아. 나는 매일 나의 할아버지와 조금의 시간을 보내기 위해서 아침 식사를 해. 이 기회를 나는 놓치고 싶지 않아. 우리 10시에 만날까?

B 그때 조깅을 할 거라서, 가능하지 않아. 최근에 나는 매우 살이 많이 쪘고 건강상의 이유로 살을 빼야 해. 그래서 나는 규칙적으로 운동을 해. 혹시 너는 12시에 가능하니?

A 그것은 유감스럽게도 가능하지 않아. 그때 나는 축구 훈련이 있어. 이번 주에는 내가 보충 할 것이 많아. 왜냐하면 내가 지난주에 한 시간을 놓쳤거든. 그리고 그다음에는 미용실에 가야 해. 14시에는 어때?

B 유감스럽게도 그때 가능하지 않아. 그때는 나는 피아노 수업이 있어. 나는 그 시간에 음악을 배우는 학생에게 과외 수업을 해 줘야 해. 나의 학생은 벌써 피아노를 잘 치지만, 그녀는 규칙적으로 연습을 해야 해. 너는 16시에 가능하니?

A 미안해. 나는 그때는 내가 관공서에서 예약이 있어. 왜냐하면 나는 나의 거주지 이주 신고를 해야 하거든. 네가 이미 알고 있듯이, 나는 다음 주에 이사를 가. 그래서 나는 그것을 제때 끝내야 해. 너는 18시에는 시간이 있니?

B 그때는 나에게 알맞지 않아. 나는 한 시간 동안 요리 수업이 있어. 나는 요즘 베이킹을 배우고 있어. 내가 나의 (남자) 친구에게 무엇을 구워 줄 수 있게 말이야. 우리 19시에 만나자.

A 너의 스케줄은 가득 찼구나. 나는 19시부터 20시까지 시간이 있어. 하지만 그 다음에 20시에 나는 Klaus를 만나. 우리 모두 함께 워크숍을 준비할까?

B 유감이야. 하지만 나는 콘서트를 위한 표가 있고, 그것은 20시에 시작해. 우리 먼저 한 시간 대화하고 다음번에 계속해서 상의하자.

A 좋아. 우리 그렇게 하자.

어휘 vorbereiten [v.] 준비하다, 대비하다 | der Anspruch [n.] 주장, 요구, 권리 | schaffen [v.] 해내다, 만들다, 창조하다 | die Gelegenheit [n.] 기회, 위치, 경우 | verpassen [v.] 놓치다, 만나지 못하다 | haben...zugenommen [v.] 증가했다, 살이 쪘다 (zunehmen의 현재완료) | gesundheitlich [adv.] 건강상의 | abnehmen [v.] 살을 빼다, 떼어내다, 제거하다 | regelmäßig [adv.] 규칙적인, 한결같은 | nachholen [v.] 뒤이어 가져오다, 회복하다 | die Nachhilfe [n.] 보충 수업, 후원, 지원 | der Wohnsitz [n.] 주소, 거주지 | ummelden [v.] 전출입 신고를 하다 | rechtzeitig [adv.] 시기에 알맞은, 적시의 | erledigen [v.] (업무) 끝내다, (문제를) 해결하다 | sich unterhalten [v.] 대화하다 | jm. Bescheid geben [v.] 누군가에게 통보하다 | entscheiden [v.] 결정하다

Goethe-Zertifikat A2

Antwortbogen

Nachname, Vorname

Institution, Ort

Geburtsdatum

PS

PTN-Nr.

Lesen

Teil 1

	a	b	c
1	☐	☐	☐
2	☐	☐	☐
3	☐	☐	☐
4	☐	☐	☐
5	☐	☐	☐

Teil 2

	a	b	c
6	☐	☐	☐
7	☐	☐	☐
8	☐	☐	☐
9	☐	☐	☐
10	☐	☐	☐

Teil 3

	a	b	c
11	☐	☐	☐
12	☐	☐	☐
13	☐	☐	☐
14	☐	☐	☐
15	☐	☐	☐

Teil 4

	a	b	c	d	e	f	x
16	☐	☐	☐	☐	☐	☐	☐
17	☐	☐	☐	☐	☐	☐	☐
18	☐	☐	☐	☐	☐	☐	☐
19	☐	☐	☐	☐	☐	☐	☐
20	☐	☐	☐	☐	☐	☐	☐

Punkte Lesen

☐☐ / 20

Hören

Teil 1

	a	b	c
1	☐	☐	☐
2	☐	☐	☐
3	☐	☐	☐
4	☐	☐	☐
5	☐	☐	☐

Teil 2

	a	b	c	d	e	f	g	h	i
6	☐	☐	☐	☐	☐	☐	☐	☐	☐
7	☐	☐	☐	☐	☐	☐	☐	☐	☐
8	☐	☐	☐	☐	☐	☐	☐	☐	☐
9	☐	☐	☐	☐	☐	☐	☐	☐	☐
10	☐	☐	☐	☐	☐	☐	☐	☐	☐

Teil 3

	a	b	c
11	☐	☐	☐
12	☐	☐	☐
13	☐	☐	☐
14	☐	☐	☐
15	☐	☐	☐

Teil 4

	Ja	Nein
16	☐	☐
17	☐	☐
18	☐	☐
19	☐	☐
20	☐	☐

Punkte Hören

☐☐ / 20

_____
Unterschrift Bewertende/r 1

_____
Unterschrift Bewertende/r 2

Datum

※ 연습용 답안지입니다.

Goethe-Zertifikat A2

Antwortbogen

Schreiben

Teil 1

Aufgaben-erfüllung

Sprache

... Ende von Teil 1.

Teil 2

Aufgaben-erfüllung

Sprache

... Ende von Teil 2.

※ 연습용 답안지입니다.

Goethe-Zertifikat A2

Antwortbogen

Nachname, Vorname

PS ☐☐☐

Institution, Ort

Geburtsdatum ☐☐.☐☐.☐☐☐☐

PTN-Nr. ☐☐☐☐☐☐☐☐☐☐☐☐

Lesen

Teil 1

	a	b	c
1	☐	☐	☐
2	☐	☐	☐
3	☐	☐	☐
4	☐	☐	☐
5	☐	☐	☐

Teil 2

	a	b	c
6	☐	☐	☐
7	☐	☐	☐
8	☐	☐	☐
9	☐	☐	☐
10	☐	☐	☐

Markieren Sie so: ☒
NICHT so: ☒ ☐ ☒ ☐ ☑ ◯
Füllen Sie zur Korrektur das Feld aus: ■
Markieren Sie das richtige Feld neu: ☒

Teil 3

	a	b	c
11	☐	☐	☐
12	☐	☐	☐
13	☐	☐	☐
14	☐	☐	☐
15	☐	☐	☐

Teil 4

	a	b	c	d	e	f	x
16	☐	☐	☐	☐	☐	☐	☐
17	☐	☐	☐	☐	☐	☐	☐
18	☐	☐	☐	☐	☐	☐	☐
19	☐	☐	☐	☐	☐	☐	☐
20	☐	☐	☐	☐	☐	☐	☐

Punkte Lesen

☐☐ / 20

Hören

Teil 1

	a	b	c
1	☐	☐	☐
2	☐	☐	☐
3	☐	☐	☐
4	☐	☐	☐
5	☐	☐	☐

Teil 2

	a	b	c	d	e	f	g	h	i
6	☐	☐	☐	☐	☐	☐	☐	☐	☐
7	☐	☐	☐	☐	☐	☐	☐	☐	☐
8	☐	☐	☐	☐	☐	☐	☐	☐	☐
9	☐	☐	☐	☐	☐	☐	☐	☐	☐
10	☐	☐	☐	☐	☐	☐	☐	☐	☐

Teil 3

	a	b	c
11	☐	☐	☐
12	☐	☐	☐
13	☐	☐	☐
14	☐	☐	☐
15	☐	☐	☐

Teil 4

	Ja	Nein
16	☐	☐
17	☐	☐
18	☐	☐
19	☐	☐
20	☐	☐

Punkte Hören

☐☐ / 20

☐☐.☐☐.☐☐☐☐

_____
Unterschrift Bewertende/r 1

_____
Unterschrift Bewertende/r 2

Datum

※ 연습용 답안지입니다.

Goethe-Zertifikat A2

Antwortbogen

Schreiben

Teil 1

Sprache

Vs4.9_270916

... Ende von Teil 1.

Teil 2

Sprache

... Ende von Teil 2.

※ 연습용 답안지입니다.

Goethe-Zertifikat A2

Antwortbogen

Nachname, Vorname

PS

Institution, Ort

Geburtsdatum

PTN-Nr.

Vs4.9_270916

Lesen

Teil 1		a	b	c
1		☐	☐	☐
2		☐	☐	☐
3		☐	☐	☐
4		☐	☐	☐
5		☐	☐	☐

Teil 2		a	b	c
6		☐	☐	☐
7		☐	☐	☐
8		☐	☐	☐
9		☐	☐	☐
10		☐	☐	☐

Markieren Sie so: ☒

NICHT so: ☒ ☐ ☒ ⊡ ☑ ◯

Füllen Sie zur Korrektur das Feld aus: ■

Markieren Sie das richtige Feld neu: ☒

Teil 3		a	b	c
11		☐	☐	☐
12		☐	☐	☐
13		☐	☐	☐
14		☐	☐	☐
15		☐	☐	☐

Teil 4		a	b	c	d	e	f	x
16		☐	☐	☐	☐	☐	☐	☐
17		☐	☐	☐	☐	☐	☐	☐
18		☐	☐	☐	☐	☐	☐	☐
19		☐	☐	☐	☐	☐	☐	☐
20		☐	☐	☐	☐	☐	☐	☐

Punkte Lesen

☐☐ / 20

Hören

Teil 1		a	b	c
1		☐	☐	☐
2		☐	☐	☐
3		☐	☐	☐
4		☐	☐	☐
5		☐	☐	☐

Teil 2		a	b	c	d	e	f	g	h	i
6		☐	☐	☐	☐	☐	☐	☐	☐	☐
7		☐	☐	☐	☐	☐	☐	☐	☐	☐
8		☐	☐	☐	☐	☐	☐	☐	☐	☐
9		☐	☐	☐	☐	☐	☐	☐	☐	☐
10		☐	☐	☐	☐	☐	☐	☐	☐	☐

Teil 3		a	b	c
11		☐	☐	☐
12		☐	☐	☐
13		☐	☐	☐
14		☐	☐	☐
15		☐	☐	☐

Teil 4		Ja	Nein
16		☐	☐
17		☐	☐
18		☐	☐
19		☐	☐
20		☐	☐

Punkte Hören

☐☐ / 20

_____
Unterschrift Bewertende/r 1

_____
Unterschrift Bewertende/r 2

Datum

Goethe-Zertifikat A2

Antwortbogen

Schreiben

Teil 1

Aufgaben-
erfüllung

Sprache

... Ende von Teil 1.

Teil 2

Aufgaben-
erfüllung

Sprache

... Ende von Teil 2.

※ 연습용 답안지입니다.

일 단 합 격 하 고 오 겠 습 니 다

ZERTIFIKAT
DEUTSCH

독 일 어 능 력 시 험

실전모의고사

미니 핸드북

A2

동양북스

일단 합격하고 오겠습니다

ZERTIFIKAT
DEUTSCH

독일어능력시험

실전모의고사

미니 핸드북

A2

📖 동양북스

차례 Inhaltsverzeichnis

제1회

실전모의고사
스크립트

Hören

Teil 1

Sie hören fünf kurze Texte. Sie hören jeden Text **zweimal**.
Wählen Sie für die Aufgaben 1 bis 5 die richtige Lösung a,
b oder c.

Aufgabe 1

MP3 01_01

Und weiter geht's mit unserem zweiten Thema: Der Tausch! Rufen
Sie uns an und sagen Sie uns, was Sie doppelt haben. Zum Beispiel
Bücher, CDs oder Briefmarken usw. Aber man kann auch noch ganz
andere Sachen tauschen, oder? Geben Sie uns Ihre Ideen. Es gibt
tolle Preise zu gewinnen. So, das war's schon wieder für heute! Es ist
frühlingshaft geworden. Hoffentlich hören Sie morgen wieder Radio
„Mach mit"!

Aufgabe 2

MP3 01_02

Nun zum Wetter: Diese Woche ist das Wetter wechselhaft. Nach
einem freundlichen Tagesbeginn ziehen heute gegen Abend dunkle
Wolken auf. Heute, am Montag, ist es noch etwas kalt, aber morgen
können wir uns auf Temperaturen von 24 bis 26 Grad freuen und so
bleibt es auch am Mittwoch: sonnig und warm. Erst ab Donnerstag
kann es wieder etwas regnen.

Aufgabe 3

(MP3 01_03)

Guten Tag. Hier ist der Anrufbeantworter des Bürgerbüros. Sie rufen außerhalb unserer Sprechzeiten an. Diese sind montags, mittwochs und freitags von 8 bis 12 Uhr sowie dienstags und donnerstags von 10 bis 20 Uhr. Wenn Sie eine Nachricht hinterlassen möchten, geben Sie bitte Ihren Namen, Ihre Telefonnummer und den Grund Ihres Anrufs an. Wir rufen Sie dann so schnell wie möglich zurück. Vielen Dank und auf Wiederhören.

Aufgabe 4

(MP3 01_04)

Mann So, Frau Zaker. Jetzt sind Sie an der Reihe. Was kann ich für Sie tun?

Frau Ich habe mir im Urlaub in Vietnam am Strand den Arm gebrochen und musste zum Krankenhaus. Ich wollte fragen, welche Kosten die Krankenkasse übernimmt.

Mann Haben Sie irgendwelche Quittungen dabei?

Frau Ja, hier sind die Quittungen.

Mann Gut, das muss ich noch einmal genau prüfen, kann ich jetzt leider nicht sagen. Aber Sie hören noch von mir in den nächsten Tagen. Stimmt Ihre Telefonnummer noch?

Frau Ja, da hat sich nichts verändert.

Mann Gut. Ich melde mich bei Ihnen. Auf Wiedersehen.

Aufgabe 5

Also, Sie wollen morgen Mittag nach Donaueschingen fahren. Hier ist Ihre Verbindung. Jede halbe Stunde fährt er. Sie fahren um 11.50 Uhr ab Frankfurt ab und kommen um 17.10 Uhr in Donaueschingen an. Der Preis ohne Bahn-Card beträgt 114 Euro. Wenn Sie Studentin sind, können Sie das Ticket 10 Euro günstiger kaufen. Aber Ihren Studentenausweis brauche ich noch.

Teil 2

Sie hören ein Gespräch. Sie hören den Text **einmal**.

Was macht Paul diese Woche?

Wählen Sie für die Aufgaben 6 bis 10 ein passendes Bild aus
a bis i. Wählen Sie jeden Buchstaben nur einmal. Sehen
Sie sich jetzt die Bilder an.

Aufgabe 6 bis 10

(MP3 01_06)

Jara	Sag mal, was machst du eigentlich diese Woche?
Paul	Ich? Am Montag gehe ich ins Theater. Montags gibt es dort Ermäßigung!
Jara	Gute Idee!
Paul	Am Dienstag habe ich Tanzkurs. Als ich ein Kind war, nahm ich an einem Ballettkurs teil. Es gab mir ein gutes Gefühl. Deswegen habe ich wieder angefangen, einen Tanzkurs zu besuchen.
Jara	Wirklich? Ich mag das nicht, weil ich nicht so gut tanze.
Paul	Na ja, aber es macht Spaß und am Mittwoch fahre ich mit dem Zug ans Meer.
Jara	Ans Meer? Was machst du denn dort?
Paul	Natürlich schwimme ich dort.
Jara	Ach, ich habe aber Angst, im Meer zu schwimmen. Wenn ich du wäre, würde ich lieber ins Schwimmbad gehen.
Paul	Ich schwimme schon seit langem. Also, für mich ist das kein Problem.

Jara   Und was hast du am Donnerstag vor?

Paul   Am Donnerstag kommt ein guter Film in die Kinos. Daher werde ich ins Kino gehen.

Jara   Moment, Donnerstagabend habe ich auch Zeit. Kann ich mitkommen?

Paul   Ja, klar. Dann können wir danach ein Glas Bier trinken. Wir können uns nett unterhalten.

Jara   Okay, wie du möchtest. Ich konnte neulich nicht ins Kino, weil ich zu beschäftigt war.

Paul   Am Freitag gehe ich in die Bibliothek. Dort lese ich 3 Stunden lang einige Bücher. Ich lese sehr gern. Am Wochenende habe ich was ganz anderes vor. Ich fliege am Samstag für eine Woche nach England, weil ich dort meinen Onkel besuchen will.

Teil 3

Sie hören fünf kurze Gespräche. Sie hören jeden Text **einmal**. Wählen Sie für die Aufgaben 11 bis 15 die richtige Lösung a, b oder c.

Aufgabe 11 (MP3 01_07)

Frau	Hallo Tom, schön dich zu sehen. Frau Müller, meine Deutschlehrerin, hat uns alle zum Essen eingeladen. Ich will etwas mitbringen, aber ich weiß nicht was. Vielleicht Blumen? Oder trinkt sie gerne Wein?
Mann	Nein, sie mag keinen Wein. Vielleicht Blumen sind besser. Ich weiß, dass sie gern im Garten arbeitet.
Frau	Weißt du zufällig für was für eine Blume sie sich besonders interessiert?
Mann	Nein, ich weiß auch nicht welche. Ich habe eine gute Idee. Wir könnten ja auch eine Pflanze kaufen. Das ist vielleicht besser als Blumen.
Frau	Ja, eine Pflanze ist gut. Und wir brauchen auch eine Karte, die alle unterschreiben.
Mann	Ja, eine Karte. Wollen wir das nächste Woche am Donnerstag zusammen kaufen?
Frau	Ja, das ist am besten.

Aufgabe 12

MP3 01_08

Frau	Guten Tag, Herr Masslich. Hier ist Anja von Haus Nr. 3. Ich hatte wegen der Reparatur schon gestern angerufen.
Mann	Ja. Aber der Techniker ist gerade nicht auf seinem Platz. Er hat den Aufzug gestern Abend schon repariert. Die Lampe im Erdgeschoss geht auch wieder.
Frau	Ja. Aber seit gestern ist die Eingangstür meiner Wohnung nicht in Ordnung. Könnten Sie bitte kommen und sich das mal ansehen?
Mann	Heute ist Donnerstag, der 8. Mai. Leider können wir morgen nicht zu Ihnen kommen. Wir können aber eventuell übermorgen, am Freitag bei Ihnen vorbeikommen. Würde Ihnen das passen?
Frau	Ja, gut.

Aufgabe 13

MP3 01_09

Frau	Hey Roland, wir machen doch morgen einen Ausflug. Schau wie das Wetter wird, bevor wir abfahren.
Mann	Ja, stimmt. Gestern war das Wetter nicht so gut. Es war windig und zu kalt. Das Wetter ist heute schön. Ich hoffe, es bleibt so.
Frau	Hast du dir einen warmen Pullover eingepackt? Am Abend wird es dir ganz schön kalt.
Mann	Den brauche ich doch gar nicht. Ich will nicht so viele Sachen mitnehmen. Das muss ich sowieso alles tragen.
Frau	Wie du meinst. Ich hoffe es auch, dass das Wetter schön bleibt.

Aufgabe 14

(MP3 01_10)

Mann	Frau Schneider, hier Peter Meyer vom Sportverein. Wir brauchen noch etwas für Ihre Anmeldung.
Frau	Aber ich habe Ihnen schon gestern das Anmeldeformular gegeben. Und dort ist auch meine Unterschrift darauf. Was fehlt noch?
Mann	Ah ja, ich habe es bekommen, und Ihr Foto auch. Aber wir brauchen noch eine Kopie von Ihrem Ausweis.
Frau	Das ist kein Problem. Dann werde ich diese in Ihren Briefkasten einwerfen.
Mann	Gut. Vielen Dank.

Aufgabe 15

(MP3 01_11)

Mann	Guten Morgen, Anna, wie war dein Wochenende?
Frau	Es war sehr schön, aber leider zu kurz. Ich war mit meiner Familie auf dem Sommerfest.
Mann	Ich beneide dich. Ich war nur zu Hause.
Frau	Du kannst auch dorthin. Das Fest findet nächste Woche auch statt. Ach Hendrick, die Sprachschule ist umgezogen. Wusstest du das schon?
Mann	Nein, wo ist sie jetzt?
Frau	Neben dem Supermarkt in der Altenbergstraße.
Mann	Und wo genau?
Frau	Zwischen dem Supermarkt Aldi und der Apotheke. Du musst an der Haltestelle Werden Bahnhof aussteigen.

Teil 4

Sie hören ein Interview. Sie hören den Text **zweimal**.

Wählen Sie für die Aufgaben 16 bis 20 [Ja] oder [Nein].

Lesen Sie jetzt die Aufgaben.

Aufgabe 16 bis 20　　　　　　　　　　(MP3 01_12)

Ansager	Sie kommen aus Russland, Olga. Wann sind Sie nach Deutschland gekommen?
Olga	Das war 2006. Damals war ich 8 Jahre alt.
Ansager	Wie fanden Sie das neue Leben in Deutschland?
Olga	Es hat mir nicht so gut gefallen. Ich hatte ein großes Problem mit Deutsch. Ich hatte schon einmal einen Nachhilfelehrer, mit dem habe ich mich aber nicht so gut verstanden. Ich glaube, der war zu alt.
Ansager	Und dann? Wie ging es dann weiter? Das ist ja sehr interessant!
Olga	Meine Mutter hat eine Anzeige in der Zeitung gesehen und hat gefragt, ob sie auch Nachhilfe in Deutsch anbieten. Die haben gesagt: „Vielleicht lernt Ihre Tochter lieber in einer Gruppe? Zurzeit haben wir eine Deutschgruppe." Ich bin direkt eingestiegen und nach ein paar Monaten hatte sich mein Deutsch sehr verbessert.
Ansager	Super! Wie haben Sie denn mit Musik angefangen?
Olga	Als ich in der Schule war, hat mein Musiklehrer mir empfohlen, eine Musikerin zu werden. Jetzt mache ich schon seit 14 Jahren Musik und liebe Musik!

Ansager	Und Sie haben vor einem Monat, bei dem sehr bekannten Klavier-Wettbewerb „Elisabeth" gewonnen. Glückwunsch!
Olga	Danke. Ich hoffe, dass ich bald auch einmal bei einem internationalen Konzert spielen kann.
Ansager	Was machen Sie denn, wenn Sie nicht spielen?
Olga	Im Moment habe ich keine Zeit für anderes. Aber später möchte ich viel Sport treiben und meine Zeit genießen.
Ansager	Sagen Sie uns auch welchen Sport Sie machen möchten?
Olga	Vielleicht Fußball? Sport hilft mir meinen Gesundheitszustand zu erhalten und befreit mich vom täglichen Stress.
Ansager	Na dann, alles Gute für Sie und danke für das Gespräch.
Olga	Gerne.

Sprechen

Teil 1

예시 답안 A

MP3 01_13

Wohnort

A Wo wohnen Sie?

B Ich wohne in Seoul, in der Sogong-ro.

Urlaub

A Was machst du im Urlaub? (= Was hast du im Urlaub vor?)

B Ich weiß noch nicht. Vielleicht werde ich in die Schweiz, oder ans Meer fahren.

Sport

A Interessierst du dich für Sport?

B Im Moment treibe ich keinen Sport, weil ich sehr viel zu tun habe. Aber früher bin ich oft schwimmen gegangen.

Hobbys

A Was ist Ihr Hobby? / Was machen Sie gern?

B Meine Hobbys sind Lesen und Musik hören. / Ich lese gern und höre Musik.

Sprachen

A Was ist Ihre Muttersprache?

B Meine Muttersprache ist Koreanisch.

Heimatland

A Woher kommen Sie?

B Ich komme aus Korea. Ich bin in Seoul geboren.

Beruf

A Was sind Sie von Beruf?

B Ich bin Sekretär von Beruf.

Geburt

A Wann bist du geboren?

B Ich bin am 1.3.1987 geboren.

Teil 2

예시 답안 A (MP3 01_15)

Frage 1: Freunde besuchen?

A Meine beste Freundin ist Julia. Sie wohnt nebenan. Ich besuche sie oder sie besucht mich. Wir reden viel, hören Musik, sehen fern und trinken zusammen Kaffee.

B Am Wochenende treffe ich mich mit meiner Freundin. Wir gehen oft ins Café und ins Restaurant. Manchmal gehen wir shoppen. Und wir erzählen uns, was wir in den vergangenen Tagen erlebt haben.

Frage 2: sich ausruhen?

A Wochentags habe ich viele Hausaufgaben. Deshalb schlafe ich sonntags lange aus. Ich schlafe manchmal bis 12 Uhr. In meiner Freizeit liege ich gern lange Zeit auf dem Sofa und ruhe mich aus.

B Ich möchte mich ausruhen, aber ich habe viele Hausaufgaben. Deswegen muss ich auch an Wochenenden früh aufstehen. Und ich muss auch meine Wohnung putzen.

Frage 3: Kino?

A Am Wochenende sehe ich sehr gern einen neuen Film im Kino. Ich gehe manchmal mit meiner Freundin oder mit meiner Schwester ins Kino. Beim Film sehen kaufe ich unbedingt ein Popcorn. Und neben dem Kino gibt es ein Café. Da gehe ich auch gern hin.

B Ich mag es Filme anzuschauen. Aber wochentags habe ich immer viel zu tun, deshalb gehe ich eher an Wochenenden ins Kino. Viele Leute gehen hier ins Kino. Ich möchte die Filme gern auf Englisch sehen, aber hier werden die Filme meistens auf Koreanisch vorgeführt.

Frage 4: Hobbys?

A Sport ist mein Hobby. Am Sonntag gehe ich immer schwimmen. Das macht Spaß! Ich fahre auch gern Fahrrad. Aber wenn ich zu Hause bin, höre ich gern Musik.

B Ich habe nur am Samstag Zeit. Deshalb ist mir der Samstag wichtig. Ich gehe oft in die Stadt und treffe meine Freunde. Wir gehen ins Museum und essen was Gutes. Das mag ich sehr. Und am Abend lerne ich Gitarre spielen. Ich spiele es schon seit einem Jahr.

예시 답안 B (MP3 01_16)

Frage 1: Traumberuf?

A Ich möchte Schauspieler werden, deshalb studiere ich jetzt Theaterschauspiel. Das war immer mein Traumberuf. Ich fühle mich gut, wenn ich auf der Bühne bin.

B Ich weiß es noch nicht genau, aber für nächstes Jahr plane ich nach Deutschland zu gehen und dort zu studieren.

Frage 2: Kinder?

A Über Kinder habe ich noch nicht so viel nachgedacht. Dafür bin ich noch zu jung. Ich denke, dass ich noch viel Zeit habe, darüber nachzudenken.

B Ich möchte aber in der Zukunft Kinder haben. Wenn ich in Deutschland lebe, möchte ich Kinder bekommen. Aber während ich in Korea lebe, will ich keine Kinder haben. Es kostet zu viel und die Kinder müssen zu viel lernen. Das gefällt mir nicht.

Frage 3: Haus?

A Ich wohne jetzt bei meinen Eltern. Über mein eigenes Zuhause habe ich noch nicht viel nachgedacht. Aber wenn ich ein Haus kaufen kann, will ich ein Haus mit einem Garten kaufen. Dort möchte ich viele Blumen einpflanzen.

B Zurzeit wohne ich allein in Seoul. Meine Wohnung ist sehr klein. Aber sie liegt nicht weit von der U-Bahnstation und von der Arbeit. Ich plane nach ein, oder zwei Jahren in eine größere Wohnung umzuziehen. Dann kann ich auch Freunde einladen und zu Hause mit ihnen eine schöne Zeit verbringen. Das wäre so gut!

Frage 4: Fremdsprache?

A Seit 2 Jahren lerne ich Deutsch. Eine neue Sprache zu lernen und sie zu verstehen, ist mir wichtig. Wenn ich gut Deutsch sprechen kann, werde ich Deutschland und dessen Kultur besser verstehen.

B Ich lerne nicht eine Fremdsprache, sondern drei Fremdsprachen. Ich kann auf Deutsch, Englisch und Russisch sprechen. Ich würde auch gern auf Chinesisch sprechen können.

예시 답안

MP3 01_17

A Beim Deutsch lernen brauche ich ein Wörterbuch. Weil es dann für mich einfacher ist neue Wörter zu lernen oder nachzuschlagen, falls ich ein Wort nicht kenne. Ich möchte am Dienstag mit dir ein neues Wörterbuch besorgen. Hast du um 9 Uhr Zeit?

B Es tut mir leid. Um 9 Uhr frühstücke ich mit meiner Familie. Mein großer Bruder fährt bald wieder nach England für sein Studium. Deshalb wollen wir vor seinem Abflug zusammen essen und etwas Zeit mit ihm verbringen. Passt es dir um 10 Uhr?

A Ach leider geht es nicht. Jeden Tag um 10 Uhr gehe ich eine Stunde joggen. Ich mache es seit einem Jahr und bin sehr fit und gesünder als vorher geworden. Geht es bei dir um 11 Uhr?

B Da lerne ich Deutsch. Zurzeit bereite ich mich für die A2 Prüfung vor. Ich hoffe, dass ich eine gute Note bekomme und die Prüfung bestehe. Sollen wir uns um 13 Uhr treffen?

A Nein, das passt leider nicht gut, weil ich da einen Friseurtermin habe. Ich muss unbedingt hingehen, da es sonst zu lange dauert wieder einen Termin zu bekommen. Und ohne Termin hinzugehen ist nicht möglich. Wie wäre es um 14 Uhr?

B Das geht nicht, da treffe ich mich mit Tim, um einen Film zu sehen. Wir wollen einen Krimi sehen. Wir haben sehr gutes über den Film gehört und haben lange darauf gewartet. Wenn du willst, kannst du mitkommen oder kannst du um 16 oder 17 Uhr?

Sprechen

A Leider fängt da mein Deutschunterricht an. Meine neue Deutschlehrerin ist super! Sie bringt Deutsch sehr wirkungsvoll bei. Ich lerne ganz viel Neues von ihr. Geht es bei dir um 18 Uhr?

B Da muss ich mein Fahrrad reparieren lassen, das schon seit einer Woche kaputt ist. Passt es dir um 19 Uhr?

A Das ist super, vor 20 Uhr geht es bei mir. Ich habe lange auf das Fußball-Länderspiel gewartet. Heute spielt Korea gegen Deutschland. Ich bin so aufgeregt!

B Okay, dann sehen wir uns um 19 Uhr, aber bitte sei pünktlich!

A Natürlich! Bis dann!

Teil 3-2

예시 답안

A Sollen wir morgen etwas zusammen unternehmen?

B Das ist eine gute Idee. Hast du einen Vorschlag, was wir machen könnten?

A Beim Deutsch lernen brauche ich ein Wörterbuch. Weil es dann für mich einfacher ist neue Wörter zu lernen oder nachzuschlagen, falls ich ein Wort nicht kenne. Ich möchte am Dienstag mit dir zusammen ein neues Wörterbuch besorgen gehen. Wollen wir zum Buchladen gehen?

B Es tut mir leid. Ich brauche kein Buch. Wir können meinen Freund Mario treffen. Er fährt bald wieder nach England für sein Studium. Deshalb wollte ich, bevor er fliegt zusammen essen und etwas Zeit mit ihm verbringen. Willst du auch zusammen essen gehen?

A Ach da will ich nicht stören. Ich jogge zurzeit. Ich mache es seit einem Jahr und bin sehr fit und gesünder als vorher geworden. Mach doch mit!

B Ich laufe wirklich nicht gerne. Hmmm... Wir bereiten uns doch auf die A2 Prüfung vor. Ich hoffe, dass ich eine gute Note bekomme und die Prüfung bestehe. Sollen wir uns um 13 Uhr treffen? Wollen wir zusammen Deutsch lernen?

A Nein, ich will am Samstag nicht mehr lernen. Ich habe davon auch viel Stress. Ich habe eine gute Idee! Wollen wir zum Friseur gehen? Ich muss unbedingt meine Haare schneiden lassen. Ich kenne einen guten Ort und dort gibt es jetzt eine Ermäßigung.

B Ich muss meine Haare nicht schneiden lassen. Ich habe vom einem sehr guten Film gehört und ich habe lange darauf gewartet. Wenn du willst können wir einen Krimi anschauen gehen.

A Das finde ich nicht gut. Nach dem Film schauen fühle ich mich immer sehr müde. Das Wetter ist so schön. Wir können morgen ein kleines Picknick in einem Park machen und auch Fahrrad fahren. Was hältst du davon?

B Dann muss ich zuerst mein Fahrrad reparieren lassen, das schon seit einer Woche kaputt ist. Machen wir es nächstes Mal. Ich habe lange auf das Fußball-Länderspiel gewartet. Morgen spielt Korea gegen Deutschland. Ich bin so aufgeregt! Wollen wir bei mir das Spiel sehen und Pizza essen?

A Das liebe ich auch, lass uns dann das Spiel ansehen.

B Bis dann!

제2회

실전모의고사
스크립트

Hören

Teil 1

Sie hören fünf kurze Texte. Sie hören jeden Text **zweimal**. Wählen Sie für die Aufgaben 1 bis 5 die richtige Lösung a , b oder c .

Aufgabe 1

MP3 02_01

Es ist 10 Uhr. Wie jeden Abend um diese Zeit findet unser Gewinnspiel statt. Heute fangen wir mit Urlaubsorten an. Wohin reisen die Deutschen am liebsten? Antwort Nummer 1, nach Italien. Antwort Nummer 2, nach Österreich oder Antwort Nummer 3, in die Schweiz. Rufen Sie uns an unter 123 24 24 und gewinnen Sie eine Reise für 2 Personen an die Ostsee. Und jetzt noch ein Geburtstagsgruß: Julia Bäcker hat heute Geburtstag. Julia wird heute 18 Jahre alt: Ja, mit 18 hat man noch viele Träume. Alles Gute und viel Glück wünschen dir deine Eltern und Geschwister und natürlich das gesamte Radio-Tenten-Team.

Aufgabe 2

MP3 02_02

Und jetzt folgt das Wetter. Heute bleibt es tagsüber weiterhin schön. Aber gegen 9 Uhr abends wird es Gewitter geben. In den Alpen werden starke Gewitter erwartet. Da werden die Temperaturen fallen. Morgen wird es dann nass und kühler. Die Temperaturen fallen auf 8 Grad im Süden und auf 3 Grad im Norden. Am Wochenanfang wird es wieder wärmere Temperaturen geben, die bis auf 20 Grad gehen können. Allerdings ist mit Regen zu rechnen. Wir müssen leider noch auf den Frühling warten.

Aufgabe 3

MP3 02_03

Jara, hier ist David. Was ist los? Ich habe dich schon drei Mal angerufen, aber ich konnte dich nicht erreichen. Eigentlich sind wir doch am Wochenende verabredet. Da muss ich leider noch länger arbeiten. Aber passt es dir vielleicht morgen? Es gibt ein Theaterstück „Die Königin des Sommers". Hast du Lust es zusammen zu sehen? Die Eintrittskarten kosten jeweils 30 Euro. Falls du damit einverstanden bist, werde ich die Karten Online kaufen und wir müssen es nur bis 19 Uhr an der Kasse abholen. Falls ich zu spät komme kannst du es dann machen, weil meine Arbeit um 19:30 Uhr endet. Danke und bis später.

Aufgabe 4

MP3 02_04

Hallo Paul. Denk bitte an mein Kleid. Du kannst es doch aus der Reinigung abholen, oder? Sonst weiß ich nicht, was ich bei Leonies Konzert anziehen soll. Ich gehe jetzt zum Arzt, weil ich stark erkältet bin. Danach muss ich noch ein Geschenk besorgen. Aber das kann ich schaffen. Wenn du einen Vorschlag hast, was man kaufen könnte, dann gib mir Bescheid. Wir treffen uns später vor der Konzerthalle.

Aufgabe 5

MP3 02_05

Guten Tag, Praxis Dr. Holzger hier, Sabine Peterson am Apparat. Frau Angelika, Sie waren vor drei Tagen zur Blutabnahme bei uns. Jetzt sind die Ergebnisse da und der Doktor würde gern noch mal kurz mit Ihnen sprechen. Bitte rufen Sie uns zurück, um einen neuen Termin zu vereinbaren. Die Nummer lautet 0080 72 92 82. Auf Wiederhören.

Teil 2

Sie hören ein Gespräch. Sie hören den Text **einmal**.

Was macht Paul diese Woche?

Wählen Sie für die Aufgaben 6 bis 10 ein passendes Bild aus
a bis i. Wählen Sie jeden Buchstaben nur einmal. Sehen
Sie sich jetzt die Bilder an.

Aufgabe 6 bis 10 (MP3 02_06)

Nico	Hallo Hannah. Kannst du dich noch daran erinnern, dass wir am Wochenende eine Geburtstagsparty organisieren. Hat die Planung schon begonnen?
Hannah	Ja, natürlich, aber es ist noch nicht alles erledigt. Diesmal haben viele von uns Geburtstag, deshalb müssen wir viele verschiedene Geschenke besorgen. Ich habe gestern Miriam getroffen und schon mit der Vorbereitung angefangen.
Nico	Oh, so viele Geschenke hast du schon gekauft?
Hannah	Ja, aber ich bin mir noch nicht ganz sicher, was Frau Schiller gefallen würde.
Nico	Ich weiß, dass sie gern Bücher liest. Über ein Buch würde sie sich bestimmt freuen.
Hannah	Oh, das hört sich gut an. Kennst du dich mit Herrn Schiller gut aus?
Nico	Nein, aber so weit ich es in Erinnerung habe, trinkt er gern Wein. Wir können ihm einen Wein schenken.

Hannah	Das ist aber eine gute Idee. Wie findest du die Tasche hier?
Nico	Sie ist fantastisch!
Hannah	Rate mal, für wen ich das gekauft habe.
Nico	Vielleicht für Isabella?
Hannah	Nein, das ist für Nadine. Vor einer Woche sind wir zusammen shoppen gegangen. Sie fand die Tasche ganz schön und wollte sie unbedingt haben. Hier gehe ich nur einkaufen, wenn gerade Schlussverkauf ist.
Nico	Das ist doch wunderbar. Ich kann mir schon gut das Gesicht von Nadine vorstellen. Was für ein Geschenk hast du denn für William und Paula?
Hannah	William hört gern Musik. Deshalb habe ich CDs geholt. Und Paula mag Blumen. Deswegen habe ich ihr Tulpen gekauft.
Nico	Also, deine Idee finde ich echt toll!
Hannah	Und das hier ist für dich! Du hast doch auch bald Geburtstag, oder? Ich dachte, dass der Hut dir gut stehen würde. Setz ihn mal auf! Es wird dir bestimmt gefallen.
Nico	Wow, ich habe gar nicht gewusst, dass du auch für mich etwas besorgt hast. Ich finde den super. Vielen Dank!
Hannah	Gern! Lass uns dann nur einen Kuchen kaufen und dann sind wir mit der Vorbereitung fertig.
Nico	Das wird sicher eine große Überraschung werden.

Teil 3

Sie hören fünf kurze Gespräche. Sie hören jeden Text **einmal.** Wählen Sie für die Aufgaben 11 bis 15 die richtige Lösung a, b oder c.

Aufgabe 11

(MP3 02_07)

Mann	Guten Tag, Frau Schildkamp. Lange nicht mehr gesehen. Hatten Sie viel zu tun im Restaurant?
Frau	Ja, zurzeit kommen sehr viele Leute. Sind Sie jetzt frei?
Mann	Sicher, nehmen Sie Platz. Wie machen wir es heute? So wie immer?
Frau	Hmmm... Meine Haarfarbe gefällt mir nicht mehr. Ich hätte sie gern ein wenig heller.
Mann	Was halten Sie davon, wenn wir es blond machen? Ich zeige Ihnen das mal im Katalog.
Frau	Gute Idee. .
Mann	Erstens werde ich Sie kämmen.
Frau	Nur ein paar Zentimeter schneiden. Ich will sie wachsen lassen.
Mann	So machen wir es.

Hören

Frau	Hallo, Martin. Ich brauche deine Hilfe.
Mann	Was ist denn los?
	Hast du wieder Probleme mit dem Computer?
Frau	Nein, dank deiner Hilfe ist alles einwandfrei. Aber mein Drucker funktioniert nicht mehr. Kann ich kurz zu dir kommen, um etwas auszudrucken?
Mann	Warum nicht, aber ich muss gleich losfahren. Ruf mich auf meinem Handy in 2 Stunden wieder an. Dann bis nachher!

Aufgabe 13 (MP3 02_09)

Mann	Hallo Frau Wenekamp, lange nicht gesehen! Wie geht's denn so?
Frau	Im Moment nicht so gut. Ich habe immer starke Kopfschmerzen.
Mann	Ach. Das tut mir aber leid. Sind Sie krank?
Frau	Nein. Aber Ihre Musik ist seit einer Woche wieder so laut. Ich glaube es liegt daran.
Mann	Tatsächlich? Eigentlich bin ich meistens nicht zu Hause. Aber meine Kinder sind oft da. Es kommen auch ab und zu ihre Freunde vorbei.
Frau	Da ich oft Kopfschmerzen habe, bitte ich Sie darum, abends die Musik auszumachen.
Mann	Das ist doch vollkommen klar. Ich spreche gleich mal mit meinen Kindern.

Aufgabe 14

MP3 02_10

Mann	Frau Schulz, Ihr Mietvertrag ist fertig. Die monatliche Miete muss immer am ersten Tag des Monats bezahlt werden.
Frau	Das mache ich. Ich würde die Wohnung gerne noch einmal sehen, allerdings müsste ich vorher wissen, ob ich die Wohnung etwas später mieten könnte.
Mann	Ja, natürlich, wann Sie möchten. Sie könnten auch nächste Woche einziehen. Aber auf dem Vertrag fehlt noch Ihre Unterschrift.
Frau	Ach, das werde ich machen.
Mann	Gut, passt es Ihnen am Samstagvormittag?
Frau	Ja gut, so gegen 10 Uhr? Wie ist denn die Adresse?
Mann	Hohe Eich Straße 3. Gut, bis Samstag, 10 Uhr. Auf Wiederhören.
Frau	Auf Wiederhören.

Aufgabe 15

MP3 02_11

Mann	Entschuldigung, Ich bin neu hier. Wie komme ich zum Rathaus?
Frau	Gehen Sie zuerst geradeaus und biegen Sie dann bei der nächsten Kreuzung links ab. Danach gehen Sie noch 50 Meter geradeaus und dann sehen Sie schon das Rathaus.
Mann	Es ist ein bisschen kompliziert. Wie heißt die Straße hier? Könnten Sie mir bitte den Weg mit einer Zeichnung erklären?
Frau	Hier ist Königstraße 13. Ich werde mal kurz den Weg zeichnen.
Mann	Vielen Dank.

Hören

Teil 4

Sie hören ein Interview. Sie hören den Text **zweimal**.

Wählen Sie für die Aufgaben 16 bis 20 | Ja | oder | Nein |.

Lesen Sie jetzt die Aufgaben.

Aufgabe 16 bis 20　　　　　　　　　　　(MP3 02_12)

Moderator	Guten Tag Miriam. Willkommen zu unserer Radiosendung „Wie kann ich einen Job finden?", nehmen Sie Platz.
Miriam	Guten Tag! Ich freue mich hier zu sein.
Moderator	Dann, sprechen wir ein bisschen über Sie. Was haben Sie studiert und wo haben Sie gearbeitet?
Miriam	Ich bin eine Absolventin der Internationallen Tourismus Uni und habe für zwei Jahre in einem Tourismusagentur gearbeitet.
Moderator	Was waren Ihre Aufgaben dort?
Miriam	Ich war Tourismusagent, die Schnittstelle zwischen der Firma und den Klienten, die dort kamen. Ich sollte ihnen die Ferienangebote vorstellen und sie beraten. Ich hatte aber dabei zu viel Stress. Und etwas ist mit der Firma passiert.
Moderator	Was ist denn mit der Firma passiert?
Miriam	Die Firma ging Bankrott aufgrund der Wirtschaftskrise. Ich musste was anderes finden.
Moderator	Ach so. Erzählen Sie weiter über Ihre Erfahrungen. Wie haben Sie Ihre neue Arbeit gefunden?

Miriam	Ich war lange arbeitslos. Ich hatte mich bemüht, einen Job zu finden. Aber ich hatte kein Glück gehabt. Obwohl ich im Internet bei vielen Jobbörsen nachgeschaut habe, gab es keinen Job für mich. Manchmal habe ich auch in der Zeitung oder im Supermarkt am schwarzen Brett nachgesehen. Dort habe ich oft eine Stellenanzeige für eine Kellnerin gesehen.
Moderator	Haben Sie sich dafür beworben?
Miriam	Nein, ich wollte lieber das machen, was mir Spaß macht. Daher habe ich mich entschieden, nicht als Kellnerin, sondern als Köchin zu arbeiten. Es hat 2 Jahre gedauert aber ich habe es geschafft.
Moderator	Und wie ist die Arbeit? Gefällt es Ihnen?
Miriam	Anfangs war es schwierig, weil ich keine Erfahrungen als Köchin hatte. Deswegen habe ich erst als Aushilfe gearbeitet. Meinem Chef habe ich zunächst bei einfachen Sachen geholfen. Jetzt kann ich viel besser kochen. Ich arbeite von 10 bis 21 Uhr. Das Wichtigste ist, dass es Spaß macht.
Moderator	Das heißt, Sie sind mit der neuen Arbeit zufrieden?
Miriam	Ja, ich bin sehr zufrieden.
Moderator	Miriam, ich danke Ihnen für das interessante Gespräch.

Sprechen

Teil 1

Kinder
- **A** Haben Sie Kinder?
- **B** Ich habe drei Kinder. Zwei Töchter und einen Sohn.

Lieblingsessen
- **A** Was essen Sie am liebsten?
- **B** Mein Lieblingsessen ist Pizza.

Alter
- **A** Wie alt bist du?
- **B** Ich bin 30 Jahre alt. Das Alter gefällt mir, da ich endlich nicht mehr lernen muss.

Reisen
- **A** Welche Reise war deine schönste Reise?
- **B** Das war die Reise nach Frankreich. Letztes Jahr bin ich mit meiner Familie dort gewesen. Dort haben wir viele Sehenswürdigkeiten gesehen.

Musik

A Welche Musik hörst du am liebsten?

B Meine Lieblingsmusik ist klassische Musik.

Internet

A Wie lange nutzt du das Internet am Tag?

B Ich nutze das Internet circa zwei Stunden am Tag.

Ferien

A Wohin fahren Sie in den Ferien? / Wo verbringen Sie die Ferien?

B Ich fahre nach Konstanz. Ich werde die Ferien am Bodensee verbringen.

Ausland

A Machst du manchmal Urlaub im Ausland?

B Ja, ich war letztes Jahr in Prag, um mich zu erholen.

Sprechen

Teil 2

예시 답안 A

MP3 02_15

Frage 1: Freunde?

A Ich und meine Freunde lieben es an Geburtstagen Bowling spielen zu gehen. Wir bilden da immer zwei Gruppen und spielen gegeneinander. Das macht besonders viel Spaß!

B Meine Freundin macht oft Kostüm-Partys, wo jeder was Besonderes anziehen muss, sonst kann man nicht an der Party teilnehmen.

Frage 2: Tagesausflug?

A Manchmal besuchen wir verschiedene Städte, die beieinander liegen und nicht so weit entfernt sind. Dort besuchen wir mehrere berühmte Orte und machen viele Erinnerungsfotos. Natürlich essen wir zum Schluss ein Stück Kuchen.

B Wenn ich Geburtstag habe, gehe ich ab und zu mit meiner Familie zum Campen, wo wir eine Grillhütte mieten. Es wird den ganzen Tag gegrillt.

Frage 3: Essen?

A An meinen Geburtstag bereite ich meistens viele verschiedene Gerichte mit meiner Mutter vor. Morgens beginnen wir mit den Vorbereitungen.

B Meistens bestelle ich Pizza und besorge die Getränke schon einen Tag vorher. Natürlich darf Alkohol nicht fehlen.

Frage 4: Ort?

A Ich feiere meistens meinen Geburtstag zu Hause. Da werden alle meine engen Freunde nach Hause eingeladen. Und wir feiern bis spät in die Nacht.

B Wenn ich Geburtstag habe treffe ich meine Freunde in Gangnam oder in Itaewon. Da gibt es die unterschiedlichsten Restaurants und Cafés.

예시 답안 B

(MP3 02_16)

Frage 1: Arbeitsweg?

A Wenn ich zur Arbeit fahre, brauche ich ungefähr 40 Minuten. Normalerweise fahre ich mit meinem Auto, weil ich oft viele Sachen mitnehmen muss. Und ich muss oft Kunden besuchen. Das geht ohne Auto nicht.

B Zur Arbeit fahre ich mit der Bahn. Aber ich fahre manchmal mit dem Auto, wenn es regnet, weil sonst die Fahrt zu lang dauert.

Frage 2: Freizeit?

A In der Freizeit fahre ich nicht oft mit dem Auto. Ich fahre wochentags zu viel Auto. Deshalb nehme ich mein Fahrrad oder hier in der Stadt fahre ich manchmal mit dem Bus.

B Ich fahre meistens mit der U-Bahn, weil es schneller geht, als mit dem Bus, der länger braucht und ab und zu unbequem ist.

Frage 3: Urlaub?

A Letztes Jahr bin ich mit dem Flugzeug nach Europa gereist. Busreisen mag ich nicht, weil es länger dauert.

B Im Urlaub nehme ich manchmal den Zug oder das Auto. Aber ich fahre lieber mit dem Auto, weil ich im Urlaub viele Dinge brauche. Wenn ich ins Ausland fliege, nehme ich das Flugzeug. Meine letzte Reise war nach Paris.

Frage 4: oft / selten?

A Oft fahre ich mit dem Taxi. Jetzt kann man auch ein Taxi mit dem Smartphone rufen. Das ist sehr bequem. Sehr selten fahre ich auch mit dem Zug.

B Ich fahre sehr oft mit dem Zug. Das dauert zwar länger, aber ist günstiger als ein Taxi. Die Züge fahren jede Stunde und es gibt Gruppen- und Studentenermäßigungen.

Teil 3

A Bald findet die Hochzeit von Melissa und Lukas statt. Wir wollten doch für die beiden ein besonderes Geschenk besorgen. Welches für sie unvergesslich wird. Wollen wir heute zusammen ein Geschenk kaufen gehen?

B Ja, stimmt. Hast du vielleicht einen Vorschlag? Was könnten wir zusammen kaufen?

A Hmm... Ich habe keine Ahnung. Ich denke, es ist am besten, wenn wir ins Kaufhaus gehen. Dort finden wir sicher ein tolles Geschenk.

B Das ist eine hervorragende Idee. Oder wir können zusammen im Internet surfen und ein preiswertes Geschenk bestellen. Wann hättest du Zeit?

A Warte mal. Hättest du um 11 Uhr Zeit?

B Nein, das geht leider nicht. Da muss ich Gartenarbeit machen. Mein Vater kann es nicht alleine erledigen, deshalb möchte ich ihm ab 9 Uhr helfen. Wie wäre es um 12 Uhr?

A Schade, da muss ich leider arbeiten. Ich muss meinen Bericht bis nächsten Montag fertigstellen und auf unserer Firmenhomepage hochladen. Passt es dir vielleicht um 13 Uhr?

B Das passt mir auch nicht. Da habe ich einen Termin beim Zahnarzt. Es gab diese Woche nur noch diesen Termin. Zurzeit sind meine Schmerzen zu groß geworden, deswegen muss ich sie so schnell wie möglich behandeln lassen. Kannst du vielleicht um 17 Uhr?

Sprechen

A Diesmal geht es auch nicht. Um 17 Uhr habe ich leider eine Konzertprobe für das Konzert nächste Woche. Ich muss unbedingt vor dem Konzert noch ein paar mal üben. Es dauert eine Stunde. Geht es bei dir am Abend um 19 Uhr?

B Das sieht wieder nicht gut aus. Um 19 Uhr muss ich bei meinen Eltern sein und ich muss mit ihnen zusammen essen. Aber danach bin ich verfügbar. Kannst du auch?

A An dem Tag habe ich um 20 Uhr eine Verabredung mit meinem Freund Markus. Aber ab 21 Uhr habe ich Zeit für dich.

B Das ist super! Lass uns dann um 21 Uhr treffen. Bis dann!

제3회

실전모의고사
스크립트

Hören

Teil 1

Sie hören fünf kurze Texte. Sie hören jeden Text **zweimal**.
Wählen Sie für die Aufgaben 1 bis 5 die richtige Lösung $\boxed{a}$,
$\boxed{b}$ oder $\boxed{c}$.

Aufgabe 1 \boxed{\text{MP3 03_01}}

Herzlich willkommen bei unserer Kundenberatung. Dieser Anruf ist
für Sie kostenfrei. Wenn Sie mit unserem automatischen Bestellservice
verbunden werden möchten, drücken Sie bitte die Taste 1. Für
Umtausch drücken Sie bitte die Taste 2. Wenn Sie mit einem
Mitarbeiter sprechen möchten, drücken Sie einfach die Null. Mit der
Stern-Taste gehen Sie zurück.

Aufgabe 2 \boxed{\text{MP3 03_02}}

Haben Sie die Wettervorhersage für dieses Wochenende gesehen?
Am Sonntag kommt es im Norden Deutschlands wiederholt zu
Regenfällen. Im Süden werden viele Wolken die Sonne verdecken.
Es wird mit Höchstwerten von 3 bis 4 Grad gerechnet. Das ist für die
Jahreszeit kalt.

Aufgabe 3

Der Ticket-Countdown für das internationale Filmfestival vom 28. bis 30. Mai in Cannes läuft! Radio Pettitfranc hat für seine Hörer zwei Gratiskarten für das Festival! Nähere Informationen zum Programm gibt es unter www.film-cannes.de.

Wählen Sie jetzt die 0180/33 77 22 und gewinnen Sie mit ein bisschen Glück zwei Tickets für das internationale Filmfestival!

Aufgabe 4

Guten Tag, dies ist der automatische Anrufbeantworter der Praxis Dr. Martin Fischer, Facharzt für Sportmedizin und Chirotherapie. Wegen Urlaub haben wir bis zum 11. 7. geschlossen. In dringenden Fällen wenden Sie sich bitte an unsere Vertretung, Dr. Meyer, Rüttengasse 12, Telefon 37 954 02. Vielen Dank und auf Wiederhören.

Aufgabe 5

Guten Tag Frau Witkovska, Brunner von der Fachhochschule. Es geht um Ihren Antrag. Ich brauche noch eine Verdienstbescheinigung von Ihrem Mann. Außerdem fehlt noch eine Meldebestätigung Ihrer neuen Wohnung. Ohne die können wir den Antrag nicht weiter bearbeiten. Die Formulare können Sie bei uns im Büro im zweiten Stock bekommen. Bitte kommen Sie zu unserer Sprechstunde und bringen Sie die Unterlagen mit. Vielen Dank und auf Wiederhören.

Teil 2

Sie hören ein Gespräch. Sie hören den Text **einmal**.

Was macht Paul diese Woche?

Wählen Sie für die Aufgaben 6 bis 10 ein passendes Bild aus
a bis i. Wählen Sie jeden Buchstaben nur einmal. Sehen
Sie sich jetzt die Bilder an.

Aufgabe 6 bis 10   MP3 03_06

Herr Breisch	Da ist ja unsere neue Praktikantin. Frau Julia. Guten Morgen, mein Name ist Breisch. Nehmen Sie bitte Platz.
Praktikantin	Danke. Guten Morgen.
Herr Breisch	Ich bin Geschäftsführer hier und ich begrüße Sie herzlich. Sie haben sich bei uns beworben, weil Sie einen Nachweis für eine Praktikantenstelle für Ihr Studium brauchen?
Praktikantin	Ja, richtig.
Herr Breisch	Ich denke, ich zeige Ihnen erst einmal die Firma und erzähle Ihnen, was alles auf Sie zukommt und am Ende reden wir noch einmal. Danach können Sie Fragen stellen. Ist das ok?
Praktikantin	Ja, gut.
Herr Breisch	Am besten gehen wir erst mal hier durch. Ich stelle Ihnen die Kolleginnen und Kollegen vor. Wundern Sie sich aber nicht über die Unordnung. Das hier ist unser

	Büro. Ich arbeite hier im zweiten Stock in diesem Zimmer. Ich weiß nicht genau, ob Frau Hauschka schon da ist. Nein, noch nicht. Sie ist die Leiterin der Transportabteilung. Sie sitzt hier gleich gegenüber von meinem Büro.
Praktikantin	Ich kann ja später noch einmal vorbeikommen.
Herr Breisch	Ja, das ist kein Problem. Dann gehen wir mal hinunter. Oh da ist meine Tochter. Sie wird Ihnen helfen. Fragen Sie sie einfach, wenn Sie etwas nicht wissen oder eine Frage haben. Sie ist meistens am Empfang.
Praktikantin	Ja, danke. Das ist ja ein richtiger Familienbetrieb.
Herr Breisch	Ja, das kann man so sagen. Meine Tochter lernt aber auch wie Sie gerade alle Abteilungen kennen. Übrigens ist hier die Küche. Hier neben der Küche ist der Kopierraum.
Praktikantin	Dieser Drucker scheint defekt zu sein.
Herr Breisch	Wirklich? Dann benutzen Sie den Drucker auf der linken Seite.
Praktikantin	Ok. Ich werde es so machen.
Herr Breisch	Leider ist unser Techniker Herr Schneider seit einer Woche krank. Ich werde Sie ihm vorstellen. Sie finden ihn normalerweise in der Werkstatt. Er überprüft normalerweise, ob alles gut im Büro läuft. Wenn Sie also etwas brauchen, sagen Sie ihm Bescheid. Er hilft Ihnen bestimmt gern, wenn er wieder fit ist.
Praktikantin	Ja, und wo werde ich arbeiten?
Herr Breisch	Unsere Praktikanten sitzen immer im Computerraum. Der Computerraum ist im zweiten Stock. Das ist ein

schöner Raum. Im Keller gibt es eine Bibliothek. Sie können dort Magazine und Fachliteratur lesen. Wir gehen gleich einmal hinunter.

Praktikantin Im Keller eine Bibliothek? Das ist doch eine großartige Idee!

Herr Breisch Das war eine Idee, von meinem Vater, der die Firma aufgebaut hat. Zum Schluss stelle ich Ihnen noch kurz meine Sekretärin Frau Bernstein vor. Sie sitzt im Moment nicht bei mir oben, sondern dort gegenüber vom Computerraum 343, weil ihr Raum gerade renoviert wird.

Teil 3

Sie hören fünf kurze Gespräche. Sie hören jeden Text **einmal.** Wählen Sie für die Aufgaben 11 bis 15 die richtige Lösung a, b oder c.

Aufgabe 11

MP3 03_07

Frau	Hallo Klaus. Was hast du am Freitag vor?
Mann	Ich gehe am Vormittag zum Tanzkurs. Danach habe ich frei.
Frau	Gut. Ich rufe wegen der Reise nach Paris an.
Mann	Dann lass es uns besprechen. Am Freitagnachmittag habe ich Zeit. Lass uns am Freitag irgendwo treffen und die Reise planen.
Frau	Ein ruhiges Restaurant wäre gut. Hast du schon eine Idee, wo wir essen gehen sollen?
Mann	Hmmm. Dann gehen wir mal ins Restaurant „Laluce". Dort ist es sehr ruhig und sie verwenden nur natürliche Zutaten.
Frau	Ja, gut. Dann bis Freitag!

Hören

Aufgabe 12

`MP3 03_08`

Frau	Guten Tag, was darf ich Ihnen bringen?
Mann	Ich habe riesigen Hunger. Würden Sie mir bitte etwas empfehlen?
Frau	Bei uns gibt es eine leckere Auswahl an warmen und kalten Speisen. Heute ist unsere Spezialität Schnitzel mit hausgemachter Soße.
Mann	Ich möchte lieber kein frittiertes Gerichte.
Frau	Oder Sie können gebratenes Rindfleisch nehmen. Das schmeckt mit Weizenbier am besten.
Mann	Oh, dann nehme ich das, aber ohne Bier bitte. Ich muss noch fahren.
Frau	Ja, gern.

Aufgabe 13

`MP3 03_09`

Mann	Hallo, Jasmin. Wir wollten ja wie immer zusammen Urlaub machen. Wohin fahren wir diesmal?
Frau	Ich möchte nicht in die Berge fahren. Können wir lieber aufs Land oder an einen See fahren?
Mann	Wie wäre es am Meer?
Frau	Die Sommerferien haben begonnen. Allerdings waren wir letztes Jahr schon dort.
Mann	Ja, das stimmt. Dann fahren wir an einen kleinen See, damit wir uns ausruhen können.

Aufgabe 14

MP3 03_10

Mann	Roth.
Frau	Guten Tag, Herr Roth, Werner am Apparat. Ich bin die Klassenlehrerin Ihres Sohnes Jan.
Mann	Ah, guten Tag, Frau Werner.
Frau	Ich wollte Sie oder Ihre Frau bitten, zum Gespräch zu kommen. Jan kommt im Moment überhaupt nicht mehr mit.
Mann	Davon wusste ich gar nichts.
Frau	Das besprechen wir am besten am Donnerstag in der Sprechstunde. Wann hätten Sie Zeit? Für mich wäre zwischen 12 Uhr und 15 Uhr gut.
Mann	Um 13 Uhr kann meine Frau kommen. Ich habe leider keine Zeit.
Frau	Das ist in Ordnung. Dann sagen Sie bitte Ihrer Frau Bescheid.
Mann	Ja, auf Wiederhören!

Aufgabe 15

MP3 03_11

Frau	Guten Tag, Herr Strauß, ich habe einen Termin um 10 Uhr.
Mann	Guten Tag, Frau Brümel. Vor Ihnen ist nur noch ein Patient.
Frau	Dann muss ich nicht so lange warten.
Mann	Ihren Attest habe ich schon fertig gestellt. Sie können es gleich nach der Untersuchung abholen.
Frau	Muss ich dafür etwas bezahlen?
Mann	Sie müssen nur eine Gebühr von 5 Euro bezahlen. Sie können jetzt auch schon direkt rein gehen.

Teil 4

Sie hören ein Interview. Sie hören den Text **zweimal**.

Wählen Sie für die Aufgaben 16 bis 20 | Ja | oder | Nein |.

Lesen Sie jetzt die Aufgaben.

Aufgabe 16 bis 20   (MP3 03_12)

Frau Bäcker	Guten Tag, Herr Brunner.
Herr Brunner	Guten Tag, Frau Bäcker. Ich bin Vikis Vater. Ich weiss, dass Sie angefangen haben, mit den Schülern zusammen die Klassenfahrt zu planen.
Frau Bäcker	Ganz richtig.
Herr Brunner	Viki hat mir erzählt, dass Sie nach Österreich reisen wollen, wo man bequem mit dem Zug hinfahren und vielleicht sogar eine Radtour machen kann.
Frau Bäcker	Ja, aber da haben wir uns noch nicht entschieden. Wir sind noch am Überlegen. Die Schüler haben schon viele interessante Ideen vorgeschlagen.
Herr Brunner	Können Sie mir sagen, was Viki vorgeschlagen hat?
Frau Bäcker	Viki möchte gern nach Paris. Und viele Schüler möchten das auch. Aber es steht ja noch nicht endgültig fest wohin wir fahren. Wenn wir in eine Großstadt fahren, werden wir den Bus nehmen, aber für eine Reise in eine Kleinstadt werden wir das Rad nehmen.

Herr Brunner Aber das ist doch die letzte Klassenfahrt. Und für alle sind doch Englisch und Französisch Pflicht. Wäre es da nicht besser mit der Klasse nach Paris oder London zu fahren?

Frau Bäcker Das stimmt. Paris oder London wäre nicht schlecht, aber viele waren schon mal dort.

Herr Brunner Ja, da haben Sie recht. Wir waren auch letztes Jahr mit Viki in London. Sie war begeistert. Es gibt dort viele Sehenswürdigkeiten.

Frau Bäcker Ja, aber außerdem müssen wir auch an das Geld denken.

Herr Brunner Ja, aber es wird bestimmt eine schöne Reise. Und für die letzte Klassenfahrt lohnt es sich, Geld auszugeben. Können Sie mir Bescheid geben, wenn Sie sich entschieden haben?

Frau Bäcker Ja, das mache ich. Ich wünsche Ihnen noch einen schönen Tag!

Sprechen

Teil 1

Freizeit

A Was machst du in deiner Freizeit?

B Wenn ich Zeit habe, gehe ich gern ins Kino.

Arbeitszeit

A Wie viele Stunden arbeitest du am Tag?

B Ich arbeite wochentags acht Stunden.

Soziale Netzwerke

A Was hälst du von Sozialen Netzwerken?

B Die finde ich gut. Ich denke positiv darüber. Man kann Kontakt zu vielen Menschen haben und man kann schnell Informationen herrausfinden.

Einkaufen

A Was kaufst du oft ein?

B Ich kaufe oft Lebensmittel ein. Jeden Morgen gehe ich zum Bäcker und kaufe Brot. Ich liebe frisches Brot!

Familie

A Wie viele Personen gibt es in Ihrer Familie? (= Aus wie vielen Personen besteht Ihre Familie?)

B Meine Familie besteht aus 4 Personen.

Ausflug

A Wohin machen Sie oft einen Ausflug?

B Ich fahre gern nach Busan. / Ich verreise gerne nach Busan.

Freunde

A Wie oft treffen Sie sich mit Ihrem Freund?

B Wir treffen uns einmal pro Woche.

Bücher

A Welche Bücher lesen Sie gern? / Welche Bücher lesen Sie am liebsten?

B Ich lese gern Krimis und Biografien.

Sprechen

Teil 2

MP3 03_15

Frage 1: Wohnung?

A Ich wohne jetzt bei meinen Eltern, daher bezahle ich keine Miete. Mein Bruder wohnt nicht mehr bei uns. Er muss jeden Monat über 300 Euro Miete bezahlen.

B Na ja, wir müssen 600 Euro Miete für unsere Wohnung bezahlen. Es liegt im Zentrum. Das ist zwar viel, aber ich habe keine andere Möglichkeit.

Frage 2: Essen?

A Ich gehe oft mit meiner Mutter zum Supermarkt. Wir kaufen dort Essen und Getränke. Ich kaufe gern gesunde Sache ein, aber die sind nicht billig.

B Ich kaufe oft Lebensmittel ein. Ich lebe mit einer Freundin, deswegen brauchen wir viele Sachen. Zum Beispiel Kosmetik, Toilettenapapier und etwas zu essen.

Frage 3: Reise?

A Jedes Jahr, wenn ich Urlaub habe, fahre ich auf die Insel Jeju. Dort wohnt meine Großmutter. Die Insel Jeju ist nicht so groß, es ist dort sehr schön. Dort gibt es schöne Orte, die man besuchen kann. Das Essen ist besonders lecker.

B Ich reise gern. Wenn ich Geld habe, plane ich eine Reise. Ich möchte diesmal nach Japan, weil ich eine neue Kultur und Sprache kennenlernen will.

Frage 4: Hobbys?

A Ich liebe Kleidung. Täglich schaue ich nach neuer Mode im Internet. Ich kaufe auch viel im Internet ein. Aber wenn ich die Kleider anprobieren möchte, gehe ich in ein Geschäft.

B Ich verabrede mich gerne mit meinem Freund. Jedes Mal schauen wir uns einen Film an und danach gehen wir in einem berühmten Restaurant essen.

예시 답안 B

(MP3 03_16)

Frage 1: Ort

A Manchmal gehe ich in die Berge oder ans Meer. Wenn das Wetter schön ist, fahren wir mit dem Auto auf einen Campingplatz in Busan. Der Campingplatz ist am Meer. Dort gibt es manchmal Veranstaltungen.

B Ich besuche immer Venedig in Italien, wenn ich nach Europa reise. Dort besuche ich die Venice Biennale. Das ist immer super. Nächstes Mal möchte ich mit meiner Mutter dort hingehen. Außerdem möchte ich verschiedene Biersorten ausprobieren.

Frage 2: Mit wem?

A Am liebsten fahre ich mit meiner Familie weg. Ich reise besonders gern mit meiner Schwester. Sie ist eine gute Reisepartnerin. Wir machen immer im Sommer Urlaub.

B Ich reise oft allein. So kann Ich allein die Zeit genießen. Das finde ich auch nicht schlecht, aber manchmal habe ich mich einsam gefühlt. Deshalb will ich dieses Mal mit meinem Freund reisen.

Frage 3: Sehenswürdigkeiten?

A Wenn ich reise, vergnüge ich mich nicht nur, sondern ich schaue mir auch gern Sehenswürdigkeiten, wie z.B. Museen, Kirchen oder die Altstädte an. Dabei informiere ich mich über die Geschichte dieser Orte.

B Auf der Reise ist vieles neu und interessant. Ich schaue mir oft Ausstellungen an und besuche gerne schöne Dörfer. Aber ich gehe nicht gerne zu den sehr bekannten Sehenswürdigkeiten. Dort sind zu viele Leute.

Frage 4: Verkehrsmittel?

A Meistens fahre ich mit dem Zug. Manchmal auch mit dem Auto. Wir fahren keine weiten Strecken, weil meine Eltern das nicht mögen. Letztes Jahr habe ich meinen Führerschein gemacht. Jetzt kann ich auch Auto fahren!

B Jedes Land hat verschiedene Verkehrsmittel. Ich probiere meistens alle aus. Das ist interessant und es macht mir Spaß! Aber ich fahre nicht gern Taxi. Das ist teurer als die U-Bahn oder der Bus. Auf der Reise wandere ich viel, wenn es möglich ist.

Teil 3

A Ich möchte mit dir zusammen einen Workshop vorbereiten, weil es viel Zeit in Anspruch nimmt. Hast du um 7 Uhr Zeit?

B Um 7 Uhr? So früh am Morgen? Da kann ich bestimmt nicht aufstehen. Weil ich sehr spät ins Bett gehe. Aber um 9 Uhr kann ich es schaffen.

A Das passt mir leider nicht. Da frühstücke ich jeden Tag mit meinem Großvater, damit ich etwas Zeit mit ihm verbringen kann. Diese Gelegenheit möchte ich nicht verpassen. Wollen wir uns um 10 Uhr treffen?

B Das geht nicht, da will ich joggen. In letzter Zeit habe ich viel zugenommen und aus gesundheitlichen Gründen muss abnehmen. Deswegen mache ich regelmäßig Sport. Vielleicht passt es dir um 12 Uhr?

A Das geht leider nicht. Da habe ich Fußballtraining. Diese Woche muss ich viel nachholen, weil ich letzte Woche eine Stunde verpasst habe. Und danach muss ich zum Friseur. Wie wäre es um 14 Uhr?

B Leider passt es da nicht. Da habe ich Klavierunterricht. Da muss ich einer Musikstudentin Nachhilfe geben. Meine Schülerin kann schon gut spielen, aber sie muss regelmäßig üben. Kannst du um 16 Uhr?

A Es tut mir leid. Ich habe einen Termin beim Bürgeramt, weil ich meinen Wohnsitz ummelden muss. Wie du ja weißt, ziehe ich nächste Woche um. Daher muss ich es rechtzeitig erledigen.

Hast du um 18 Uhr Zeit?

B Das passt mir nicht. Ich habe eine Stunde Kochkurs. Ich bin gerade dabei Backen zu lernen. Damit ich meinem Freund was backen kann. Treffen wir uns um 19 Uhr.

A Dein Terminkalender ist ja voll. Ich habe von 19 Uhr bis 20 Uhr Zeit. Aber danach treffe ich mich um 20 Uhr mit Klaus. Sollen wir alle zusammen den Workshop vorbereiten?

B· Schade, aber ich habe da ein Ticket für ein Konzert und der fängt um 20 Uhr an. Lass uns erst eine Stunde unterhalten und das nächste Mal es weiter besprechen.

A Gut. Lass uns es so machen.

⊗ 파이널 ⊙
오답 체크북

본문 학습을 하면서 오답과 정답, 핵심 내용을 정리합니다.

몰라서 틀리는 게 아니라 방심해서 틀리는 것!

시험장에서 마지막으로 정리할 때 활용해 보세요.

❌ 오답

⭕ 정답

핵심요약 ✏️

❌ 오답

⭕ 정답

핵심요약 ✏️

핵심요약 ✎

_____

_____

_____

_____

오답

정답

핵심요약

❌ 오답

⭕ 정답

핵심요약 ✏

일 단 합 격 하 고 오 겠 습 니 다

ZERTIFIKAT
DEUTSCH

독 일 어 능 력 시 험

A2

실전모의고사
미니 핸드북